KB162221

디지털 반세기

Digital
그림 이야기

제1권: EDPS 시대

정보산업 여명의 시간

모든 사람들에게
삶의 그림이 있었듯이
나의 삶은
"Digital" 과 함께
시간의 바다를 여행하며
사람들과 인연의 고리를 만들고
추억의 그림을 그리는 과정이었다.

이 상 준

1

박재년 / 숙명여자대학교 소프트웨어공학부 명예교수

　디지털여행기는 현재 GPS와 GIS관련 소프트웨어개발과 콘텐트 제작회사를 경영하며 캄보디아와 베트남 등 동남아 국가에 전자정부 시스템을 보급하고 계시는 이상준 회장님이 1969년 한국전력주식회사에 입사한 시절부터1982년까지 한국전산주식회사(KICO)에서 소프트웨어개발과 프로젝트 수주에 따른 많은 경험을 그림 같은 이야기로 쓴 수필 입니다.

　이 추천의 글이 47년간 소프트웨어개발사업, 국산 개인용 컴퓨터개발 및 생산과 판매, SDS 창설주도 그리고 정부기관 정책자문 등 우리나라 여명기의 정보산업발전에 지대한 업적과 공헌을 하신분의 과거가 살아 숨 쉬는 글에 누가될까 걱정이다.

　나도 회장님과 같은 시기인 1970년 초, 독일 국립가속기연구소에서 컴퓨터를 처음 배우게 되었고 1973년 고려대학교에서 컴퓨터를 도입하는 일부터 계산소를 설치하고 운영하는 실무 일을 1978년까지 하였다. 이때 삼청동에 있는 한국전산주식회사의 컴퓨터를 사용하면서 당시 이상준 부장님과 직원님들의 도움을 많이 받았다.

저자는 "자신이 살며 보고 듣고 느꼈던 것을 손녀들이 학업을 마치고 사회에 나가기 전에 진솔하게 들려줌으로써, 그들이 삶과 사회에 대한 것을 간접적으로 경험하는데 도움이 되기를 소망하면서 글을 쓰고 있다. 그리고 소박하고 일상적인 경험이 다른 젊은이들에게도 사회생활을 하는데 참고가 될 수 있기를 희망한다." 고 하였다.

이 글에서 들려주고 싶은 이야기는 자기 자랑이 아니라 자신의 경험을 통하여 꿈을 이루기 위한 도전, 성공한 사람들과 만남, 자신의 목표를 달성하기 위한 열정 그리고 엄청난 고뇌와 사색을 통해서 성취한 기쁨을 글속에 이야기하고 있다.

글의 줄기를 요약하면 다음과 같다.

화학을 전공한 저자가 영월발전소에서 연료분석담당 주임으로 근무하다가 우연히 영어와 적성검사에 합격하여 서울에 있는 한전전자계산소에 프로그래머라는 보직을 받았다. 그러나 주어진 틀 속에 일이 반복된다는 것에 깊은 회의를 느껴, 소프트웨어 개발용역과 전산처리 위탁 용역을 주로 하는 신생 한국전산주식회사로 찾아가 새로운 일에 도전하게 되고 이 선택을 평생 잘한 것으로 저자는 생각하고 있다.

저자는 자신의 넓은 세상으로 향한 도전 때문에 우리나라 산업발전의 영웅이신 3분을 만난 행운을 가졌고, 누구를 만나느냐가 하는 것이 인생에서 매우 중요하다는 생각을 하게하였다.

정주영 회장실 바로 옆에 있는 현대조선소 전산실에 근무하면서 그분의 열정으로 이루어 가는 우리나라 조선산업의 태동의 모습을 볼 수 있었고, 한국전산에 근무하면서 평생을 함께해가는 전상호 사장을 만나 직장의 상사가 아니라 사회의 스승으로 기업경영과 조직관리 그리고 경쟁회사와의 상생을 배웠으며, 삼성전자 개인용 컴퓨터 개발사업과 삼성 SDS설립 프로젝트에 참여하면서 이병철 회장이 주관하는 경영회의에 참석하여 그분의 탐구와 도전정신 그리고 인재양성 등 삼성의 경영문화를 배우게 되었다.

한국전산에서 부장으로 근무하면서 온 힘과 열정으로 많은 개발프로젝트를 수주하여 성공적으로 완료한 주요 프로젝트의 예는 다음과 같다.

  1) 시련과 인간관계로 해낸 한국산업은행(KDB)의 여신관리 업무

  2) 에러를 찾지 못해 담당 프로그래머가 대성통곡까지 하면서 이루어 낸 롯데칠성주식회사의 판매와 유통전반의 업무

 3) 회사 내 노조설립문제로 과련 직원을 합리적 논거로 설득하여 이해시킨 일

 4) 욕쟁이 담당 계장을 이해시키어 지방세 부과고지서를 보낼 수 없게 된 목포시청의 세정업무처리에 10일의 여유를 받은 일

 5) 유공의 주식 공모 전산처리프로그램 중 글자 하나가 잘못된 것을 찾아, 신경마비가 될 정도가 되어 아침에 배당통지서를 프린트한 일

인간관계에서도 저자와 함께 고생했던 직장동료, 직원에 대한 고마움과 부처님과 손오공 란에 기술된 신입사원의 이야기는 인재를 잊지 않고 항상 생각하며 잘되기를 바람이 가득한 예이다.

이 책은 취업 전인 젊은이에게는 인생의 목적을 깊이 생각할 수 있

는 계기를 알려줄 수 있고, 직장에 근무하는 사람에게는 새로운 희망과 용기를 주고, 경쟁자는 동료직원이나 경쟁회사가 아니라 내일의 내 모습과 내일의 내 회사라는 생각을 가지게 할 것이다.

사물인터넷기술(IoT)이 발달하면서 엄청남 변화의 4차 산업 시대가 시작되었다..

지금 시대는 모든 일이 로봇끼리 통신하고 자동 조작하게 됨으로 많은 직업이 사라지리라는 불안한 정보가 흘러넘친다. 산업혁명으로 증기기관 동력으로 대체되면서 영국의 광산과 목화농장 노동자들이 극렬하게 데모했지만 영국은 세계제일의 부자 나라가 되었으며 인도에서도 70년대 항구에 도착한 IBM 컴퓨터 하역작업을 하지 못하도록 노동자들이 방해했지만 없어지는 작업 이상으로 새로운 작업이 훨씬 많이 생기어 문제는 많지만 풍요로워진 세상이 되었다.

우리의 70/80년대와 같이 누구도 가보지 않은 4차 산업의 변혁기를 맞이하여 새롭게 도전하고 이루어내야 할 일이 많이 생길 것이다.

이를 위해서 이 책이 읽는 독자들에게 성공의 나침반이 될 것이라고 믿는다.

송관호 / 한국IT전문가협회 회장

　대한민국의 정보산업과 관련하여 반평생인 47년간의 디지털여행기의 추천사를 감히 쓸 수가 없어 몇 번의 고사 끝에, 완성된 책 자체가 대한민국의 정보화, 전산화의 역사임을 감지한 순간 도저히 거절할 수 없는 책무와 추천이라는 말 보다는 감사하다는 글을 쓰는 것이 좋다고 생각하였다.

　반세기전의 대한민국은 전산화자체가 불모지였고 저자의 순수한 열정과 희생이 우리나라의 정보화, 전산화, 전자정부 등의 디딤돌이 되었고 우리나라가 IT강국으로 발돋움한 계기가 되었으며 개인사에서 만난 인연과 노력들이 한겹 한겹 쌓여 웅장한 거목으로 나타남을 느꼈다.

　1969년 한전전자계산소에 입사하고 한국전산에서 소프트웨어개발하고 삼성전자와 삼성SDS의 산파역등은 개인적인 디지털여행기가 아닌 국내IT의 한 가운데로 마치 역사서를 보는 것처럼 주마등처럼 고개가 끄떡거려진다.

　이를 계기로 대한민국은 1980년도 초에 행정전산화와 5대 국가기간망으로 발전하였고 세계에서 가장 인터넷을 쉽게 사용할 수 있는 나라로 우뚝 서게 되었다. 저자는 바로 이러한 현장에서의 경험과 실패의 노하우를 갖고 개발도상국의 정보화, 전산화를 위한 알파에서 오메가까지 철저한 봉사와 사업으로 70중반에서도 젊은 청춘처럼 열정을 갖고 해외에 나가 일하고 계심을 보곤 감탄한 적이 한두 번이 아니다.

요즘 젊은이들이 헬조선이라고 이야기하고 자기 자신을 비하하는 것은 이 책을 못 읽어서 생기는 가능한 불평이라 생각되어, 우리나라 젊은이에게 강력하게 권하고 싶은 책이다.

미래의 IT기술은 빅데이터, 사물인터넷(IoT : Internet of Things), 클라우드 컴퓨팅, IT융합기술 등이 키워드로 회자되고 있으며 모바일 기술이 발전함에 따라 네트워크 연결성이 확대되고 수많은 데이터가 생성되어 이를 분석하고 해석함으로써 기존의 비즈니스 영역을 한층 더 확대하고 우리의 생활패턴을 예측하게 하여 신규 사업이나 전략을 개발하는데 활용하게 되는 4차 산업혁명시대를 맞게 될 것이다.

또한 IT융합기술은 콘텐츠, 미디어, 바이오, 나노기술 등과 결합되어 새로운 기술개발과 비즈니스를 창출하고 있고 기존 업무에 IT기술을 접목한 신규 융합서비스가 출현되고 있다.

이외에도 제조업, 농업, 수산업 등의 전통산업에 IT기술을 활용하여 부가가치를 높이고 있으며, 의료산업 분야에서는 디지털 병원이나 헬스케어시스템 이 도입되어 막대한 부를 창출할 것이다. 이것은 새로운 4차 산업혁명의 출현으로 기존의 모든 산업 생태계가 급격하게 변화하고 있음을 시사하고 있다.

이 책자는 현재 국내 경제의 희망의 나침판으로, 미래의 4차 산업혁명의 기본적이 지침서로, 글로벌하게 전 세계로 나아가는 디지털 실크로드의 지도로 추천 드리며 저자의 열정에 머리 숙여 감사를 드린다.

여인갑 / 경영학박사. ㈜시스코프 대표이사

'역사를 왜 배우는가'하는 질문을 학창시절에 많이 해보았습니다. 특히 국사나 세계사를 싫어하는 학생들이 흔히 하는 투정입니다.

그러나 역사를 모르면 민족의 미래가 없다고 말하는가 하면, 역사를 잊은 민족에게 미래는 없다고 말하고 있습니다.

역사를 통해 자신을 이해하고 자기가 살고 있는 사회와 국가에 대한 이해를 좀 더 깊이 할 수 있으며 앞으로의 삶이 어떠해야 하는지에 대한 통찰력, 사고력, 판단력을 키울 수 있다면 역사는 누구나가 반드시 알아야할 발자취임에 틀림없습니다.

70대를 맞이한 고교동창생들이 우리도 후세에 무언가 남겨야하지 않겠느냐고 의논한 결과 우리 세대가 걸어온 발자취와 디지털이야기로 한국정보화사회를 이룩하는데 있어 우여곡절을 겪으며 세계 속에 우뚝 선 우리 대한민국의 빛나는 이야기를 남겨주자는데 동의하고 각자가 겪은 이야기를 써서 책으로 남겼다는 이야기를 잊지 못합니다.

자식이나 손주들에게 디지털이야기 뿐 아니라, 살아온 이야기라도 하려고하면 별로 듣지 않으려하기 때문에 책으로 만들어주기로 한 것입니다.

 그러나 평소에 만나서 이야기하는 것과 글로 남긴다는 것은 전혀 다른 이야기입니다. 글로 표현하자면 우선 간결해야하고 이야기 하고자 하는 주제가 명확해야하며 또 꾸밈없는 사실이어야 하기 때문입니다.

 이번에 이상준 회장님께서 IT산업을 비롯하여 지나온 삶을 진솔하게 회상해보며, 남기고 싶은 이야기들을 재미있게 책으로 엮으신 일은 이회장님 가족 후손들뿐만 아니라 같은 시대를 살아가고 있는 우리들 모두에게도 매우 유익한 이야기이고 크게 기뻐해야할 업적입니다.

 과거의 시대상이나 주변여건, 그리고 그때그때 대처했던 행동들과 어려웠던 상황을 슬기롭게 헤쳐나갔던 당시 어른들의 지혜를 이 책을 통하여 마음껏 누려보시기를 바라며 일독을 권합니다.

 과거를 통하여 더욱 밝은 미래를 그려볼 수 있습니다.

인사말

　오늘부터 내가 정보산업과 관련하여 47년간 살아온 글을 써보려고 한다.

　평범한 내 삶이지만 그 길을 통하여 겪었던 희로애락과 삶에 대한 작은 깨달음을 적어가며 되돌아보고자 한다.

　47년간 외길을 왔으니 어쩌면 내 삶이 2진법의 사고를 하는 컴퓨터보다 더 단순한 삶이었는지도 모르겠다.

　그런 의미에서 "Digital 그림 이야기" 라고 이름을 지어주었다.

　이 글을 쓰면서 나는 나의 두 손녀들을 생각한다.

　이 글은 손녀들이 학업을 마치고 사회로 나가기 전에 읽게 될 것이다.

　내가 어떻게 살았는지 손녀들에게 자랑하고자 함이 아니고, 내가 살며 보고 듣고 느꼈던 것을 진솔하게 손녀들에게 들려줌으로써, 손녀들이 삶과 사회에 대한 것을 간접적으로 경험하는데 도움이 되었으면 하는 소망에서 글을 쓰고 있다.

　소박하고 일상적인 이 경험이 다른 젊은이들에게도 사회생활을 하는데 참고가 될 수 있기를 희망한다.

　내가 삶을 살아오는 과정에서 함께 하며 도움을 준 많은 선후배와 동료들에게 감사의 마음을 전한다.

나 자신도 모르게 상처를 준 분들도 없지 않아 있었을 것으로 생각하며, 그 분들에게는 이 글을 통하여 용서를 바란다.

그 외에도 만났던 많은 분들에게 더 배려하지 못했던 자신에 대하여 반성하며, 그분들과의 인연과 추억을 아름답게 간직할 것이다.

사회생활을 위해서는 개관적인 가치관과 균형 있는 판단기준이 있어야 한다.

인생은 시간이라는 화폭에다 삶의 그림을 그려 나가는 과정이다.

이 책은 앞으로 5권까지 쓸 계획이고, 제1권에서는 아래와 같이 3부로 나누어 썼다.

언제 어디서나 사명은 있다.

대한민국의 도전

정보산업의 여명기

책의 출간을 도와주신 여러분들과 예영컴퓨니케이션 대표님과 관계자들께 감사의 말씀을 드립니다.

언제 어디에나 사명은 있다.

신분과 직위에 관계없이
그 시대의 사명을 위하여
자신의 책무를 다하는 것은
그 사회를 위하여 소중하고
아름다운 가치인 것이다.

EDPS

한국전력주식회사는 나의 첫 직장이다.

나는 이곳에서 많은 사람들의 삶을 보게 되고, 인간의 삶에 대한 많은 생각을 하게 된다.

처음 가정과 학교를 떠나 새로운 삶을 접하게 되고 새로운 체험과 인간관계 그리고 갈등과 고뇌 속에서 새로운 생각을 하며 후일 내가 인생을 살아가는데 대한 기준과 방향을 설정하게 된다.

그리고 평생 나의 삶의 수단이 되고 벗이 되어준 컴퓨터를 만나게 된다.

발전소 버너의 열기, 보일러와 복잡한 파이프라인, 스팀소리, 발전기의 굉음, 온통 검은 색의 넓은 저탄장, 굴뚝에서 뿜어내는 연기와 석탄재, 그리고 그곳에서 땀을 흘리며 부지런하게 살아가던 면면의 사람들은 영원히 잊을 수 없는 기억으로 남아있다.

신의 의지였을까?

1969년에 한국전력주식회사에 입사를 하여 우연한 기회에 정말로 우연한 기회에 컴퓨터프로그램이라는 것을 배우게 되었고, 그 후 45여년간 정보산업의 최 일선에서 그 길을 평생 걸어야하는 운명이 정해졌다.

화학분야로 한전에 입사를 하여 약 1년 정도 된 1970년 7~8월쯤 영월발전소에서 근무를 하고 있을 때의 일이다.

여름휴가를 마치고 회사에 출근을 하니 연세대 화학과를 졸업하고 같이 입사를 한 동료가 회사 내에서 28세 이하의 대학 졸업자 중에서 컴퓨터 프로그래머를 선발하는데 자기가 내 지원서까지 제출을 하였으니 함께 응시를 하자고 하는 것이었다. 그해에 나는 만 28세였다.

지금도 그가 어떻게 휴가 중의 내 마음을 대신하여 지원서를 제출했는지 이해가 되지 않는다.

직장동료가 제출한 이 지원서가 나의 운명을 바꾸어놓은 결과가 되었다.

그는 오히려 합격을 하지 못하였고 지금은 그의 이름도 기억을 못하고 있다.

나는 연료분석을 담당하는 주임으로 일을 하고 있었는데 분석자료의 계산을 위하여 탁상용 기계식계산기를 사용하고 있었다.

그때 발전과에서 탁상용 전자계산기를 사용하고 있는 것을 보며 편리하다는 생각을 하고 있었으며, 프로그래머는 그 계산기와 관련이 있는 어떤 일을 하는 직업인 것 같다고 상상을 하는 정도였으며 모두가 컴맹의 시대였다.

별로 마음이 끌리지도 않고 또 그 당시 조직의 인사라는 것이 성적이나 능력 순으로 되는 것도 아니고 해서 별로 관심은 없었으나, 응시자는 일주일 정도의 휴가를 받을 수 있기 때문에 그 기간에 서울의 부모님이나 뵈어야하겠다는 생각에 응시를 하였다.

그 당시 KIST에서 약 360여 명의 응시자가 영어와 적성검사시험을 보았다.

여름 휴가철에 시험을 보기는 했으나 합격을 기대하지 않은 일이라 잊어버리고 주어진 직무에 임하고 있는데, 10월 말경에 전보발령이 났다.

1969년 11월 1일부터 서울의 전자계산소로 보직이동과 동시에 한국 IBM에서 컴퓨터 프로그래머 교육을 받으라는 인사통지였다.

대학 전공과는 다른 길로 간다는 것과 담당 과장님의 만류로 잠깐 망설임이 있기는 하였으나, 매일 다람쥐 쳇바퀴 도는 생활에서 새로운 도전을 할 수 있다는 매력 때문에 그대로 교육에 임하게 되었다.

특히 그 당시 내가 맡고 있는 직무는 전국의 70여개 탄광에서 납품되는 석탄의 품질을 분석하는 것이었으며, 그 분석 결과에 따라 석탄 납품자격과 단가가 결정되며 수량에 영향을 주는 것이었다.

석탄납품회사에서 매일 찾아오고 부탁을 하였으며 따라서 많은 유혹이 있었다. 주변에서는 그 주임 자리를 2년을 하면 강원도 갑부가 될 수 있는 자리라는 말까지 들려왔다. 그러한 유혹들이 나에게 많은 갈등을 줄뿐만 아니라 고뇌를 하게 만들고 심지어 협박까지 받아야했다. 이러한 주변의 사항들이 정말 나에게는 받아들여지지 않는 것들이었다. 이것도 그 보직을 떠나서 생소한 것에 도전하는 데 큰 영향을 주었다.

이렇게 부를 축적할 수 있는 기회는 젊은 나에게 많은 고뇌와 갈등의 시간을 겪게 하였고, 오랜 시간 고민 끝에 나는 부정한 돈과 타협하지 않는 길을 택하였다.

수십일 간의 갈등 끝에 내가 선택한 것은 여러 생각들이 있었지만,

그 중에서도 지금 막 태어난 나의 딸에게 후일 나의 삶과 딸의 미래에 대하여 이야기할 때 나의 말이 나 자신의 양심으로부터 자유롭고 싶었기 때문이다.

또 한 가지는 한번 팔아버린 양심은 영원히 원상회복이 불가능할 것이라는 것을 그때 깨닫게 되었기 때문이다.

그리고 재물에 대한 욕구를 재물의 양으로 채우는 것 보다는, 그 재물의 욕구를 초월할 수 있는 능력을 갖도록 하겠다는 다짐을 하게 되었다

그때 이 선택은 후일 내 인생에서 중요한 판단을 할 때 마지막 기준이 되었다.

그 자리에 있으면서 가난한 내가 결혼비용을 위하여 노동조합에서 1만5천원을 빌렸던 돈을 갚지 못하여서 지인에게 빌려서 갚고, 영월발전소를 떠나게 되어 바보 같은 사람이라는 핀잔을 듣기도 했다. 그때에 나의 월급이 2만 5천 원 정도 하였을 때이니 나에게는 상당히 큰 돈이었다.

나는 마음속으로 깊은 갈등을 겪으면서 이때 내가 선택한 결정을 나의 아내를 선택한 것 다음으로 내 일생에서 가장 좋은 선택을 한 두 번째의 선택이라고 생각하고 있다.

이 선택은 후일 내가 인생을 살아가는 데 많은 기회의 동기가 되었고, 나에게 평생 동안 평화와 행복을 가져다준 제일의 요소가 되었다고 생각하고 있다.

어디에나 사명은 있다

영월발전소에는 1969년 5월경에 부임을 하였던 것으로 기억이 된다.

한전 최초의 원자력발전 요원들과 화학분야 등 약 80여명의 젊은 신입 직원들이 이곳에 연수를 받기 위하여 배속이 되었다. 작은 읍 단위 마을인 영월읍에 갑자기 젊은 청년들이 100여명이 몰려오면서 활기를 띄우게 되었다.

영월발전소에는 석탄을 사용하는 2개의 화력발전소가 있었다. 하나는 일본의 식민통치 시절에 건설된 발전소로 30여년이 된 3만 KW 정도의 작은 용량의 초보적 발전기가 여러 개로 구성된 발전시스템으로써, 발전소 전체가 총 30만 KW를 발전할 수 있는 것으로 구 화력이라고 불리고 있었다.

하나는 약 10여 년 전에 독일의 지멘스가 건설한 신 화력이라 불리는 발전소로 발전용량이 15만 KW인 발전기 2기로 구성된 발전소였다. 이 영월발전소는 그 당시의 대한민국의 에너지를 제공하는 가장 크고 핵심적인 역할을 하는 발전소였다.

나는 이곳에서 근무하는 동안 몇 가지의 잊지 못할 추억을 가지고 있다.

발전소의 발전계통에 대한 공부를 하고 지식을 쌓아서 발전 플랜트를 이해하는데 큰 도움이 되었고, 그러는 과정에 수년간 해결하지 못해서 매년 발전을 중지하고 보수를 해야만 했던 벤트콘덴서(Vent Condenser)의 부식원인을 수십일 관찰하여 찾아내어 근본적인 수리를 할 수 있게 했던 일, 지멘스형 발전소가 설립된 이래 10여 년간 창고 속에서 잠자고 있던 신형화학분석기들을 찾아내어 독일어 매뉴얼을 직접 번역하고 화학분석의 표준수치를 계산하고 표준도표를 그려서 후일 후배들이 유리 플라스크를 사용하는 방법에서 진일보하여 정확하고 편리하게 사용할 수 있게 했던 일들이 추억으로 남아있다.

독일 유학을 꿈꾸며 공부를 해두었던 독일어가 이때에 도움이 되었다.

화학을 전공한 사람으로서 내 인생의 마지막 추억이 되는 일도 이때에 있었다. 1969년 10월경부터 지멘스 발전시스템의 보일러보수공사가 약 4개월간에 걸쳐서 진행되었다.

일반적으로 발전소라고 하면 발전기가 주시설로 인식되지만 발전소 내의 시설의 60% 정도는 물을 가공하고 관리하는 시스템인 것이다.

보일러로 물을 끓여서 스팀을 생산하고 이 스팀의 압력을 극대화 하여 터빈으로 보내 터빈을 회전시키고, 그 터빈의 회전력으로 발전기를 돌려 발전을 한 다음, 다시 스팀을 식혀서 보일러로 회수한 다음, 다시 가열 가압을 반복하는 시스템으로 되어있는 것이다.

따라서 발전소는 물 처리시스템이 주를 이루고 그 다음에 물을 끓이는 버너와 터빈과 발전기로 구성된다.

즉 발전소는 석탄을 연소시켜서 열에너지를 생산하고, 이 열에너지로 물을 끓여서 증기에너지를 생산하고, 그 증기에너지로 터빈을 돌려 기계에너지를 만든 다음, 최종적으로 발전기를 돌려서 전기에너지를 생산하는 하는 것이다.

발전이 되고 나면 옥외변전소로 보내는 것이다.

변전소부터는 발전시스템이 아닌 송전시스템이 되는 것이다.

보일러 보수공사 중 보일러 파이프의 내부에 생성된 스케일을 염산을 이용하여 제거하고 다시 산화제로 처리하여 3산화철로 코팅을 하여 부식을방지하는 화학처리 공정이 있는데 이것을 AcidCleaning이라고 하였다.

발전소의 커다란 버너꼭대기에 설치된 물탱크와 버너 벽을 타고 설치된 수백 개의 파이프로 구성된 보일러와 터빈으로 가는 스팀파이프라인과 터빈을 돌리고 난 스팀을 냉각하여 보일러로 회수하는 파이프라인 등의 스케일을 화학약품으로 처리하여 제거하고 3산화 철코팅을 하는 것이다.

이 공사가 4개월간 진행되게 되었는데 우리는 그 당시에 이러한 기술을 가지고 있지 못하여 화학처리공정은 일본 기술자가 하고, 터빈 날의 스케일 제거와 회전축의 균형을 잡아주는 공정은 독일 기술자들이 해야만 했다.

그런데 독일 기술자들이 맡은 터빈의 보수는 잡일은 한전 기술자들이 담당하고 터빈 축의 균형을 잡는 고급 기술은 터빈에 텐트를 치고 한전 기술자의 접근을 금지한 체 독일 기술자들만 들어가 작업을 하는 현실이었다.

화학처리 공정은 눈에 보이는 물리적 처리기술이 아니므로 가림막을 할 필요는 없지만, 일본 기술자 2명이 와서 4개월간 2개의 보일러

시스템을 화공처리 하는 것이었고 내가 지원을 하게되어있었다.

이 공정은 거의 밤낮이 없이 4개월간 계속되는 일이었다. 그런데 그 비용이 2명의 일본인 기술자가 걸어다니는 발자국마다 그 당시 최고액 화폐인 500원짜리를 하나씩 깔아주어야 하는 어마어마한 금액이었다.

그런데 한전에는 이들의 화공처리의 결과를 평가할 수 있는 기술 인력 자체가 없었으므로 고액을 주고도 무방비 상태로 그들의 처분에 따를 수밖에 없었다.

나는 약소국가의 억울함과 기술을 극복해야하겠다는 열망과 그들의 책임을 확인해야하겠다는 생각으로 그들의 지원업무에 임하는 나의 각오를 다졌다.

그들은 2명이 교대로 현장에 임하고 나는 혼자서 기술지원을 담당하고 다른 업무들은 일반 노무자들이 그들의 지휘에 따라 현장업무를 진행하게 되었다.

나는 밤과 낮 중 중요한 시점을 택하여 현장에 임하면서 그들이 매일 시행한 결과를 나름대로 별도로 분석을 하며 꼼꼼히 기록을 하였다.

이렇게 하는 동안 겨울철에 약품냄새를 맡으며 수면도 제대로 못 취하면서 4개월을 진행하는 동안 나는 감기가 걸리고 고열로 드러눕기도 하였으나 빠짐없이 현장에 임하고 필요한 시점에서 화학분석을 철저히 진행하였다.

이러는 중 너무 열이 심하게 나고 견디기 힘들어 약국의 약으로는 효과가 없어서 발전소부속병원을 찾아가서 진료를 하였더니 극심한 기관지염으로 후두까지 염증이 번져있었다.

병원의 치료로 기관지염이 치유는 되었으나 후두에는 혈관이 없어서 약물이나 주사로 치유를 할 수 없기 때문에 맑은 공기를 마시며 건강을 잘 관리하여 장기간에 걸친 자연치유를 하라는 것이다.

그리고 의사의 부언은 후일 나이가 들면 나의 사인이 기관지염이 될 것이라고 하였다.

그 말대로 지금도 병원에서 진찰을 하면 반드시 기관지염을 심하게 앓은 적이 있느냐는 질문을 받게 된다.

그리고 환절기가 되면 후두염에서부터 시작하여 감기를 앓게 되는 지병을 갖게 되었다.

이렇게 하여 4개월이 끝나고 발전소소장실에서 보수공사완료 결과 회의가 있었다.

일본인 반장은 아주 만족한 공사결과를 보고하였고 그것으로 공사완료검사가 종료되려고 하였다.

발전소 측 화학책임자로서 입사 1년도 안된 나는 그 자리에서 나의 소견을 보고하였다.

그리고 공사의 부실을 지적하였다.

하나는 염산의 과다사용과 장기간 반응으로 파이프의 스케일만 제거된 것이 아니라 파이프를 과다 부식하여 보일러의 수명을 단축하게 된 것이며, 또 하나는 산화제의 과소사용과 반응시간의 단축으로 표면 코팅이 기준치 이하로 되어서 향후에 보일러의 부식이 가속화되어 더욱 수명을 단축할 수 있다는 지적을 한 것이다.

그랬더니 일본인 반장은 물론이고 한전 측 과장과 소장도 신입사원이 무엇을 안다고 그런 지적을 하는가 하는 분위기였다. 특히 일본인 반장은 아주 불쾌한 표정을 하였다. 나는 4개월간 나 자신이 그들과 별도로 분석한 상세한 데이터를 과장과 소장에게 제출을 하고 설명을 하여 동의를 받고 일본인 기술자들에게 다시 설명을 하였다. 완벽한 데이터를 접한 일본인 기술자들은 승복을 하고 사과를 했고, 그 후 1개월간 자신들의 비용으로 보완작업을 했었다.

그때 내가 독일어를 번역해 만들어 사용할 수 있게 한 분석기기와 보일러 화학처리공정에 대한 분석 데이터들은 다른 발전소에서도 이용했다는 말을 들었으며, 아마도 일본 기술자들도 그 후로는 한전에서 용역을 받아 일을 할 때는 좀 더 주의를 하였을 것으로 생각한다.

나는 이때 평생의 지병을 얻어 지금도 그 영향을 받고 있지만, 그때 그 일이 평생 잊지 못할 아름다운 추억이 되어 내 인생의 한 장을 이루고 있다.

이것이 별거 아닌 작은 것이지만 사회 구석구석에 주어진 이 작은 사명들이 성실히 수행될 수 있을 때 사회전체가 건강하고 역동적으로 움직일 수가 있다고 생각한다.

내가 맡고 있는 일이 아무리 작은 것이라도 그것이 우리 사회전체를 건강하게 만들어 가는데 절대로 필요한 것이라는 것을 인식하고 사명감을 갖고 스스로 존중해야할 가치가 있는 것이다.

진실은 믿음을 만든다

1970년 프로그래머 시험을 보고 난 직후였을 것이다.

박정희 대통령의 특별지시로 정부투자 기업들의 재물감사가 일제히 실시되었다.

육사 출신의 소령을 반장으로 한 위관급 장교들로 구성되어 특별훈련을 받고 감사에 투입되었기 때문에 그 팀들이 하는 재물감사를 군재물감사라고 칭하기도 하였다. 공기업의 부정과 부패를 발본색원하기 위한 정책에서 시작된 것이다. 이 감사의 특징은 장부와 재고품의 숫자가 모자라도 지적이 되고 남아도 지적이 되는 것이었다.

먼저 감사를 받은 곳의 정보를 입수하고 이에 대처하느라 모두를 전전긍긍하는 상황이 되었고, 그 감사가 얼마나 철저했는지 모두들 스트레스가 극심한 상태였다.

한 가지 에피소드로 장부보다 모자라는 것은 구입해와 채우기도 했지만 남는 것을 다른 곳에 감추었는데, 그것을 감추었던 직원이 고발을 하여 감사원들이 가서 찾아오기도 하였다. 자재계장은 모자라는 자재, 남아도는 자재, 숨겼던 자재 이렇게 이중 삼중의 지적을 받아서 감사받는 것을 포기하기도 했다.

나는 그때 연료의 품질분석을 담당하고 있었기 때문에 발전원가의 가장 큰 비중을 차치하고 있는 임무를 맡고 있는 상황이었으므로, 감사의 핵심표적이 되고 있었다.

　군용 헬멧에 팬티만 입고 전깃줄의 길이를 일일이 자로 재고, 부품 쪼가리를 낱개별로 하나씩 세어가는 그야말로 치밀하고 강도 높은 감사가 1개월 이상 계속되고 있었으며, 철저히 준비했음에도 불구하고 너무나 많은 지적에 사유서를 쓰다가 지쳐서 대부분의 사람들이 자포자기를 한 상태에서 내가 품질을 맡고 있는 석탄의 재고조사가 시작되었다.

　석탄의 재고수량에는 두 가지가 영향을 준다. 하나는 납품이 될 때 저울로 무게를 측정하게 되고 이때 쉽게 중량을 속이는 부정이 있을 수 있고,

　하나는 내가 맡고 있는 품질의 평가가 영향을 줄 수 있다. 열량이 낮고 수분이 많은 것을 열량이 높고 수분이 적은 것으로 평가하면 동일 량의 발전을 할 때 그만큼 석탄을 더 투입하여야하기 때문이다.

　일차로 감사실로 불려가 구두감사를 받았다.

　거기에서 납품을 받는 절차와 품질검사 및 분석 그리고 판정과정을 설명하였다. 그러나 그러한 절차만 알고는 정밀 기술인 화학분석 과정과 그 과정에서 발생할 수 있는 부정의 요소를 발견하기는 아주 어려운 일이다.

　이러는 과정에 저탄장에서는 저장되어있는 석탄의 물량측정이 이루어지고 있었다. 중장비를 이용해 석탄을 원추형으로 쌓아올린 다음 부피를 측정하고 거기에 비중을 곱해서 산출하는 비중 측정법으로 재고량을 측정하고 있었다.

　측정결과 장부에는 12만 톤이 재고로 되어있었지만 측정한 재고는

1만 톤을 조금 상회하고 있을 뿐이었다.

　이렇게 되면 재고관리와 관계되는 사람들이 여러 명 징계를 받게 되고 퇴직을 하여야 하며, 퇴직금을 못 받게 될 뿐만 아니라 변상을 하여야함은 물론, 형사처벌까지도 가능하게 되는 것이다. 그런데 퇴근 시간이 되었을 때, 감사팀장인 소령이 나를 불러 퇴근 후 자기들이 기숙하고 있는 삼성여관으로 와달라고 하는 것이다. 나는 석탄과 관련이 있는 기술과장과 기계과장에게 보고를 하였다.

　50이 넘은 두 분 다 녹초가 되어 말도 잘못하는 지경이 되어있었다. 그 동안 감사에 시달리고 또 석탄재고량의 엄청난 부족이 적발된 상태이니 제 정신으로 서 있을 수가 없었을 것이다.

　두 분은 이런 저런 생각을 하다가 돈을 원할지 모르니 현금을 좀 가지고 가라고 말씀하시는 것이었다.

　나는 현장에서 음료도 무상으로 받아먹지 않는 사람들이니 그것은 말이 안 된다고 사양을 하고 그냥 여관을 방문하였더니 그 소령이 기다리고 있다가 방으로 안내를 하였다. 여름이라 문은 열어둔 채로 이야기가 시작되었다.

　그 소령은 오늘의 석탄저탄량의 측정결과에 대하여 어떻게 생각하느냐는 질문을 하는 것이었다.

　조금은 의외였으나 나는 아래와 같은 의견을 이야기하였다.

　석탄의 부족량은 현직의 담당자들의 부정이 없다고 말할 수는 없지만, 전임자들로부터 30년간 누적된 결과이므로 현직의 담당자에게 그 책임을 모두 묻는 것은 정당하지 못하다는 것.

　석탄을 생산하고 있는 탄광에서는 비바람 등 자연손실과 난방 등 인위적 손실을 년 간 1인당 0.5톤 이상을 인정하여 매년 장부조정을 하고 있는데 소비자인 발전소에서는 그러한 제도가 없어서 장부를 조작하지 않는 한, 장부와 재고가 일치할 수 없는 제도적 모순을 가지고 있다는 점

석탄계량과 화학분석의 문제점 및 여러 부정의 요소 등에 대하여 상세히 설명을 하고, 지금의 담당자들을 중, 징계하는 것보다 제도적 장치를 통하여 부정의 요소를 제거하고 모순을 개선하는 것이 미래를 위하여 더 중요한 것이므로, 이번 재물감사에서는 그런 점을 더 우선하여주었으면 좋겠다는 의견을 내었다.

그런데 그 다음날 새벽에 그 감사팀장으로부터 저탄량을 다시 측정할 것이니 관계자들은 일찍 저탄장에 입회하라는 연락이 왔다.

그리고 측정한 저탄량은 3만5천 톤이 되었고, 두 과장과 계장들은 퇴직 및 형사고발의 중징계를 면하고 감봉 등의 처벌로 퇴직 시까지 무사히 근무를 하게 되었다.

나는 여기에서 진실은 상대의 마음을 움직인다는 깨달음을 얻게 된다.

오늘날 우리 공직사회의 부정과 부패를 바로 잡기위해서도 사후에 관계자를 처벌하는 것으로 끝나면 안 되고, 그 원인을 분석하고 파악해서 제어할 수 있는 시스템을 구축해야한다.

역사가 된 추억

　우리나라 최초의 발전소, 영월화력발전소, 전력기술의 발전과 산업발전에 기여하며 수많은 역사 속의 전설을 남겼으며, 한때는 우리나라 원자력기술의 미래를 꿈꾸며 선발된 100여명의 젊은 인재들이 열정을 뿜어내며 이곳에서 발전교육과 훈련을 겸하여 연수를 하기도 했다.

　그 발전소는 역할과 수명을 다하고 사라졌지만, 그때 같이했던 동료들과 함께 사진 속에 역사로 남아있다. 사진에서 내 옆에 밀짚모자를 쓴 친구가 나 대신 프로그래머 선발시험 응시원서 접수를 해서, 나의 운명을 바꾸어 놓은 친구이다.

　만나보고 싶다. 함께했던 시간이 짧아서인지, 너무 오래 되어서 인지 그 이름들이 온전히 기억이 되지 않아서 안타까운 마음뿐이다.

한전 전자계산소

프로그래머로 선발된 인원은 모두 아홉 명이었다.

이렇게 한전 전자계산소 동기 9명은 명동 한진빌딩에 있는 한국 IBM에서 약 2개월간 교육을 받게 된다.

화학을 전공하고 발전소현장에서 약 1년 여 근무를 한 나로서는 생소한 2진법, Logic Flow Chart 와 COBOL, ASSEMBLER 등의 프로그램 언어를 배우게 되었다. 이때 내가 소속된 기술계의 계장님은 엄 계장님이라는 선배님이었다. 아주 차분하고 학구적인 분으로 매우 호감이가는 분이었다.

지금 생각하면 그때에 그 계장님을 내가 만남으로써 나는 보다 빠른 시간에 컴퓨터에 대한 지식을 체계적이고 폭 넓게 공부할 수 있는 기회가 되었고 더욱 탐구심을 갖게한 계기가 되었다.

미국으로 이민을 가신 그 분에게 진심으로 감사하게 생각하고 있다.

기초교육이 끝나고 나는 그 계장님으로부터 철재캐비닛 2개에 가득한 책을 받게 된다. IBM 컴퓨터에 관련된 책이었다. 그 계장님은 그 책을 주면서 2~3개월 내에 IBM System 370/Model 40이라는 컴퓨터를 전자계산소에 설치하게 되니, 그것을 설치하고 시스템을Generation 할 준비하라고 지시를 하셨다.

우리 동기는 1971년 1월경부터 실무교육을 위하여 프로그램을 작성하고 그 당시 사설학원인 서울컴퓨터센터에서 컴퓨터를 사용하여 실습을 하고 있었다. 이 서울컴퓨터학원에 설치된 컴퓨터가 우리나라의 두 번째 설치된 IBM 컴퓨터인 것이다. 이 학원은 초기에 우리나라 프로그래머 양성에 많은 기여를 한 사설교육기관이었다.

나는 이 실습과 함께 우리계산소에 설치할 컴퓨터를 Install 하고 System을 Generation할 준비를 하여야했다. 컴퓨터를 처음 배우는 나로서는 영문으로 되어있는 원서를 읽어서 준비를 하여야되는데 책에 있는 전문용어들과 약어들은 사전에도 없는 생소한 단어들뿐이었다. 사전을 찾아서 없으면 IBM의 강사들을 찾아서 질문을 하곤 하였는데 IBM의 직원들도 나와 별반 형편이 다르지 않은 상태라 답답한 나에게는 도움이 되지 않았다.

할 수없이 "책을 백 번을 읽으면 그 뜻을 스스로 알게 된다"는 고사를 믿고, 읽고 또 읽고 반복하면서 스스로 이해하는 수밖에 방법이 없었다.

날짜는 지나가고 있는데 계장께서는 IBM에서 모두해주기로 되어있는 계약을 무시하고 나에게 System Generation은 직접 혼자서 하라는 지시를 하셨다.

그 당시의 컴퓨터 주 기억장치의 용량은 40K Byte로 지금의 계산기 수준도 되지 않았고 처리속도도 느리고 하여, System을 Generation 하는 절차도 복잡하고 시간도 3~4일씩 소요될 뿐만 아니라, 커다란 상자만한 보조기억장치인 Disk Pack을 몇 개를 교환하면서 중지할 수도 없이 계속하여야할 뿐만 아니라 모든 명령을 종이로 된 카드에 천공을 하여 컴퓨터에 연결된 카드리더기를 통하여 입력을 해야만 했다.

중간에 한번 실수를 하면 거의 원점으로 돌아와서 다시 시작해야 되었다.

나는 책을 읽고 준비하느라 출퇴근 시간에 버스에서도 몇 개월을 계속 책을 읽어야만 했고, 이때에 얻은 난시 시력으로 안경을 쓰기 시작하였다.

이렇게 나는 준비를 하여 1971년 4월쯤에 처음이지만 SystemGeneration을 실수 없이 한 번에 완벽하게 할 수 있었으며, IBM의 도움을 거절한 계장님 덕분에 짧은 시간에 컴퓨터에 대한 많은 공부를 할 수 있었고, System Generation을 직접 함으로써 컴퓨터의 원리에 대한 지식을 폭넓고 체계적으로 정립할 수 있었으며, 이것이 후일 내가 정보산업 분야의 다양한 분야에서 일을 하는데 많은 도움이 되었다.

한전에 설치한 이 컴퓨터가 한국에서는 경제기획원 통계청과 서울컴퓨터센터에 이어 세 번째이고, IBM 직원이 아닌 사용자 측에서 직접 시스템 Generation을 한 것은 처음이었다. 다음 해에 대한항공에서 같은 모델의 컴퓨터를 도입 설치하여 예약시스템을 운영한 것이 네 번째가 되었다.

그 후 나는 한전 전체의 인사관리 종합개발을 담당하여 인사관리 시스템을 전산화함으로서 인사관리에 대한 경영지식과 후일 체계화된 MIS에 대한 이해를 하는데 좋은 경험이 되었다.

이렇게 한전은 나에게 정보기술과 지식을 쌓을 수 있는 동기를 부여하였고, 엄인택 계장님은 컴퓨터원리에 대한 폭넓고 체계적인 지식을 쌓게 해주었으며, 인사관리 시스템의 종합개발경험은 프로젝트 관리에 대한 노하우를 쌓을 수 있는 기회를 줌으로써, 후일 내가 다양한 정보 사업 분야에서 일할 수 있는 기틀을 마련해주었다.

이렇게 전자계산소에서 컴퓨터와 씨름을 하면서 3년 등 한전에서 4년 반의 시간이 흘렀다. 그러는 과정에서 직무규정집에 있는 나의 직무를 중심으로 매일 반복되는 생활과 하루에 2~3시간만 열심히 하면 나의 임무가 완수될 수 있는 생활에 회의를 느끼게 되었다.

나의 삶이 직무규정에 의하여 반복되는 생활로 규정되어있고, 규정에 정해진 연령이 되면 퇴직을 해야 되고, 퇴직을 할 때 내가 받을 수 있는 퇴직금이 얼마라는 것을 현재 시점에서 계산해 보며, 진급 외에 특별히 자신의 성취목표를 정할 수 없이 내 인생을 그 주어진 틀 속에 맡겨야 된다는 것에 깊은 회의를 느끼며, 보다 강렬한 열정으로 도전하면서 넓은 세상을 향하여 달려가고 싶은 욕망을 억제할 수가 없었다.

그래서 나는 1973년 2월 한전을 떠나 자산과 매출에서 몇 백분에 일 밖에 안 되는 작은 기업으로 회사를 옮기게 되었다. 규모는 작아도 그곳에서 나는 더 넓은 경험을, 더 자유분방한 생활을, 더 도전적인 삶을 살기 위해서 그 길을 택한 것이다.

그리고 지금도 그 선택을 내 일생 중에서 세 번째로 잘한 선택으로 생각하고 있다.

나의 길을 찾아 가다

나의 길을 찾아 전산처리전문회사로 도전의 장을 옮겼다. 1973년 2월 초에 나는 소프트웨어 개발용역과 업무전산처리 위탁용역을 주로 하는 한 회사의 사장을 찾아갔다.

회사라고 하지만 한전에 비교하면 한 과 단위 규모도 안 되는 설립한지 1년 정도의 작은 회사였다. 그런데 내가 이 회사를 내 스스로 찾아간 이유는 이 회사가 컴퓨터를 이용한 사업을 하는 전문회사였기 때문이다. 주주가 삼성, 대한교육보험, 일본의 제일생명보험주식회사가 1/3씩 투자하여 한국의 미래의 컴퓨터산업을 보고 설립한 회사였으며 이름은 한국전산주식회사이었다. 그 당시 나의 생각으로는 법인출자 회사이며, 컴퓨터 산업을 주 사업으로 하는 전문회사이면서 미래지향적이라는 점에서 나의 젊음을 투자하여 도전해볼만한 회사라고 판단하였다.

한 마디로 말하면 아주 무모한 변신을 시도한 것이다 그때에는 컴퓨터관련 회사가 SCC KOCOM 등 두 세 개의 학원과 한국전자계산주식회사가 있었고, 성 박사와 이 박사가 소장과 부소장으로 있었던 KIST 부설 컴퓨터센터에서 교육과 전산처리 용역을 하고 있었으나 주력 사업은 아니었다.

한국전자계산주식회사(KCC)는 이 사장이 일본의 FACOM230을 설치하고 전산처리 용역사업을 시작으로 하여 후에 PRIME 컴퓨터 판매 사업을 하였었다.

그 다음 1972년에 3개의 법인들이 출자한 KICO가 설립이 되었으며, 이렇게 1973년의 업계상황은 2~3개의 사설학원과 KIST 부설 전자계산소, 개발 및 전산처리용역을 하는 2~3개의 회사가 경쟁을 하는 구도가 되었으며, 그 후 약 10년간은 이들 기관들이 상호 경쟁을 하며 한국의 인재양성과 기술개발 시장개척의 주역으로 그 역할을 하면서 한국의 정보산업의 여명기를 담당하게 된다.

나는 학원과 KIST의 부설 계산소는 나의 목표와 맞지 않고, 개인이 100% 투자한 회사는 미래의 기업발전에 대한 전망이 확실하지 않다고 생각이 되어, 한국전산주식회사를 마음에 두고 그 회사 사장실을 직접 찾아가 나의 생각을 설명하고 그 회사에서 근무해보고 싶다고 제안을 하였다.

그때는 컴퓨터 분야에서 나 정도의 경험을 가진 프로그래머는 훨씬 좋은 대우로 서로 스카우트해가는 때였다. 그렇지만 나는 봉급과 직위에 대한 대우는 잘해주지만, 후 선에서 지원하는 역할을 해야 하는 회사나 은행의 전산실보다는 컴퓨터관련 전문회사에서 주체가 되어 나의 삶을 개척해보고 싶어 컴퓨터를 이용한 사업이 주가 되는 회사를 선택하고자했다. 그래서 좋은 조건의 스카우트 제안을 뿌리치고 이 회사를 선택했고 아무 조건 없이 찾아와 제안을 하였다.

그때 내가 만난 사람은 삼성그룹 동방생명의 이사이며 이 회사의 사장을 겸하고 있는 전 사장이었다. 그리고 다른 한 분의 임원은 대한교육보험의 이사이며 이 회사의 전무를 겸하고 있는 김 전무이었다. 내

이야기를 듣고 한참을 생각하던 전 사장이 거절을 하였다. 이유는 한전은 대한민국에서 제일 좋은 직장이고, 그 직장에서 나름대로 잘 근무하고 있는 젊은이를 설립한지 1년 정도 밖에 안 되는 이 작은 회사에서 채용을 하면 쌍방이 잘못된 선택을 할 수 있다는 것이었다.

좋은 직장에서 4년 반 이상 근무를 한 나를 채용할 경우 2~3개월을 지나면 후회하게 될 것이고, 그렇게 되어 내가 다른 직장으로 옮기게 되면 본인도 회사도 손해를 보게 된다는 것이었다.

그래서 나는 왜 은행이나 다른 기업의 좋은 스카우트 조건을 거절하고 1년이 안 된 이 회사를 아무 조건 없이 스스로 찾아왔는지를 다시 설명하고 나의 각오를 말하였다.

한참 침묵이 흐르고 나서 전상호 사장께서 그러면 같이 한번 일해 보자고 결정을 하시었다. 이때 나는 32살이었고, 전 사장은 42살로 꼭 10년 연상의 선배로서 만나게 되었고, 그 후 평생 이분과의 인연이 시작되었고, 나는 평생 그분을 사회의 스승으로 생각하게 되었고, 이때부터 나는 경영인으로 변신하는 과정을 밟게 된다..

나는 이렇게 해서 한국전산주식회사로 이직을 하기로 하고 한전에 사직원을 제출하고 업무 인수인계를 시작하였으며, 그때 우리 다음 해에 입사를 한 직장 후배가 내가 개발한 인사시스템과 시스템프로그램의 임무를 인계받았다.

그리고 나는 1973년 2월부터 한국전산주식회사에서 근무를 시작하였다.

물론 한국 최대의 기업인 한전과는 그 기업 환경에서 엄청난 차이가 있었다.

그렇지만 강도 높은 근무와 스스로 책임지고 일하며 스스로 해결하고, 나의 역량을 시험하고, 한계를 극복해나가며 스스로 이 기업을 키워나가야 한다는 도전적 환경이 나에게는 힘들면서도 보람을 느낄 수 있는 일이었다.

그런데 약 20일 정도 경과한 어느 날 사장께서는 나를 사장실로 호출을 하고 상당히 난처한 표정으로 말씀을 하시는 것이었다.

한전으로부터 나를 돌려보내달라는 간곡하고 강한 요청이 있어서 난처하게 되었다는 것이다. 한전의 총무담당 임원으로부터 한전과 동방생명 간의 보험계약에 대한 사항이 거론되었던 것으로 사장은 말씀을 하시는 것이었다.

그 당시 어떤 경우이든 한전은 동방생명에 최대 최고의 고객일 수밖에 없었을 것이다. 주주회사인 동방생명을 난처하게 하면서 전상호 사장이 나의 입장을 지킬 수는 없었을 것이다.

다시 한전으로

나는 20여일 만에 한전 전자계산소로 복귀를 하였고 인계한 업무를 다시 인수를 하여 근무를 계속하였고, 특진 상신의 이야기도 있었다. 그러나 내가 선택한 것은 단순히 진급을 한다거나 더 많은 봉급을 받기 위한 것이 아니었다. KICO가 나를 스카우트한 것도 아니었고 나에게 아무런 직급승진을 시켜주지도 않았으며, 봉급은 더 줄어든 상태였다. 나는 나의 인생을 걸고 이직을 한 것이었다.

그런데 모두는 승진과 봉급의 액수로 나에게 타협하고자 했다. 내가 바라는 삶에 대한 답은 한전의 사장이라 해도 해결할 수가 없는 것이었다. 오직 나 스스로의 선택으로 결정될 수밖에 없는 것이었다. 나는 근무를 계속하면서 한전의 힘이 미치지 않는 곳을 찾았으며, 복귀 후 3개월 정도 되었을 때 눈에 들어온 것은 현대조선소 설립과 함께 전산요원 모집광고였다.

나는 원서를 제출하였고 공개채용에 합격을 하여 6월1일부터 현대조선소 전산실로 직장을 옮겨 근무를 시작하였다. 지금 솔직히 말하지만 나는 KICO를 가기위하여 이곳을 경유지로 생각한 것이다.

처음부터 나는 어떤 회사의 전산실에서 지원업무를 하는 것을 원하지 않았기 때문이다. 그렇다면 보다 안정된 한전 전자계산소를 떠날 이유가 없었다. 나의 목적을 위하여 현대조선소를 이용한 점에 대하여 지금도 죄송하게 생각하고 있다.

그러나 나는 그곳에서 내 인생에 중요한 경험을 하게 된다. 현대 미포조선소의 서울 사무실은 광화문 동아일보 맞은편에 있었으며, 정주영 회장실 바로 옆에 전산실이 있었기 때문이다.

우리나라 기업역사와 경제발전에 지대한 공헌을 하신 정주영 회장의 삶을 아주 가까이에서 볼 수 있었고, 그 분이 이루어가는 우리나라 조선 산업의 태동의 모습을 바라볼 수 있는 기회를 얻을 수 있었으며, 그 기회를 통하여 나는 기업과 기업인에 대한 나의 생각에 많은 변화를 가져올 수 있었다.

또한 박정희 대통령의 중화학 육성의 의지와 정책의 추진을 한 모퉁이에서 짧은 기간이지만 지켜볼 수 있었다.

추억의 컴퓨터

1971년 IBM System 360/40, 한전 전자계산소 기술계의 동료들이 컴퓨터실에서 함께했다. 왼쪽부터 김성겸 선배님, 엄인택 계장님, 최상현 후배, 안병선 친구, 나, 가운데에 위영실 Console Operater 여직원이다.

김성겸 선배는 수원에 농장을 만들고 수원으로 이직을 하였다. 참으로 마음이 넓고 따뜻하며 조용한 선배였다. 엄인택 계장님은 계산소 내에서 가장 학구적이었으며, 나에게 컴퓨터와 관련된 많은 책을 읽게 하시고 훈련의 기회를 열어주신 학구파 상사였다. 후일 미국으로 이민을 가셨는데 소식이 궁금하다. 최상현 후배는 한전 전자계산소의 2대 시스템 프로그래머였으며, 학구적이고 학문을 계속하여 일본에 유학을 하고 후일 대학에서 학문의 길을 계속하였으며, 요즈음도 가끔씩 만날수 있는 기회가 있다.

안병선 친구는 계속 전자계산소에서 근무를 하며 처장까지 진급을하여 한전전산 분야의 전설이 되었다. 만난 지는 오래 되었지만 소식을 계속 듣고 있는 아주 가까웠던 친구이다. 여직원은 운영계 소속 직원이며 유일하게 컴퓨터 오퍼레이션 기술을 익힌 여직원이었다. 뒤에 보이는 컴퓨터의 주기억 장치는 40kbyte 이다. 그 크기를 지금의 노트북과 비교해보면 격세지감을 금할 수 없을 것이다.

대한민국의 도전

여기는 대한민국이
혼신의 힘을 다하여
중화학 공업에 도전하는
역사가 만들어지고 있었다.

현대조선소

현대 미포조선소에서 나는 한국의 중화학공업 특히 조선산업의 여명기를 열어가는 도전과 열정을 볼 수 있었다. 현대 조선소 본사는 울산시 미포읍 미포항에 있었고 서울 사무실은 청계천을 사이에 두고 옛 동아일보사 건너편에 있었다. 우리 전산요원 약 10여명은 이 서울 사무소에서 준비를 하고 있었으며 정주영 회장은 하루건너 격일로 서울 사무실에 들르는 편이었다.

그 당시 정 회장께서는 낮에 서울에서 업무를 보고 저녁에 각종 기관의 사람들과 저녁식사와 연회를 하고, 저녁 12시가 되면 전용 캐딜락(Cadillac) 승용차로 울산 미포조선소를 향하여 출발을 하여 차 안에서 수면을 하고 아침 6시경 그곳에 도착을 하면 새벽부터 임원들을 소집하여 경영 회의를 하고 근무시간이 되면 현장업무를 처리하시고 저녁에는 영빈관에서 바이어 및 고위 관계자와 연회를 한 다음 다시 12시가 되면 그 차를 타고 서울을 향하여 출발을 한다.

역시 차 안에서 수면을 하고 아침 6시 경이 되면 서울에 도착하여 집무를 시작하시는 생활을 계속하고 있었다. 승용차는 2대를 가지고 교대로 정비를 하여야 하고, 기사는 과로로 2~3개월이면 이직을 하면서 효자동에 자택이 있음에도 6개월간 들리지 못하는 그런 생활의 연속이었다. 다 알려진 바와 같이 초등하교 교육도 제대로 받지 못하셔서 영어를 읽을 수도 쓸 수도 없는 분이기 때문에 텔렉스의 내용을 영어 알파벳까지 한글로 발음을 적어드려야 했다. 그렇지만 도전정신과 스스로 실천하는 리더십으로 우리나라 중화학의 선구자역할을 감당해낸 것이었다.

동해 개척사, 미포항

 우리 전산요원들은 서울에서의 준비가 끝난 다음 현장에서의 준비를 위하여 미포 현대조선소로 출장을 하여 현지의 상황과 필요한 전산업무를 조사하고 검토하여나갔다. 그런데 현지의 상황은 상상을 초월하는 어려움과 초인적인 도전의 연속이었다. 5~10cm 두께의 철판을 자르고 제단을 해서 계속 빈틈없이 용접을 해야 하는데 우리나라 기능기술자들의 대부분은 양철을 납으로 땜질하여 물통이나 물받이 등을 만들어본 경험밖에 없었다.

 조선소가 제대로 기능을 하기 위해서는 최소 1만여 명의 기능 인력이 필요했다. 하루에 200명을 충원해서 사내에 있는 기숙사에서 숙식을 하며 사내 기술훈련소에서 훈련을 시키면 먼저 입사한 연수사원 중 100명이 퇴사를 하는 현실이었다.

 항구의 해변을 한쪽에서 중장비가 정지작업을 해나가면 뒤따라서 공장건물이 지어지고, 공장건물이 지어지면 그 곳에는 크레인과 공작 기계가 건물을 따라가며 설치되어 철판절단작업이 시작되고, 절단한 철판들이 도면에 따라 용접이 되고 크레인은 쉴 사이 없이 움직이며 배의 블록들이 다시 용접으로 만들어진다. 500톤 정도의 철판으로 이루어진 블록들은 대형트레일러에 실려서 독(Dock)로 옮겨져 다시 블록과 블록을 순서에 따라 용접을 하며 쌓아올려 완성된 배의 선각이 만들어진다. 50만톤 유조선 하나의 크기는 63빌딩 하나를 옆으로 눕혀 놓은 크기라고 생각하면 비슷할 것이다.

선각이 조립된 다음 독(Dock)에 물을 넣어 바다에 띄우고 배관과 전장 그리고 인테리어와 선각 도포와 도장 등의 후속작업이 진행되고 엔진을 설치하게 된다. 그러니 대형 배를 만드는 일은 철판을 제단하고 용접해서 선각을 조립하는 것이 주된 공정이 되는 것이다. 이렇게 현대조선소는 부지정지와 공장건설 1호선의 제작이 동시에 이루어지고 있었다.

한쪽에서는 해변을 정지하고 바다를 메우고 또 한쪽에서는 공장건물을 지어나가고 그 안에서는 기계시설이 장치되고, 금방 장치된 기계에서는 바로 철판의 제단과 용접이 시작되는 3차원 4차원의 입체적 공정이 진행되고 있었다.

덴마크 조선소에서 스카우트되어 온 부사장은 도면을 가지고 엔지니어들을 교육시키며 1호선 조립을 독려하고 기술훈련소에서는 절단과 용접을 중심으로 한 기능 인력을 양성하여 계속 공장으로 투입해야했었다.

인원은 계속 충원되고 퇴직도 계속되었다.

이때 정주영 회장의 거북선 일화가 만들어지게 되는 것이다.

또 한편으로는 조선소 부지를 정지하는 중에 토지매각을 끝까지 반대하여 조선소 부지 한복판에 덩그러니 홀로 고립된 농가의 불미스러운 사건도 언론에 대서특필된 적이 있었다. 또 500톤의 무거운 배의 블록을 독(Dock)로 옮기는 중에 지금과 같은 대형 골리앗크레인이 없어서 이동식 소형크레인 2대로 독(Dock)에 장착하는 도중 크레인이 전복되어 유도하던 직원 2명이 압사하는 사건도 발생하였다. 조립을 위하여 100만톤 급의 독(Dock)가 2개가 동시에 건설이 진행되고 선각만 조립된 배를 해안에 접안하고 동력 및 인테리어 페인팅 공정을 위한 접안시설과 파도를 막기 위한 방파제 건설공사가 동시에 입체적으로 진행되고 있었다. 4차원이 아니라 9차원 정도의 입체적 경영 건설 제조관리가 진행되고 있는 현장이었다.

독(Dock) 건설이 진행되고 있는 중에 50만톤 유조선의 선각조립이 그 안에서 동시에 조립되고 있었다. 생각해보면 불가능에 도전하는 것이었다. 공장에서는 가로 세로 길이가 1~3m 정도 되는 길이에 5~10cm 두께의 철판을 여러 가지 기하학적 설계에 맞추어 절단을 하고, 이것을 설계도면에 따라 다시 용접을 하여 약 500톤 단위의 블록으로 제작을 한다.

골리앗크레인도 없는 건설 중인 독(Dock)에서 500톤 철판블록 1천 개가 기능공들의 용접에 의하여 50만톤의 유조선으로 만들어지며 그 블록의 규격이 오차 없이 각각 제작되어 다시 조립되는 과정은 우주선의 도킹만큼이나 정밀해야 되는 것이다.

선각이 만들어지면 독(Dock)에 물을 채워 띄우고 끌어내어 부두에 접안을 시킨 다음, 내장공사가 시작된다. 수없이 많은 배관과 전선이 설치되고 엔진이 장착이 되어야하며, 관리시설들이 만들어지게 된다.

동시에 철판의 표면은 부식을 방지하기 위한 두꺼운 페인트(Paint) 도장이 이루어지게 된다. 50만톤급 3척의 배를 만들 수 있는 강판이 산더미 같이 쌓인 해변가에 건설소음과 철판을 자르고 용접하는 소음과 바다의 비릿한 내음과 쇠의 냄새가 가득한 허허벌판에 가죽으로 만든 두터운 작업화를 신고 머리에는 안전모를 쓰고 똑같은 작업복에 넓은 가죽허리띠를 두른 다음 공구 주머니를 허리에 찬 수천 명이 열기를 뿜으며 땀 흘리는 장면을 보면서 서부개척사영화의 한 장면을 떠올릴 수밖에 없었다.

해안에서 먼 곳에서는 트럭들이 돌을 실어다 바다를 매우며 방파제 건설을 계속하고 있다. 낮에 돌을 부어 방파제가 보이면 밤에는 파도에 무너지고 아침이 되면 방파제가 없어지는 일을 계속해야 된다.

이 대한민국의 역사를 바꾸는 일에는 정부와 국민모두가 일체가 되어 지원을 하였다.

박정희 대통령의 지시로 그 당시 국무총리였던 김종필씨는 거의 일주일에 한 번씩 조선소 건설현장을 방문하고 정부의 지원이 필요한 것을 확인했고 동시에 진도도 확인을 하고는 하였다. 대한민국의 젊은이들은 이리로 모여들어 국가의 새로운 도전에 일신을 던져 참여를 하였다. 방파제 건설에 필요한 석제를 운반하기 위하여 새로운 직선도로가 필요한데 토지 주인이 터무니없는 값을 요구하고 있다는 말을 들었는데, 얼마 지나 그곳에 군사작전 도로가 건설된다는 이야기도 들었다.

조선소가 완공되면 이 허허벌판이었던 곳에 약 4, 5만명의 직원이 근무를 하게 되고, 미포는 2십만에서 3십만의 인구를 가진 새로운 도시로 변모를 하게 되고, 이곳에서 정주영씨 일가의 국회의원이 탄생할 것이라는 말도 있었다. 그것이 지금 정몽준씨의 정치배경이된 것이다.

여하튼 이곳은 미국의 서부개척사 같은 개발의 거친 숨결이 울려 퍼지면서 대한민국의 중화학공업을 열어가는 역사의 현장이기도 했다.

영웅들의 도전과 열정

나는 이곳에서 새로운 세계를 보게 된다. 그때까지 나는 반항적이고 저항하는 젊은이였다. 그러한 기질 때문에 한전 전자계산소에서는 노동조합 부지부장을 1년간 지낸 적이 있다. 그러나 노동조합의 불합리한 운영을 보고 그만둔 다음에는 조합을 통한 노동운동을 하지 않았다.

근로자로써 쟁취하는 입장보다는 좋은 직장을 많이 만들 수 있는 삶을 택하게 되었다. 조선소를 건설하는 현장에는 정주영이라는 시대의 영웅이 있었고, 현장을 누비며 사명감에 불타는 젊은 영웅들이 함께 하였다.

그러한 영웅들이 열정을 가지고 도전할 수 있도록 철학을 제시하고 장을 열어주는 박정희라는 또 다른 영웅이 그 시대를 함께하고 있었다. 이 조선소를 비롯하여 자동차 등 중화학공업이 경쟁력을 갖추도록 하기위하여 한쪽에서는 박태준이라는 영웅이 박정희의 정책과 전략 하에서 철강의 강국을 꿈꾸며 기술도 자본도 없는 나라에서 또 하나의 불가능에 도전하고 있었던 것이다.

여기에는 경제인들의 협력을 얻어내고 박정희 대통령과 경제개발 공조를 하도록 한 다른 영웅인 이병철씨, 그리고 후일 박정희 정권의 거시경제를 주도한 남덕우 등은 모두 그 시대의 영웅이라고 해야할 것이

(Numerical Control Machine) 에 의하여 그 두꺼운 철판을 정밀하게 절단하고 있었다. 이 기계의 불꽃은 후일 레이저 광선으로 바뀌어 더 정밀한 작업을 할 수 있게 되었다. 이것은 공장자동화를 경험하는 계기가 되었다.

그 개념은 좀 더 후에 PLC (ProgrammableLogicController)와 함께 발전되어 공장자동화에 많은 기여를 하게 된다.

NC 공작기계는 생산라인구축 시에 도입이 되었으므로 바로 적용이 되고 있었으나, 바이킹 패키지는 현장과의 조율시간이 많이 걸리는 것인데 현장은 흘러가고 있으므로 정착시키는데 까지는 많은 시간이 필요했다.

이러한 도전으로 처음 만들어진 배는 여러 우여곡절을 겪고 난관을 극복하며 만들어지고 있었고, 그 배를 만들고 있는 직원들은 그 배의 첫 시험 운항이 진수식이 될지, 침수식이 될지 모르겠다고 하였다.

그 유명한 거북선 일화를 만들어낸 오나시스의 배는 이렇게 만들어지고 있었으며, 그 선박 왕 오나시스는 우리의 조선 산업개척의 초창기 길목에서 사막의 오아시스 같은 존재였었다.

대한민국 최초의 50만 톤의 유조선이 된 이 배의 제작공정의 과정에서 수많은 시행착오를 겪으면서 반복된 경험과 희생은 후일 대한민국의 조선 산업이 세계를 지배하는 시대의 서막을 열게 되는 계기를 만들어낸 선구자이었다.

내가 이곳을 떠난 뒤, 배는 완성이 되고 선주에게 인도하기 위하여 항해를 하던 중 이태리 앞 바다에서 배가 고장으로 정지되었다는 기사를 읽은 적이 있는데, 그 뒤 어떻게 되었는지는 아는 바가 없다. 가능하다면 그 배를 우리의 해양박물관에 보존할 수는 없을까? 아쉬움을 가져본다.

　나는 현대조선의 이러한 애정과 열정, 그리고 아쉬움을 안고 떠나야만 했다.

　나는 컴퓨터 산업이 주업이 되는 곳에서 그 분야의 개척을 통하여 나의 삶의 길을 가고자 하는 열망이 있었기 때문이다.

재무적 판단

선박제조공정의 맨 앞 단계에는 수백 가지의 철강재들이 산더미 같이 야적되어있었다. 이 철강재를 야적장에 연이어 있는 공장의 첫 작업장에 투입하는 것에서부터 선박제조공정이 시작되는 것이다.

건설과정에 있는 현대조선은 회사최초의 배를 만들기 위하여 철강재를 구매하면서 그 당시 50만 톤 유조선 3척의 철강재를 일시에 구매를 하였다.

자금조달이 쉽지 않은 그때에 엄청난 자금이 들어가는 배의 철강재를 수주가 확실히 되지 않은 상태에서 차입을 하여 미리 구매한다는 것은 원가관리 측면에서는 상식 밖의 경영행위였다.

재무부문의 강력한 반대에도 불구하고 정주영 회장의 결정에 따라 조선제조원가의 가장 큰 비중을 차지하는 철강재 원자재의 구매가 이루어졌다. 그런데 이후 몇 개월도 안 되어 철강재의 국제시세가 거의 2배 정도로 상승하였던 것이다.

정주영 회장의 여러 일화 중에 알려지지 않은 또 다른 일화라고 할 수 있다.

이렇게 해서 현대조선소는 배를 만들기도 전에 적기의 자재구매로 배 3척을 만들어 얻을 수 있는 이익의 몇 배가 되는 엄청난 이익을 볼 수 있게 되었다.

정주영 회장이 관련부서의 전문가들의 강력한 반대에도 불구하고 이러한 결정을 한 이유는 여러 가지가 있었겠지만, 나는 아주 젊은 나이의 실무자로써 재무적 판단이 경영에서 얼마나 중요한 것인가를 깨닫고 경험하게 된다.

그러나 이렇게 선견지명으로 구매를 하여 많은 재무적 이익을 창출을 하였지만 이 철강재를 선박의 제조 생산계획에 따라 필요한 자재를 잘 관리를 하여 재고의 효율을 높여야하는데 조선소의 초창기로써 부지를 닦고, 건물을 짓고, 생산기계를 설치를 하며, 제품의 제조가 이루어지고 있었으므로 자재의 재고관리가 전산화가 되어있지 않았었다.

그래서 가공을 위하여 필요한 철강재 하나를 찾아서 공장의 생산라인에 투입을 하기위해서는 이동식 기중기로 야적되어있는 철강재를 이것저것 뒤지고 육안으로 찾아서 겨우 가공 제조라인에 투입을 하여 자르고 구멍을 뚫고 다시 용접을 하여 블록을 조립하는 공정라인에 보내면 규격이 맞지가 않아서 쓸 수가 없게 되는 것이다.

야적장에서 육안으로 분별하여 크레인으로 옮겨서 제작한 그 강재는 비슷하기는 하여도 설계에서 규정한 강재가 아니었던 것이다.

이렇게 하나의 자재를 찾기 위하여 크레인으로 뒤집어놓으면 규격에 따라 분류해놓았던 자재들이 뒤죽박죽되어 다음에 다른 자재를 찾을 때에는 그 두 세 배의 시간이 걸리게 된다.

또한 잘못 찾아서 절단한 그 강재는 고철로 밖에는 쓸 수가 없는 것이다.

이렇게 재무적으로 이익을 만들어낸 자재는 그 관리가 전산화되어있지 않아 생산과정에서는 막대한 손실을 발생시키고 있었다.

그래서 전산화를 조속히 하여야하는데 컴퓨터가 국내에 도입된 초기라 이해가 부족한데다가, 현장은 그것을 받아드릴 수 없는 상황이어서 전산개발 담당자들은 그 대책을 찾기 위하여 동분서주하며 고심을 하고 있었다.

거북선의 혼

　정주영 회장이 그 당시 세계 제일의 선박회사를 거느린 선박 왕 오나시스를 만나 50만 톤의 유조선을 수주한 이야기는 유명한 일화이다.
　자본도 기술도 없고, 조선소도 없고, 부두나 도크도 하나 없이 이름만 지어진 현대조선소의 명함 한 장을 달랑 들고 오나시스라는 당대의 선박 왕을 만날 수 있었던 정 회장의 배짱과 용기, 그리고 그 설득력을 무어라고 설명할 수가 없다.

　오나시스가 위와 같이 아무 것도 없으면서 어떻게 50만톤의 위험 물질을 운반하는 특수용도의 배를 만들 수 있느냐고 질문을 하였을 때 거침없이 거북선담뱃갑을 보여주며 이순신 장군이 그 배를 건조한 역사를 설명해서 설득했다는 그 유명한 일화는 대한민국 국민이라면 누구나 알고 있는 이야기며, 이 일화는 대한민국 온 국민에게 용기를 주고 자부심을 가질 수 있게 하였다.
　우리는 정주영 회장을 기억할 때면 꼭 이 일화를 이야기하며 자신의 이야기인양 자랑스러워한다.
　그런데 정주영 회장은 무슨 자신감에서 이런 일화를 남길 수 있었을까?

　우리에게 과연 거북선을 만든 기술이 남아있었던가?

자본은 어디에서 구해올 것이며, 기술은 어떻게 해결할 것인가?

그에게는 범인이 넘볼 수 없는 혜안이 있었고, 국가와 국민을 위하여 신명을 다하는 대통령이 있었고, 할 수 있다는 자신감을 갖게 된 국민들이 있었고, 그 외에도 국가경제개발을 위하여 열정을 다하는 협력자들이 있었기 때문에 그는 거북선 담뱃갑을 들고 그 선박 왕을 만날 수 있는 용기가 있었을 것이다.

그 선박 왕은 거북선이 상징하는 우리 민족의 애국정신, 정 회장의 용기와 열정, 대한민국 정부의 정책과 국민들의 협조를 믿고 선박을 3척이나 발주했다고 생각한다.

따라서 이 일화는 결과적으로 모든 대한민국 국민과 정주영 회장, 대통령을 비롯하여 그 시대를 같이한 우리 모두가 함께 만들어낸 일화라고 할 수 있다.

즉 그때의 대한민국의 모든 국민은 거북선으로 상징되는 이순신 장군과 그 배를 만들었던 그 당시 우리 조상들의 나라를 지키겠다는 그 정신을 이어받아 조선 산업을 일으켰던 것이다.

오나시스는 거북선이 함의하고 있는 그 "거북선의 혼" 즉 "대한민국 국민의 혼"을 믿었을 것이다.

이제 우리는 또 다시 이런 일화를 만들어야만할 때가 되었다.

정주영 회장을 통하여 이 시대의 거북선을 다시 만들었듯이 우리는 미래의 우리 거북선을 다시 만들어야한다. 국난의 시기에 이순신 장군과 함께 거북선을 만들고 나라를 위하여 목숨을 걸고 싸웠던 우리 조상들 모두가 나라를 지켜낸 영웅들이었다. 우리는 다시 다음 도약의 기회를 만들기 위하여 이런 영웅들을 찾아야 할 것이다.

그 영웅들은 국가와 국민이 만들고 찾아내는 것이다. 그 영웅들의 탄생을 기다린다.

분열의 시대에는 영웅을 만들어낼 수도 없고, 발전적 역사를 만들 수도 없으며, 미래를 위한 기회도 있을 수 없다.

모든 국가와 민족은 사회적 정치적 단합의 시대에 긍정적 발전적 역사를 만들고, 미래를 희망적으로 열어갈 수 있었다.

우리 모두 단합의 시대를 만들어 영웅이 탄생할 수 있는 기회를 만들고, 다시 도약의 미래를 만들어야 되겠다.

정보산업의 여명기

지식을
경험이란 효소에 의해
지혜로 숙성 시키는
이성적 사회적
감성의 시간

삶의 새로운 진로

한국전산주식회사 (KICO)는 향후 내 인생의 긴 여정을 결정짓는 계기가 된다.

이공학도에서 경영자로의 변신, 직장인에서 사업가로의 전환, 화학에서 정보산업으로 지식의 세계를 넓히는 계기, 그리고 평생을 함께해 가는 많은 인간관계 등, 일일이 설명할 수 없는 많은 변화와 영향을, 그리고 의미를 나에게 주는 동기가 되었다.

그리고 새로운 분야와 신설회사, 그곳에서 만난 젊은 후배들과 밤낮없이 열정을 쏟으며 함께했던 기억들은 내 일생에 가장 아름다운 추억이 되어있다.

KICO, 긴 인연의 시작

1973년 9월, 나는 다시 한국전산주식회사(KICO)의 전상호 사장을 만났고 10월부터 근무를 다시 시작하였다. 이때 내 나이는 32살의 청년이었고 사장님의 나이는 42살의 동방생명 이사이며, 이 신설회사의 사장을 겸임하고 있었으니 10년 차의 장년과 청년이 이 회사를 시작으로 향후 긴 인연을 이어가는 계기가 되었다.

이때는 통계청, 한전, 한진에 이어 생명보험회사와 시중은행들이 주로 고객관리와 여수신업무를 전산처리하기 위하여 개발을 착수하는 시기였다.

KICO에서도 농협중앙회와 동방생명(지금의 삼성생명), 대한교육보험(지금의 교보), 대한생명 등이 개발을 착수하고 있었고, 제일제당 등 삼성그룹의 몇몇 회사가 이 회사에서 개발을 시작하고 컴퓨터를 사용하고 있었다.

그리고 버클리라는 미국회사가 키펀치 업무를 KICO에서 용역처리하고 있었다.

우리나라에 컴퓨터가 처음 도입되고 나서 4년 정도 밖에 되지 않은 때라 전국의 전문 인력의 숫자도 몇 백 명 정도 밖에 안 되었으며 경험도 미천한 때였다. 주로 전산개발은 KICO나 한국전자계산주식회사(KCC), 서울컴퓨터센터(SCC) 등에 의뢰하여 하는 경우가 90% 이상이었다.

그리고 개발 이후에는 주로 이들 회사의 컴퓨터를 시간 단위로 나누어서 공동으로 사용하고 사용한 시간에 따라 전산처리비용을 지불하던 시대였다.

KICO의 인원은 프로그램을 개발하는 전문 인력이 약 20여명, 컴퓨터 오퍼레이팅을 하는 인력이 약 20여명, 그리고 키펀치를 하는 여직원이 약 50명 정도 근무를 하고 있었다.

그래서 회사의 매상도 키펀치 용역수입이 약 60%이고, 기계사용료 수입이 약 40%이고 프로그래머 인건비는 거의 무시되는 형편이었다.

여기서 내가 소프트웨어 전문요원이란 말을 사용하지 않는 이유는 그때는 소프트웨어라는 말을 프로그래머인 나 자신도 충분히 이해를 하고 있지 못했으며, 실제로 하고 있는 일이 그 수준을 거의 벗어나지 못하였기 때문이다. 따라서 전산개발을 할 때에 가장 기술수준이 높은 인력임에도 불구하고 그 인건비를 거의 무시당하고 있었다.

사무실의 임차료는 이유 없이 인정하고 지불하였지만 프로그래머 인건비는 "무슨 인건비를 받느냐" 하며 무시당하곤 하여 초기의 소프트웨어 산업을 주도한 회사들이 겪은 큰 애로사항이었다.

사실은 그 인재를 양성하고 유지하는 비용과 추후 발전하는 기술을 위하여 투자해야 되는 비용이 소프트웨어 전문회사의 절대비용임에도, 그 비용이 절대로 인정되지 못하던 시대였으니 그 시대를 개척한 사람들의 고충이 어떠했겠는가?

소프트웨어 요원인건비라고 말하면 "소프트웨어가 뭐냐? 그냥 컴퓨터가 알아서 다 해주는 것 아니야?"라고 되묻는 경우가 100%였다,

인식이 일반화되지 않은 그 시대에는 이것을 이해시키는 것은 거의 불가능이 라고 말하는 것이 낳을 것이다.

그러니 그 비용은 컴퓨터 사용료에 적당히 숨겨서 받아야만 되었고, 이러한 모순이 그 당시 우리나라 소프트웨어업계의 최대의 고충이었고 장애였다. 그러니 어찌하겠는가? 시대가 이해를 못하는 때였으니

그리고 키펀치라는 것은 지금은 없어진 사업이 되었지만 그 당시에는 자료에 대한 정보를 컴퓨터에 입력하기 위해서는, 지금처럼 노트북과 같이 Key Board 를 사용하여 쉽고 편리하게 직접 할 수 있는 수준이 아니고, 가로 약 15cm 세로 약 5cm 정도의 종이카드에 천공(Punch)기계를 사용해서 구멍을 뚫어서 2진법 방식으로 입력을 하여야했다. 그래서 컴퓨터를 이용하는 회사는 이 키펀치 요원을 반드시 확보해야하고, 아니면 그 용역을 주로 하는 회사에 의뢰를 하여야만

하였다. 그래서 이 과정에서 발생하는 오류를 방지하는 것이 어려운 문제이기도 했다.

전산요원들의 직장은 대부분 전산개발을 하는 기업들의 총무부나 기획부의 전산담당자 수준이었고, 책임자는 드물게 대리급이나 과장 정도가 최고였었다.

전산업을 주로 하는 회사는 KICO, KCC, SCC 등이 전부였으며 여기에 근무하는 직원들은 내 경우와는 반대로 큰 회사의 전산실에 스카우트 되는 것을 희망하는 것이 대부분이었다.

그때는 스카우트 되면 봉급도 더 받고 잘 하면 대리직급 등으로 승진할 수 있었기 때문이다.

첫 프로젝트의 시련

KICO에 다시 복귀를 하여 처음 맡은 임무는 한국산업은행(KDB)의 여신관리업무를 전산화하는 일이었다. 그 당시 산업은행은 산업금융채권을 발행해 조성한자금과 차관자금을 기업에 대출하고 관리하는 일을 주로 하고 있었다.

당시 우리나라는 박정희 대통령의 경제개발정책에 따라 차관자금을 도입하여 기업들에게 자금지원을 하면서 경제개발 5개년계획을 반복 추진하고 있을 때였으므로, 산업은행은 이들 기업의 자금지원과 그 원리금회수 및 해외 차관자금 대여기관에 원리금상환을 하는 업무를 수행하고 있었다.

다양한 차관기관 및 화폐, 대여조건, 자금사용기관에 따른 변칙적 대여 조건, 상환상태, -------

그야말로 규정이 있었지만 규정대로 운영된 대출기업이 하나도 없었다고 할 수 있었다. 그 당시 우리나라의 경제사정이 세계 최하위 국가 상태였으니 기업경영상태 또한 정상일 수가 없었으며, 이러한 상태에서 경제개발을 추진하여야 되니 정부 또한 원칙과 규정대로 할 수 없었을 것이다. 오히려 비정상이 정상이라고 말할 수밖에 없었을 것이다.

그러니 산업은행도 업무량이 늘어나면서 효율적 관리의 한계에 도달할 수밖에 없었다. 특히 국내의 대출금회수보다 해외기관에 상환조건을 충족시키는 문제가 더 심각했던 것이다. 이것은 해외 자금유치를 위한 국가 신용도에도 직결되는 문제이며, 상환지체에 따른 페널티가 엄청나기 때문이었다. 이 문제를 해결하기 위하여 산업은행은 컴퓨터 이용을 결정하고 전산과가 발족을 하였으며, 이 개발프로젝트를 KICO 가 수주하게 되었던 것이다. 내가 KICO에 입사하기 약 6개월 전에 개발기간 6개월에 그 당시 개발비 500만원으로 이미 계약이 되어있었다.

 그러니 법적으로 계약은 종료된 상태인데, 실제 개발은 아무 것도 된 것이 없는 그런 문제 프로젝트가 되어있었다. 그 문제라는 것이 보통 심각한 것이 아니었다. 지체에 따른 지체변상 금액이 엄청나고 거기에 대표이사 개인의 집까지 담보를 한 정말로 말할 수 없는 불공정계약이 되어있었다. 몇 개월이 지나면 회사와 대표이사의 집을 그냥 산업은행에 양도하는 것이 좋을 형편이었다.

 이것은 컴퓨터시스템을 개발하라는 임무가 아니라 사고처리를 하라는 것으로 해석해야 되는 것이었다. 나는 거부하고 싶은 생각이 없지도 않았지만 나 자신을 한번 시험해보기로 했다. 그 문제를 해결할 수 있다면 젊은 내가 후일 닥칠 수 있는 더 큰 문제에 도전할 수 있는 경험을 쌓을 수 있지 않겠는가 하는 생각이었다.

시련을 경험의 장으로

나는 임무를 부여받고 업무파악에 들어 갔다. 이 프로젝트는 그 당시 나보다 먼저 이 회사에 와서 이 프로젝트를 담당했던 'L' 부장이 있었다. 그는 나와 나이가 동년배였는데 이 프로젝트를 수주하는데 사장과 함께 주도적 역할을 하였고, 지난 6개월 동안 이 프로젝트 개발의 지휘를 했었다. 그분은 대학에서 건축학을 전공하고 졸업 후 SCC에서 컴퓨터 언어강사를 하다가 이 회사에 부장으로 스카우트 되었고, 나는 한전에서 내발로 찾아와 제안을 하면서 직책 없이 평사원으로 입사를 하였다.

프로젝트의 인계인수를 하는데 3장 정도의 계약서 이외에는 아무런 자료가 없는 것이었다. 프로젝트 조사 자료도, 어떻게 6개월에 500만원이 되었는지 등, 계약내용의 중요 의무사항에 대한 분석평가 자료는 물론 6개월간 추진한 자료가 문서로 된 것이 하나도 없고 7명의 개발요원들의 말만 남아있었다.

그러니 구체적으로 무엇을 알아보고 분석하고 할 수도 없이, 그냥 아무 것도 없이 계약기간은 만료되어 지연되고 있으니 지체보상금을 물고 계약에 대한 민, 형사상 책임을 지는 것 밖에는 대책이 없다는 것이 현실적인 상황이었다.

그 상황에서 프로젝트와 관련된 사람들은KICO 측은 대표이사 전상호와 'L' 부장, 그리고 개발요원으로 제일 고참인 정화자씨가 있었다. 정화자씨 역시 대학을 졸업하고 SCC에서 프로그램을 배웠으며, 그 외에 서태상씨 김세준씨 이종만씨와 김홍배씨 등이 있었다. 이 부장과 정화자씨를 제외하고는 이 회사에서 컴퓨터를 배우기 시작했다고 해야 할 것이다. 이 후배들은 후일 좋은 인연으로 연결되어 평생 친구 같이 지내며 지금도 가끔 연락들을 하고 있다.

그리고 KDB 측은 'S' 과장과 선임인 하 대리, 그리고 김 대리, 주 대리 등 7명 이었다.

그런데 이렇게 아무것도 되어있는 것은 없이 프로젝트 개발이 지연되고 있음에도 양측의 직원들은 할 일도 임무도 없이 시간을 허송하고 있다는 것이 더 큰 문제였다. KICO의 직원들은 아무도 관리하지 않는 상태에서 우왕좌왕하는가하면 심지어 사무실구석에서 잠을 자기도 하고, KDB 직원들은 본사에서 파견되어온 '갑'인지라 서비스로 제공한 사무실에서 바둑과 카드놀이를 하면서 빨리 포기하고 손들라고 하는 식이고, 부장과 사장은 그냥 속수무책이었다.

나는 먼저 이 회사에 파견되어 개발에 참여하고 있는 하 대리 등을 만나보았다. 그리고 개발기간 연장부터 협의의 가능성을 확인해보았다. 산업은행 측 실무책임자는 KICO는 더 이상 이 프로젝트를 할 수 없으니 스스로 포기의사를 밝히고 계약위반에 대한 손해배상을 하고 계약을 해지하는 것이 좋겠다는 것이었다.

문제의 객관적 관찰

나는 일단 KICO 측 개발팀요원들을 소집하여 그간의 상황을 정리하여 우선적으로 개발기간 연장을 위해 KDB 측과 협상을 하기위한 준비를 하기 시작했다.

그런데 문제를 분석해갈수록 답답한 생각만 들고 불안해지기 시작하였다. 내가 너무 쉽게 이 프로젝트를 책임진 것이 아닌가? 하는 생각도 들고 문제를 어디서부터 어떻게 풀어나가야 할지 막막하기만 하였다. 고민에 고민을 거듭하면서 나는 이 문제를 나의 문제가 아니고 다른 사람들의 문제라고 생각을 하기로 했다.

그래서 KICO의 입장과 KDB의 입장을 양쪽 다 바라보면서 문제를 객관적으로 내 앞에 펼쳐놓고 제3자의 입장에서 관찰할 수 있는 눈을 갖게 되었다.

나는 우선 왜 이런 황당하고 심각한 일이 발생하게 되었는지를 분석하기 시작했다.

그런 어처구니없는 계약의 원인은 대략 아래와 같이 설명할 수 있다.

첫째는 컴퓨터 이용 초기의 사회적 인식부족 때문이었다.

지식과 인식의 부족으로 불안하니까 KDB 측은 '갑'의 입장에서 엄청난 불평등 계약조건을 제시한 것이다. 현업 측의 담당을 하기 위하여 파견된 KDB 측 담당자들은 그 당시 일반적 인식으로 현업의 제도 변경이나 표준화 등에 대하여 전혀 이해하지도 못했고, 따라서 협조하려 하지도 않았다.

예외사항 등의 표준화요청에 대하여는 '컴퓨터가 다 알아서 해주는 것 아니냐?' 하는 식의 인식을 하고 있을 때였다.

둘째는 경험부족과 훈련부족이었다.

그래서 프로젝트에 대한 분석평가를 정확히 할 수가 없었다. 대학을 바로 졸업하고 학원에서 프로그램 언어를 배운 상태에서 프로젝트 수준의 시스템을 개발한 경험이 없었기 때문에 프로젝트의 소요물량이나 소요기간, 투입자원의 소요 등을 산출할 수 있는 경험과 노하우가 없었던 것이다.

셋째는 우리의 기술수준이 프로그램 작성이라는 기능적 수준밖에 되지 않았다는 것이다.

소프트웨어라는 개념과 기술적 수준을 이해조차도 못하고 있었기 때문이다.

프로그램 작성 이전 단계인 타당성조사, 마스터플랜, 업무분석, 시스템설계 등의 전문적분야가 거의 알려져 있지 않았으며, 프로젝트의 관리 개념이 정립되어있지 않은 때였다.

넷째는 기획과 관리에 대한 노하우가 전혀 없었다고 할 수 있다.

특히 대학을 졸업하자마자 프로그램 작성교육만을 받은 상태에서 처음부터 너무 큰 프로젝트에 임하였기 때문에 프로젝트에 대한 조사 분석 평가개념이 없는 상태에서 수주를 하고, 시스템에 접근하는 절차와 방법이 무시된 체, 바로 프로그램 작성을 시작하다보니 한 발짝도 나가지 못하고 벽에 막히게 되고 방향을 상실하였던 것이다.

내가 이러한 판단을 할 수 있었던 것은 한전이라는 조직에서 5년 정도 근무를 하면서 프로젝트를 기획하고 관리하는 경험을 했던 것,

2개 정도의 철재 캐비닛에 가득한 IBM의 시스템 관련서적을 읽으며 컴퓨터의 하드웨어와 소프트웨어에 대한 이론적 지식을 종합적 체계적으로 습득할 수 있었던 것, 그리고 컴퓨터 설치를 직접하고, 한전의 인사종합시스템을 개발하면서 습득한 노하우가 크게 도움이 되었다.

나는 가지고 있는 지식을 동원하고 팀원들과 KDB 측의 의견들을 종합하여 정리하고, 프로젝트를 다시 평가하였다.

우선 재평가한 프로젝트는 나처럼 큰 시스템을 개발해본 4, 5년 이상의 경력자가 10명 정도는 투입이 되어, 최소 2년 반 정도의 기간과 2억 원 정도의 예산이 투입되어야하고, 그 과정에서 KDB 측의 적극적 협력이 전제되어야한다는 평가가 나왔다.

그러니 1969년에 처음 컴퓨터가 도입된 후 4년도 체 안 된 1973년 당시 우리의 형편에서는 참으로 해결하기 어려운 문제에 봉착한 것이다.

2억 원이라는 개발비도 그 당시 나의 연봉이 50만원 정도였으니, 현재의 금액으로는 200억 이상 되는 프로젝트를 5억에 개발하겠다고 계약을 한 것과 같은 결과였다.

나는 이 모든 것을 정리하여 우리 국내 전산분야의 현실과 잘못된 프로젝트의 평가원인, 그리고 향후 진행을 위한 방안을 정리하여 문서로 KDB 측에 사과를 함과 동시에 양해를 구했다.

KDB 측에서는 그쪽의 입장에서 개발비를 증액하는 것은 수용을 할

수가 없고, 6개월간 계약기간을 연장할 수 있으니 다른 것은 같은 조건으로 수용을 할 수 있겠는가 하는 의견을 보내왔다.

나는 우선 시간을 확보했으니 나머지 문제는 단계적으로 해결하기로 하고 회사의 승낙을 받아 프로젝트 개발에 다시착수를 하였다.

문제는 답을 가지고 있다

 시간을 확보한 나는 개발계획을 구체적으로 작성하고, 낮에는 KDB 측과 현업의 업무파악과 시스템분석을 하는 한편 저녁에는 팀원들의 교육을 하면서, 낮에 분석한 현업의 자료를 정리하는 한편 시스템의 기능 관계도를 작성하며 개발해야 될 프로그램들을 파악하기 시작했다. 이때부터 나는 집에서 잠을 자는 날 보다 회사에서 밤을 새우는 날이 더 많아졌다.

 이때 나는 몇 가지 원칙을 정하였다.
 시행하는 모든 일은 문서와 기록을 남길 것,
 회의록을 비롯하여 업무일지 그리고 협의사항은 모두 양측의 관계자 전원이 서명을 할 것.
 모든 서류는 현장에서 양측의 담당자가 선후배나 직위 고하를 막론하고 직접작성 서명할 것.
 중요한 사항은 양측의 대표에게 문서로 전하고 서명 날인을 받을 것
 개발과정에서 발생하는 모든 새로운 용어는 양측 합의하에 정의하고 용어대장에 기록을 할 것.
 모든 개발 및 기술과 관련한 기록 문서를 만들고, 이 문서는 양측의 담당자 본인이 직접 현장에서 즉시 작성하고 나와 KDB측 팀장의 확인 서명을 받을 것

이렇게 모든 업무진행을 철저히 문서화하도록 하고 이것을 철저히 확인하기 시작했다.

나는 한전에서 인사 종합시스템을 개발하면서 현업의 업무 담당자와 전산개발자 사이에 대화의 오류가 어떤 문제를 야기하는지 충분히 경험한 바가 있었다. 같은 회사 안에서도 그런데 서로 다른 기관이 몇 장의 계약서를 근거로 하고 관계자가 20여명이나 되는 상황에서는 더욱 문서화의 중요성이 예감되었기 때문이다.

계약상 문제도 있었지만 이 프로젝트가 6개월간 진행된 과정에 한 발자국도 앞으로 나가지 못 한데는 문서화를 하지 않은 것이 가장 큰 원인이었다고 판단하였기 때문이다.

2개월 정도 이렇게 하면서 개발해야할 프로젝트의 시스템 윤곽이 드러나기 시작했고, 나는 한편으로 팀원들에게 임무를 정상적으로 부여할 수 있게 되어갔다. 낮에는 KDB 팀들과 업무파악을 계속하고, 저녁에는 팀원들의 교육을 계속하면서 각자의 진행상황을 확인하고, 밤에는 나 자신의 업무를 처리해야만 했다.

처음부터 6개월 동안에는 개발될 수 없는 프로젝트였다는 것을 양측이 이제는 분명이 인식하고 있기 때문에 연장한 6개월이 만료되기 전에 어떤 발전적 전기를 만들어내기 위해서는 그때까지 최대한 진행을 하고 업적을 만들어서 상대의 불신을 씻고 협조를 받아내야 한다.

문제가 발생하는 데에는 원인이 있었고, 그 원인을 정확하게 인식하게 되면 해결방법도 반드시 있게 되어있다.

최고의 설득은 솔선수범

나는 프로젝트 추진계획을 수립해나가며, 낮에는 KDB 팀들과 업무분석을 위한 회의를 계속하고, 저녁에는 아직 프로그램 언어구사도 제대로 못하는 후배들에게 정화자씨가 프로그래밍 교육을 시키도록 하고 나는 업무분석과 시스템 설계, 문서화에 대한 교육을 시키고, 그 후에는 각자의 과제를 수행하도록 하고, 나 또한 나의 업무를 수행하였다. 양쪽 모두 합쳐서 14명이나 되는 인원이 효율적으로 일을 하기 위해서는 프로젝트 계획이 치밀하게 수립되어야만 하기 때문에 나는 밤을 새워가며 계획수립에 몰두를 하였다.

그리고 업무분석 한 결과를 가지고 시스템 관계도를 정확히 작성하였다. 100여개의 프로그램을 개발해야 될 것으로 예측이 되었다. 그리고 지금 그 숫자가 정확히 기억이 되지는 않지만 산업은행이 관리하는 모든 대출원장이 규정대로 관리되고 있는 것이 하나도 없었다.

따라서 그 중에 마스터가 되는 프로그램은 엄청난 크기의 프로그램이 될 것으로 예상이 되어 그것은 내가 직접개발하기로 하였다.

그 다음 어려운 프로그램은 경험이 많은 정화자씨가 맡도록 한 다음 각 팀원들에게 적절한 임무를 부여할 수 있게 되었다.

이렇게 되니까 우리 팀원들은 자신이 담당한 프로그램을 개발하기 위해서 현업업무를 파악하여야하므로 산업은행 직원들과 업무협의를 해야 하는 량과 강도가 증가하기 시작하고, 따라서 산업은행 팀의 담당자들도 서서히 업무부하가 걸릴 수밖에 없었다.

나는 앞에서도 여러 가지 행정적인 문서에 대한 처리원칙을 정했지만 프로젝트 개발에 있어서 기술적인 자료의 작성도 원칙을 정했다.

업무분석 자료에서부터 프로그램작성 자료에 이르기까지 모든 문서는 직위고하를 막론하고 본인이 직접 현장에서 즉시 6하 원칙에 의거 작성하고 본인과 산업은행 측을 비롯하여 관계자 모두가 확인한 다음 나의 확인서명을 받게 할 뿐만 아니라, 새로 생성되는 모든 단어와 약어는 양측의 담당자가 확인한 후 신규 단어장에 등록을 하고 양측 모든 팀원들에게 공람을 시키고 공람확인을 받도록 하였다.

이렇게 팀원들에게 임무를 부여하면서 나는 반드시 목표량과 목표수준, 목표 일자를 제시했고, 문제가 될 수 있는 부분을 예고하고 접근방법을 조언한 다음, 그렇게 해도 안 되는 경우는 지체하지 말고 지원 요청할 것을 지시하였다.

처음 그렇게 하고 2, 3일 후 이종만씨의 업무자세가 이상해서 진행사항을 확인해보았더니 아무 것도 하지 않고 있었으며, 전혀 할 의지도 있어 보이지 않을 뿐만 아니라 고의적인 것 같은 기분이 들어 아주 불쾌하였다. 나는 그 자리에서 왜 하지 않는가 하고 강하게 추궁을 하였다.

그랬더니 대답이 너무나 어처구니가 없는 것이었다. 전에도 부장이 시키는 일을 몇 번이나 밤샘하며 열심히 했는데도, 한 번도 확인하거나 보고를 하라거나 한 적이 없어서 이번에도 같을 것이라 생각이 들어 헛수고하기 싫어서 안 한다고 당당하게 말하는 것이 아닌가? 입사한지 1년도 안 되는 후배에게 무어라 할 말이 없었다.

앞으로는 지시한 일에 대하여는 목표일에 반드시 보고를 받고 확인과 평가를 할 것이니 당초에 지시받은 목표대로 업무를 수행할 것을 재차 지시하였다.

상사나 선배가 부하나 후배를 어떻게 리드해야 되는 것인가 하는 일면을 느끼게 하는 대목이었다.

이렇게 프로젝트 추진을 위한 여러 가지 준비를 하면서도, 가장 중요한 것은 두 회사와 양측의 14명 팀원들의 좌절과 불신을 씻어내고 성공할 수 있다는 믿음과 의욕을 갖게 하는 것이었다.

그래서 나는 나 자신이 믿음과 의지를 가지고 솔선수범하기 위하여 나의 임무에 충실하려고 나 자신의 관리에서부터 세심한 주의를 기울였다.

얼마간 업무의 강도를 높이고, 효율적 관리를 위한 준비를 진행하면서 양측 팀원 간에 회의와 협의 토론 등의 시간이 많아져가니까, 조금씩 후배들의 눈빛이 달라지고 양측 직원들의 움직임이 활기를 띄우는 것을 느낄 수 있게 되었다

모든 것은 인간관계

　이렇게 프로젝트가 서서히 궤도를 찾아가고 있을 때 김세준씨가 보고를 하는 것이 나의 주의를 환기시켜주었다.

　KDB 팀원들 간에 술도 먹을 줄 모르는 사람들은 일도 제대로 하지 못한다고 말하며, KICO 직원들 하고는 일할 의욕이 나지 않는다고 말을 한다는 보고였다.

　나는 아차 싶은 생각이 들었다.

　그렇다.

　일이라는 것이 인간관계에서 시작하고 인간관계에서 끝나는 것이다.

　이점을 잊고 있었던 것이다.

　회사에 입사하자마자 너무 복잡하게 꼬여있는 사고 프로젝트를 맡아서 그 문제를 해결하려는 생각에 집중을 하고, 또 6개월간 쌓인 불신과 대립의 감정이 있다 보니 2개월여가 지나도록 양 팀 간에 친교의 시간은 물론 KICO팀하고도 별도로 식사 한 번 하지 못하고 여기까지 왔으며, 그런 와중에 업무의 강도는 강해지고 흐름이 빨라지고 있었던 것이다. 이 말은 불평이 아닌 희망의 소리로 들렸다. 무엇인가 그런 말을 상호할 수 있는 분위기가 조성되고 있다는 느낌이 와 닿았다.

　나는 즉시 사장에게 보고를 하고 자리를 마련하였다.

　내가 먼저 KDB 측에 제안을 해야 할 사항인데 그 쪽에서 먼저 문을 열어준 것이다.

한전에서 근무를 했던 나인지라 요즈음 말로 항상 '갑'의 위치에 있었고, 젊은 나는 10여명이 즐겁게 술을 마실 수 있는 그런 좋은 장소를 잘 몰라서 수소문을 하여 명동 중앙극장 뒤편에 있는 궁원이라는 상당히 알려진 중국식당에 예약을 하였다. 성북동 삼청각 맞은편에 있는 회사에서 양 팀이 함께 회사차를 타고 삼청공원을 거쳐 저녁 6시 반경에 그 식당 2층 별실에 모였다.

나는 KDB 팀원들이 모두 상당한 애주가들이고, 특히 팀장인 하 대리는 지고는 못 가도 먹고는 갈 수 있는 두주불사 형이라는 것을 듣고 있는 터였다.

반대로 KICO 팀들은 역시 고대 출신인 김세준씨가 좀 술을 하는 편이고 나를 비롯한 다른 팀원들은 별로 술을 즐기는 편이 아니었다.

그래서 나는 오늘 첫날 친교의 시간에 술로서 KDB 팀에 술 실력을 보여주면서 서로 술친구가 확실히 되고, KICO의 후배들에게도 KDB 팀들과 가까워질 수 있는 분위기를 만들어야한다는 마음의 다짐을 하였다.

2층에 기다랗게 놓여있는 식탁에 나는 하 대리와 함께 팀원들을 바라보며 자리를 하고, 다른 팀원들은 양측이 무슨 협상이라도 하는 듯이 마주보고 앉았다.

어찌 보면 나는 2개월이 채 안되었지만, 다른 직원들은 8개월여를 함께 같은 목적과 목표를 가지고 일을 하였음에도 서로 서먹서먹한 분위기였다는 의미이기도 하다.

미국으로 이민을 간 전임 'L' 부장이 독실한 기독교 신앙인이었으니

술자리를 피하였을 것이고 술을 좋아하는 KDB팀 하고는 정겹고 사사로운 분위기를 만들기가 어려웠을 것으로 예측하기도 한다.

늘 그러하듯이 처음에는 수저와 함께 단무지와 깍두기 같은 반찬과 술잔 그리고 고량주와 맥주가 식탁 위에 놓여있었다.

우리는 먼저 맥주로 한잔씩 입가심을 하였다. 그때는 독한 술을 먹기 전에 맥주로 먼저 한잔하는 것이 요즈음의 폭탄주와 마찬가지로 하나의 술 마시는 문화였다. 그리고 자리를 마련하게 된 동기와 간단한 인사를 하고 난 다음, 내가 고량주 병을 들고 하 대리를 비롯하여 13명 전원에게 돌면서 한잔씩 주고받기 대작을 하였다.

그러니 요리가 들어오기 전에 각자는 맥주와 고량주를 한잔씩 하였고 나는 맥주 한잔과 고량주 13잔이 위 속에서 폭탄주가 된 것이다.

오늘 나의 주량은 그야 말로 오기의 주량이 될 것이다.

요리가 들어오고 술기운이 돌면서 대화의 분위기가 고조되고 술잔이 오가면서 좌중에는 웃음소리가 터져 나오고 선배님 후배님하고 어우러지기 시작하였다. 나는 4시간여의 시간이 흐르는 동안 고량주 순회 대작을 2번이나 더 하였으니 순회 술잔만 39잔을 마신 상태가 되었다.

취기는 도를 이미 넘어섰고 오기가 자리를 버티게 해주었다. 그래도 양 팀 직원들이 코가 그냥 술잔에 빠져버리고 마음들을 발가벗어 버리는 분위기를 느끼면서 머릿속으로는 쾌재를 부를 수 있었다.

그때는 자정 12부터 아침 4시까지는 통금시간이 있었기 때문에 밤 11시경이 되어서 좌석을 마감해야만 되었다. 하 대리도 나와 직원들의 술잔을 받느라 꽤 취해있는 상태임이 분명했다. 그래도 나는 몸을 가누기가 힘들었지만 오기를 부리며 직원들을 보내고 둘이서 포장마차에 가서 한잔 더 하고 가자고 제안을 하였다. 하 대리가 너무 마셨고 오래간만에 너무 기분 좋은 술을 마셨다고 하며 극구 그만 마시자고 사양을 함으로, 못이기는 척하고 하 대리를 보내고 나서 중앙극장 맞은편에서 택시를 타고 우이동 버스종점까지 가자고 한 다음 나는 그냥 떨어졌다. 그날 택시에서 반지를 낀 손가락이 너무 갑갑하여 비몽사몽 간에 반지를 빼서 쥐고 있다가 잃어버렸다. 한전 퇴사 시에 동료들이 기념으로 해준 반지였다. 기사가 깨워주어서 요금을 계산하고 종점에서 약 15분 거리의 집에 도착하였다. 한전 퇴직금으로 전세로 마련한 그야말로 4식구의 세 칸 자리 조그마한 초가집이었다. 아래위로 방 두 개와 일자로 연결된 부엌이 있는 작고 허름한 집이었다. 그래도 마당이 넓어서 좋았다. 이 집에서는 28살의 아내와 4살짜리 딸과 3살짜리 아들이, 집에 오는 날보다 밤 근무가 더 많은 남편을 항상 기다리고 있었다.

나는 집에 도착하여 술을 마셨을 때에 하는 나의 원칙(?)에 따라 손발을 씻고 세면을 한 다음 내 잠자리를 직접 준비하고 아들과 딸을 팔에 안고 노래를 한 구절 불렀다. 그런데 나는 타고난 음치라 사실은 부를 줄 아는 노래가 하나도 없었다. 그래서 늘 나그네 설움의 두 구절을 시조 읊듯이 부르는 것이 전부였다.

"오늘도 걷는다마는 정처 없는 이 발길, 지나온 자국마다 눈물 고였다"

가사도 여기까지 밖에 몰랐다. 왠지 그 노래의 가사 첫 구절이 나에게 와 닿았던 것이다.

그 후 아들이 40쌀쯤 된 어느 날, 단 한번 함께 노래방을 간 적이 있는데 이 노래를 아버지의 애창곡이라고 기억을 하며 불러주는 것이 아닌가?

아들의 어린 나이의 기억에 이것이 남아있는 것이었다.

지금은 이 노래를 음정 박자야 매 한 가지지만 1절의 가사는 다 외우고 있다.

"선창가 고동소리 옛 님이 그리워도, 나그네 나갈 길은 한이 없어라"

70 중반이 된 지금 나는 나머지 나의 시간을 위한 삶의 가치를 찾아 캄보디아 베트남 중국 등을 3년여 동안 20여 차례가 넘게 오가고 있는 나의 모습을 보며, 그 노래를 좋아하던 때의 심정이 된다.

그래서 가끔 북한에서 경영하는 캄보디아의 "평양 대동강" 식당에 들려 노래하는 아가씨에게 부탁을 하여 몇 번 듣고는 하였더니 이제는 내가 가면 알아서 불러주고는 한다.

그것도 요즈음은 갈 수가 없어서 안타까울 뿐이다.

진심은 마음을 움직인다

이렇게 양측 팀의 대화가 열리면서 협력이 원활하게 되기 시작하였고, 후배들도 확신이 서면서 열의를 갖게 되니까 프로젝트 추진에 속도가 붙기 시작하고 조금씩 결과가 나타나기 시작하였다.

나는 후배들과 함께 낮에는 KDB 팀들과 업무분석 회의를 계속하고, 저녁에는 후배들의 교육을 진행하면서 그들의 프로그램 개발에 대한 것을 점검하고 문제에 대한 조언을 해주고, 거의 자정이 가까워져서야 내가 담당한 마스터프로그램개발을 시작하게 된다.

내가 맡은 프로그램은 모든 대출원장의 자료를 컴퓨터에 디지털화해서 입력을 하고 그 변동자료를 변경추가 수정해서 다음 단계의 모든 프로그램이 그 기능을 수행할 수 있도록 처리해주는 역할을 하는 프로그램이다. 그런데 KDB의 대출관리라는 것이 먹고 살 방안이 제대로 없는 그 당시의 대한민국의 형편으로서 중화학공업을 비롯한 모든 산업을 지원하기위하여 외국으로부터 조건에 불문하고 차관자금을 빌려온 것이므로, 그 다양성과 복잡성은 표현할 수가 없는 상태였으며, 이 자금을 사용하는 기업들도 최악의 상태에서 경영을 하고 있었으니 그 융자 조건도 천태만상이고 상환의 상태도 극히 불량하여 대부분 변칙관리가 되고 있는 상태였다.

지금은 정보화를 위해서는 표준화와 규정화가 먼저 되어야한다는 것은 삼척동자도 알고 있는 일이지만 그때는 그 말이 무슨 뜻인지도 모르는 때였다.

그런데 국가경제의 사활을 걸고 있는 상황에서 컴퓨터를 위하여 표준화와 규정을 지키라는 요구를 정부나 차관기관이나 기업에 한다는 것은 미친 짓이나 마찬가지였다. 그러니 KDB 팀원들도 이제는 그 필요성과 효율성을 인정하면서도 우선 산업은행의 관리자나 현업에 그것을 요구하지 못하는 것은 물론이고 아예 그 말 자체를 감히 꺼낼 수가 없는 것이었다.

그러니 어쩌겠는가? 도도히 흐르는 한강의 물줄기를 한 삽의 흙으로 바꿀 수는 없지 않는가? 그렇다고 그냥 둘 수도 없지 않는가? 댐이 완성될 때까지 계속해서 흙을 부어서 막으면 그 때에는 물줄기가 바뀌지 않겠나?

나는 원칙과 이론에 대한 설명을 함과 동시에, 이러한 비정상 상태가 가져올 수 있는 비효율과 양측에 줄 수 있는 예견되는 손실을 충분이 설명하고, 또 그것을 공식문서로 남기고 KDB 측이 요구하는대로 수만 건의 변칙자료들을 다 수용할 수 있도록 프로그램개발을 해나갔다.

그러다보니 그 당시 일반적으로 프로그래머들이 이해하는 수준을 벗어나서 30,000여 컴퓨터 언어문장과 20,000여 프로그램 보조설명을 담은 규모의 프로그램을 개발해야만 했다.

그때는 지금처럼 키보드로 직접 정보를 컴퓨터에 입력하거나 나아가서 이미지를 카메라로 순식간에 입력한다는 것은 상상도 되지 않는 시대였다. 그래서 천공기계(Punching Machine)라는 것을 이용해서 카드에 2진법 방식의 구멍을 뚫어 컴퓨터 카드리더에 읽혀 문자를 컴퓨터가 인식하게 하는 방법으로 컴퓨터가 정보를 인식하게 할 수 있었다.

카드는 세로로 열 개의 열이 있고, 가로로 80 개의 칼럼이 있고, 한 칼럼에 2진법으로 한 개의 문자를 표시할 수 있었다. 그러니 카드 한 장에 숫자나 알파벳은 최대 80자를 수록할 수 있고, 한글은 26글자를 기록해서 컴퓨터에 전달하는 역할을 하는 매체라고 할 수 있다. 그리고 이런 카드 2,000장이 한 박스를 이루는 단위로 되어있었다. 그런데 카드 한 박스 이상을 초과하는 경우는 일반적인 자료를 컴퓨터에 입력할 때이고, 프로그램은 카드 500장 이내가 대부분이고 500장을 넘어 1,000장 정도 규모의 프로그램은 간혹 있었다.

그러니 내가 개발한 프로그램은 본문만 3만장을 넘으니 그 당시에는 있을 수 없는 프로그램이 만들어진 것이다. 거기에 보조설명을 위한 것까지 하여 5만장을 넘으니 프로그램을 위한 카드가 25박스를 상회하는 프로그램이 세상에 태어난 것이다. 그러니 이 프로그램 하나가 보편적 프로그램 100개를 하나에 묶어놓은 것이 되었다. 분리하여 개발할 수 있는 것을 면밀히 검토하여 분리를 하였음에도 더 분리를 할 수가 없는 것이 이렇게 큰 프로그램이 된 것이다.

양이 많은 것도 문제지만 이것을 가지고 프로그램이 제대로 되었는지를 검증하기 위하여 컴퓨터를 사용해야 되는데, 한 번 테스트를 하기 위해서는 그 당시 컴퓨터의 속도로는 7시간 이상의 시간이 걸리는 것이다.

그러니 컴퓨터 사용시간이 회사의 상품이고 수익의 원천이 되기 때문에 기계를 사용하는 시간은 이 수익의 양과 질에 따라 우선순위가 정해질 수밖에 없는 것이다.

그러다 보니 컴퓨터를 직접사용하고 사용료를 지불하는 고객들에게 시간이 최우선적으로 배정되고, 그 다음은 KICO의 주주회사이면서 월 정기시간을 사용하는 동방생명과 대한교육보험이 그 다음 순위에 배정이 되고, 그 다음은 다른 KICO 직원들이 업무처리를 위탁받아 대신 해주는 일들이고, 맨 마지막에 수입보다 적자를 보는 업무가 배정이 되고, 거기다가 시간을 엄청나게 많이 사용하는 내 프로그램은 그 순위나 사용할 수 있는 시간 배정을 예측할 수가 없게 되는 것이다. 어떤 때에는 2~3일씩 한 번도 시간 배정을 받지 못하는 경우가 많다.

이런 과정을 거치면서도 나는 가능한 한 후배들을 격려하고 KDB 측의 협조를 유도하면서 그야말로 밤과 낮을 잊고 휴일도 없이 프로젝트 개발을 밀고 나가며 주어진 6개월 동안에 최대한의 성과를 만들어 내고 KDB와 다시 협상을 할 예정이었다.

그리고 이런 과정을 통해서 나를 시험하면서 역량을 키우고 경험을 쌓을 생각이었다.

"자신에게 항상 스스로 150%의 목표를 설정하라. 그리고 도전과 극복을 계속하라. 그래야 성장할 것이다." 이런 생각으로 나는 내 임무에 임했다.

어떤 일이든 최선을 다하면 주위가 관심을 가지고 도움을 주게 되고 궁극에는 하늘도 감동하게 되는 것이다. 그래서 옛 어른들은 '지성이면 감천'이라고 하였을 것이다.

의지는 길을 만든다

KDB 업무에 대한 파악이 되고, 시스템의 윤곽이 그려지고, 프로젝트 추진에 대한 계획이 만들어지고 목표가 분명하게 설정되면서 프로젝트 추진은 힘을 받고 속도를 내기 시작했다.

KICO팀들은 일에 대한 열정을 갖게 되고 성공에 대한 자신감과 믿음을 가지면서 하나하나 성취되어 가는 것에 대한 보람 같은 것을 느끼면서 상호 협조와 일에 대한 집중도가 붙기 시작하고, 컴퓨터를 사용하기 위하여 밤을 꼬박 새우고, 다른 고객들이 컴퓨터를 쓰는 낮에는 회사의 숙직실에서 잠을 자면서도 불평을 하지 않고, 오히려 일의 성취와 새로운 배움과 경험 그리고 자신들의 기술력향상에 만족하는 표정들이었다.

이런 일련의 과정을 지켜보면서 KDB측 직원들도 믿음과 기대를 하게 되고 따라서 협조도 더 원활하게 이루어져나갔다.

이렇게 진행하면서 진행사항을 정기적으로 공문으로 하여 KDB 측에 보고해주었다.

또 회사의 사장께서도 이러한 변화를 아시고 나를 자주 사장실로 호출을 하여 진행사항을 보고받는 횟수가 늘어나면서 하루에 몇 번씩 호출하는 때도 있었다.

나는 우선 보고서를 작성하는 프로그램들은 뒤로하고 연장기간 내에 여신관리시스템에 핵심이 되는 기능들을 구축하기 위한 프로그램들에 우선 팀의 자원을 집중하여 개발을 진행하였다.

6개월이 거의 되어가고 시스템들의 골격이 드러나기 시작하는 무렵 하 대리가 나를 찾아와서 중요한 제의를 해주었다.

당초 예상했던 대로 시간이 더 필요할 것이니 연장을 위한 계약변경을 하여야하지 않는가 하며, 연장기간이 만료되기 전에 계약을 갱신할 수 있도록 추진을 하자고 하였다.

그렇게 할 수 있도록 준비를 해달라고 하였고, KDB 내의 계약 절차에 대하여 나에게 상세히 설명을 해주었다. 나는 개발비도 턱 없이 부족한 금액이니 계약금 증액도 신청해야 되지 않겠느냐고 제의를 하였다.

그동안 진행사항을 본사 측에서도 충분히 이해하고 있으니 기간연장은 자기가 어느 정도 확신을 할 수 있는데, 개발비 증액은 예산상의 문제 등으로 상당히 어려울 것으로 생각되고 자기가 예단하기가 어렵다고 하였다.

결과가 어찌되든 일단 나는 기간연장과 개발비 증액신청을 합리적이고 충분한 자료를 근거로 제안할 터이니 하 대리가 많이 도와달라는 부탁을 하였다.

그러고 나는 즉시 지금까지 진행사항, 성과물, 투입된 자원과 투입경비, 실적, 향후 프로젝트추진계획서, 추가예산, 계약이행을 위한 각오 등을 정리하고, 그에 관련된 자료를 준비한 다음 계약변경의 필요성과 변경 요망사항을 공문으로 KDB에 요청하였다.

그리고 KDB 측과 몇 차례 반복하는 협상을 통하여, 기간은 제시한

1년을 추가로 연장을 하고 예산은 지금 기억이 되지 않는 데 1년간 발생하는 최소 경비를 보상받을 수 있는 선에서 계약을 갱신할 수 있었다.

이 과정에서 KDB측에서 프로젝트의 상황을 가장 잘 알고 있는 하대리의 노력이 많았던 것을 지금도 기억하고 있으며 그의 이해와 협조에 감사하고 있다.

이렇게 해서 이 프로젝트가 가지고 있는 회사차원의 위기를 벗어나서 프로젝트 추진이 비로써 제 궤도로 진입할 수 있는 전기가 마련되었다.

그렇지만 과도한 업무량과 컴퓨터 사용시간 등 열악한 근무환경, 그리고 팀원 전체가 경험과 기술부족으로 배워가면서 개발을 추진하다 보니 밤낮을 가리지 않는 근무여건은 개선될 수 없이 계속될 수 밖에 없었다.

최선의 선택

1년간의 연장계약이 끝나고 비교적 계획에 따라 프로젝트를 보다 체계적으로 추진할 수 있게 되어 개발의 효율과 완성도가 높아지기 시작하고, 팀원들의 기술수준도 상당수준이 되어 이제는 각자가 자기의 과제와 임무를 스스로 해결할 수 있게 되었을 뿐만 아니라, 상호 연관관계가 절대적인 시스템프로젝트를 어떻게 수행하고 협조해야 되는지도 숙지된 상태가 되었으며, 프로젝트와 관련한 자료는 어떻게 정리해서 팀원들에게 공지하고 주지시켜야 하고, 회의는 어떻게 하고 회의록과 업무일지는 어떻게 작성하고 확인서명을 하여야 하며, 그것들이 왜 중요한 것인지를 숙지하게 되었다.

그리고 이제는 공식 행정문서를 작성하는 것도 본인의 업무에 대하여는 본인이 스스로 작성하여 결제하고 발송, 접수 처리하는 것도 각자할 수 있게 되었다.

이렇게 궤도에 진입을 하게 되니까 생산성도 확실히 증가되어 프로젝트추진에 더욱 가속도가 붙게 되고 모두들 자신감을 가지고 일에 임하게 되었다.

그 후의 일정은 잦은 현업의 변경사항과 요구사항 추가로 반복되는 것은 있었으나 이제는 그러한 것들이 개발에 어떤 영향을 주고 있는지 상호 이해가되고 있음으로 초기보다 협조하기가 훨씬 용이해졌다.

개발과정에서 어려운 점은 매 한가지였지만 그래도 일정이 경과함에 따라 목표에 대한 성과가 이루어지고, 1년간의 프로젝트 수행이 완성 단계에 들어서서 1975년 초 즈음으로 기억되는 시점에는 납품을 위한 마무리 작업과 관련자료와 매뉴얼 원고작업이 진행되고 있을 때인데 엄청난 사건이 발생하고 말았다.

약 6개월 전까지 외화 화폐단위를 소수점 이하 2자리까지 사용하던 것이 소수점 이하 3자리까지 사용해야하는 상항이 발생했는데, KDB 측에서 이를 통지해주지 않아 개발이 완료된 단계에서 시스템에 관여된 100여개의 프로그램을 모두 수정해야하는 문제가 발생한 것이다.

그런데 지금은 노트북컴퓨터의 용량도 Mega Byte 단위이지만 그때는 가장 용량이 큰 축에 들어가는 KICO의 System 360/40은 주기억장치의 용량이 40 Kilo Byte의 단위를 벗어나지 못하고 있는 때인데 1Byte의 Date File의 길이를 늘리는 것이 엄청 어려운 기술적 작업을 요구하는 시대였고, 특히 KDB의 경우 화폐단위는 전 시스템의 프로그램처리과정에 영향을 주게 되어 100여개의 프로그램, 그 중에서도 마스터프로그램인 내가 개발한 프로그램은 5만개의 프로그램 언어 문장을 다 읽어가며 수정을 하여야하고, 다시 그 수정을 컴퓨터처리를 통해서 확인해야 되고 모든 자료와 매뉴얼의 원고를 수정해야 되는 것이다.

컴퓨터 이용을 위해서는 현업에서는 별거가 아닌 화폐단위 한 자리의 증가가 컴퓨터시스템개발을 하는 단계에서는 이렇게 어려운 문제를 발생시킬 수도 있었다.

요즈음은 컴퓨터의 성능과 데이터베이스 구축과 운영의 기능 등이 상상을 초월하게 발전되었고, 소프트웨어의 수준도 거의 인간두뇌 수준에 육박하고 있지만, 그 당시의 컴퓨터는 탁상용 계산기(Calculator) 수준을 조금 넘어섰다고 할 수 있을 정도였고, 데이터를 관리하고 운영하는 기법도 Sequence File, Direct File, Indexed Sequence File 등 아주 초보적인 기능의 단계였다.

KDB의 대출관리는 국가 신인도가 낮은 우리의 경제수준에서 경제개발을 위하여 막대한 자금을 조달하기 위하여, 외국의 각 여러 나라와 국제금융기관으로부터 차관을 들여와야 하기 때문에 우리의 기준은 무시되고 공여기관의 요구와 조건을 우리가 수용해야하니까 차입해서 사용하는 차관자금의 상환조건도 천태만상이고, 차관자금을 융자받는 기업에 대출해주는 조건과 그 상환실태 역시 천태만상이었다.

KDB는 이러한 자금과 융자금을 중간에서 잘 관리하여야만 하였다. 한 가지 예로 차관자금의 상환일자가 다 다르고 그 자금의 상환조건과 방식이 다 다른 상태에서 적기에 계산을 하여 자금을 마련하고 상환을 하여야한다. 1일을 지체하는 경우에 연체 이자와 지체 상금이 기하급수적으로 늘어나게 되어있는 것이다.

또 융자한 기업으로부터 다양한 조건을 고려하여 적기에 계산을 하여 통지를 하고 원리금 상환을 받아야하는 것이다.

이러다 보니 계약조건이 전부 다른 수만 건의 차관과 채권, 그리고 융자관리를 수작업으로 제대로 해낼 수가 도저히 없게 된 것이다.

이런 상태에서 지금까지 없었던 외화 단위를 소수 이하 3자리까지 써야하는 차관자금이 발생을 했고 이것을 프로그램에 반영해야 되는데

6개월간 잊고 있었던 것이다.

지금의 정보처리수준으로는 그것이 그렇게 어려운 것인지 이해가 안 되는 것이다. 내가 지금 돌이켜 생각해도 참으로 유치한 시대였다는 생각을 하며 실소를 금할 수가 없다.

그렇기 때문에 이 시대에는 정보처리(Information Process)라는 말보다는 전산처리(Electronic Data Process: EDP)라는 말을 쓰던 시대였다.

나는 수정 보완을 위하여 행하여야 할 작업의 내용과 양, 그리고 시간과 소요경비를 합리적으로 정리를 하고 최소 6개월 이상의 기간과 추가비용이 필요하다는 것을 알리고, 이를 위한 추가계약을 제안했다.

그때 나는 지금까지 해온 양 기관의 개발관리방식 외에 KDB가 현재 개발에 참여하고 있는 현업의 대리들 외에 전산 전문요원을 조속히 채용하여 자체개발과 운영에 대한 대비를 할 것도 동시에 제안하였다.

KDB가 자체 전문요원을 채용하면 KICO가 공동으로 개발을 하고 기술을 지원하여 수정, 보완을 함으로써 점차 자체적으로 개발과 운영을 할 수 있도록 대비할 것을 제안했다.

그런데 KDB 측에서는 추가비용은 물론 수용할 수 없으며 최단기간 내에 KICO의 전적인 책임 하에 수정, 보완을 요구하였다.

그 동안 계속 진행된 공식보고와 통보에 의하여 개발완료와 납품의 시기가 되었다는 것을 은행 전체가 인지하고 있는 상태에서, KDB 측의 실책으로 기간의 연장과 추가비용의 지출이 필요하다는 것은 담당자들의 인책이 뒤따르는 문제인 것이다.

그러니 KDB 측은 이것을 어떻게 하든지 KICO의 책임 하에 처리하도록 강력히 요구를 하고, KICO는 2년간 엄청난 출혈을 하면서 이제 완료단계에 왔는데 더 이상은 손해를 감수할 수 없는 상태에 온 것이다.

서로 말로만 공방을 계속하고 있는 과정에 KDB의 담당과장이 회사를 방문하여 소송에 대한 의사까지 밝히는 단계에 이르렀다.

나는 앞에서도 언급했듯이 모든 자료와 회의록, 업무일지, 업무연락 및 기술 자료까지도 문서화해서 화폐 단위는 소수 이하 2자리로 한다는 서명된 자료를 수종을 확보해 가지고 있었다. 그렇지만 이 자료를 양측에 모두 노출하지 않고 협의를 계속했다.

만약에 이것을 노출하는 경우 KDB는 담당자들의 인책이 불가피해지고, KICO의 의사 결정권자는 그 동안 복잡하고 경영상 부담이 컸던 이 프로젝트를 속결하고자 의사결정을 속단할 수 있기 때문이었다.

1개월 가까이 협의가 진행된 상태에서 나는 소송 진행에 대한 KDB 측 과장의 의견을 통보받고 더 이상 협의가 불가능하다는 판단을 하고 이 근거자료들을 회사에 보고한 후. 이를 복사해서 하 대리에게 전달을 하고 불가피했음에 대한 양해를 구했다.

이 자료를 통지받은 산업은행 내부는 큰 변화가 일어났다. 담당과장이 모든 책임을 지고 은행을 퇴직하는 일이 발생하고 말았다. 그리고 은행의 입장에서 기간연장은 가능하나 추가비용은 예산문제 등이 복잡하여 직접 지불은 불가하니, 향후 산업은행에 자체컴퓨터가 도입될 때까지 KICO의 기계를 유료로 사용하며, KICO가 기 개발된 프로젝트를 수정 보완하는 기간 동안에 산업은행이 자체 전산전문요원을 확보하여 인수하고 추후에는 자체적으로 관리하는 조건으로 계약의 변경이 이루어지고 일단락하게 되었으며, 그 후 KDB는 79년경까지 KICO의 기계를 사용함으로써 그 동안에 발생한 KICO의 손실을 충분히 보상해 주는 계기가 마련되었다.

그 후 KDB의 담당과장은 'M'건설의 전무이사로 취임을 하시고 후일 CEO에까지 오르신 것으로 알고 있으며, 그때 그분이 후배 대리들을 보호하기 위하여 모든 책임을 지고 물러나신 그 인격에 지금도 존경을 표하며 감사하게 생각하고 있다.

그리고 그분의 현명한 처리에 양측은 프로젝트를 성공적으로 끝내고 KDB의 업무 전산화의 기초를 다질 수 있었고, KICO는 이 프로젝트를 무난히 끝낼 수 있었다.

그때 그 팀의 대리들은 모두 지점장 또는 부장으로 승진을 하여 활발한 활동을 하는 것을 볼 수 있었다.

KICO의 팀원들도 그 당시 최고로 큰 프로젝트를 완수한 경험이 바탕이 되어 모두 대 그룹들로 스카우트 되었으며 후일 소프트웨어 분야에서 큰 역할들을 하는데 도움이 되었을 것이다.

나는 한전에서 이곳에 올 때 뜻이 있었기 때문에 봉급이나 직급 승진을 위한 스카우트에는 무관하게 나 자신의 길을 가기 위하여 계속 회사에서 보람을 느끼며 자신의 개발을 위하여 노력하고 있었으며, 언제인지 기억은 없지만 과장이 되어 이 회사에 위탁되어 개발하고 처리되는 모든 업무를 관장하게 되었고, 동시에 고객관리를 하게 되면서 순수한 컴퓨터 전문인 또 엔지니어의 업무에서 관리자 경영자의 임무가 주어지기 시작하였다.

이 작은 기업의 초창기 회사에서 회사의 명운이 걸린 어려운 프로젝트를 처음 수임 받아 모든 것을 여기에 집중하며 보낸 약 2년의 시간과 소송 직전까지 가게 된 프로젝트를 해결하기 위하여 고심했던 경험은 내가 경영자의 길로 가는데 동기를 부여하게 된다.

첫 해외여행

KICO에 입사를 하여 3년 전후가 되었을 때였던 것으로 기억한다. 그러니까 33살 전후이다. 회사에서 전무가 일본출장을 가는데 수행을 하게 되었다.

내가 처음 해외여행을 하게 된 것이다. 물론 비행기도 처음 타보는 촌뜨기였다.

일본 말은 일본 문자를 읽을 수 있는 정도였다. 전무는 물론 일본말이 유창한 분이었다. 예측하건데 열심히 회사 일에 충실했던 것에 대한 보상과 견문을 넓혀주기 위한 회사의 배려였을 것이다. 왜냐하면 나의 해외출장 임무는 구체적인 것이 없이 전무를 수행하는 것이었다. 이 당시에 해외여행은 상당이 비중 있는 회사의 보너스를 받은 것이다.

포장과 비포장도로가 교차되는 길을 달려 김포공항에 도착하여 비행기를 탔다. 어떤 종류의 비행기였는지는 기억나지 않는다. 일본 공항에 도착을 하였다. 지금은 나리타공항이었는지 하네다공항이었는지 기억도 나지 않는다. 김포공항에서 탑승한 나는 일본 공항의 큰 규모와 많은 여행객들에 놀라지 않을 수가 없었다.

공항에서 도쿄를 향하여 고속도로를 달려갔다. 1시간 30분에서 2시간 정도 걸리지 않았는가? 기억이 된다. 공항을 출발하여 20여분 지나면서 산과 논, 농부들의 일하는 모습이 눈앞에 교차되면서 느껴진 것은 잘 정비되어있다는 것이었다. 고속도로에는 많은 차들이 특히 산업제품을 운반하는 화물차들이 줄을 있고 있어서 도쿄 톨게이트는 막히고 있었다. 일견하여 일본의 산업생산과 물류의 활발함을 느끼게 하였다.

도쿄에 도착하여 다음날 KICO의 주주사인 일본 제일보험 주식회사 전산센터를 방문하였다. 가장 인상적이었던 것은 일본 생명보험회사 중 상위에 있는 회사였는데 직원들이 사용하고 있는 책상이 내가 사용하고 있는 책상의 2/3 정도의 크기였고, 책상과 책상 사이의 간격도 사람이 옆으로 다녀야 할 정도로 비좁게 사무실이 배치되어있었다.

순간적으로 우리 회사와 관리비 부담에 대한 비교가 머리를 스치고 지나갔다. 한국의 보험회사들은 급여 등의 간단한 업무에서부터 컴퓨터를 겨우 이용하기 시작하며 KICO 같은 용역회사의 컴퓨터를 공동으로 사용하는 단계였는데 이곳에서 한 개 회사가 자체의 전산센터를 설립하여 거의 모든 업무를 컴퓨터로 처리하고 있는 현황을 보며 우리의 전산분야가 어떻게 발전해갈 것인가 느끼게 하였다.

저녁에는 이 회사의 이사이면서 한국의 KICO 이사를 겸하고 있는 이시까미씨의 초대로 일본 게이사가 있다는 일식요정을 갔다. 일본 전통 다다미방으로 꾸며진 깔끔한 방에 게이사가 음식 시중을 들며 정중하고 예절바르게 특유의 미소를 지으며 봉사를 하고 있었다. 겨우 말단 직원을 면한 내가 나보다 10년 이상이나 되는 직장의 상사들, 그것도 최고 경영자들과 일본 기생집을 왔으니 꾸어온 보릿자루가 될 수밖에 없었다. 그런데 내가 그분들을 모시고 싶어도 나는 이런 곳에 경

101

험도 없고, 일본도 처음이면서 일본말을 할 수가 없으니 내가 모시는 것이 아니라 전무님이 나를 모시고 다니는 민망한 꼴이 되고 말았다.

너무 부담스럽고 민망하고 또 스트레스였다.

내가 개인적으로 제일 먼저 가보고 싶은 곳은 도쿄타워였다. 7일 정도의 짧은 출장이었기 때문에 일본의 발전상을 한눈에 볼 수 있는 곳이라고 생각을 하였다.

택시를 타고 그곳으로 향했다. 택시 안은 깨끗하게 정돈이 되어 있었고 기사는 깔끔한 제복을 입고 친절하고 환한 모습으로 인사를 한다.

택시가 조용히 진행하는 거리에 수도관 매설공사를 하고 있었다. 아스팔트를 자로 대고 자른 듯이 일정한 간격으로 잘라서 밤에는 공사를 하고 낮에는 교통소통을 위하여 그 자른 아스팔트를 다시 덮어놓는 공법으로 공사를 하고 있는 것이 인상적이었다.

그 깨끗한 택시, 기사의 깔끔한 제복과 친절한 미소, 수도관 매설공사의 공법 등이 우리의 현실과 비교가 되며 많은 상념이 스치고 지나갔다. 그런 생각에 잠겨있는 잠깐 사이에 동경타워에 도착하였다.

시내가 한눈에 내려다보이는 자그마한 산언덕에 세워진 빨간색의 철재 구조물이었다.

일본의 동경타워가 파리의 에펠탑보다 1m 정도 높다고 한 기사를 읽었던 기억이 났다.

넓은 도시 속에 잘 정비된 거리, 하얀 벽에 검은 지붕을 얹은 전통 일본 가옥들과 잘 어우러진 정원과 숲들이 한눈에 들어왔다. 또 큰 길을 따라 고층건물들이 즐비하게 서 있었다. 맑은 하늘 아래에 넓게 달려 나가는 길에는 차량들이 줄을 이어 부지런히 움직이는 모습이 보였다. 한눈에 생동감을 느낄 수 있었다. 조용하고 정리되어 있으면서도 활발한 이 도시의 모습이 나의 가슴을 벅차게 했었다.

우리 서울은 언제 이러한 모습으로 살아있는 도시가 될 것인가?

우리는 그렇게 만들 수 있을 것이다. 다짐해보았다.

그 후 40여년이 지난 지금 우리의 서울은 세계적으로 활기찬 도시가 되어있다. 자랑스럽다.

몇 대를 이어 한 곳에서 이발을 하고 있다는 유명한 이발소를 찾아 갔다. 그리고 이발을 하면서 살펴보았다. 큰길가에 있는 이 자그마한 이발소에는 5~6개의 의자가 있고, 서울의 일반 이발소와 크기와 내장 에서 별 차이가 없었다.

단지 아주 깨끗하고 잘 정돈되어있다는 인상을 받았다. 그리고 주인 인 이발사가 그 전통의 이발소에서 대를 이어가며 고객들을 위하여 아 주 즐겁고 행복한 모습으로 친절하면서도 열심히 일하는 모습이 여느 이발소와 달랐었다.

이발을 끝내고 다음은 몇 대를 이어 일본 칼을 만들고 있다는 가게 를 찾아갔다.

요리 칼에서부터 십 수종의 칼이 가게를 가득 메우고 있었다. 100년 이 넘은 가게이며 대를 이어 노하우를 전수하며 오직 칼만 만들고 있 다고 한다.

나는 기념으로 아내에게 선물하기 위하여 주방용 칼을 2개 샀다.

그리고 주인이 본인의 특허품이라고 자랑하는 콧수염 깎기를 하나 샀다.

그 콧수염 깎기는 아직도 내 서재 소품상자에 자리를 하고 있다.

이런 전통 속에 깊이 자리한 이들의 자부심과 긍지, 그리고 만족과 행복을 느끼면서 살아가는 그들의 그러한 모습에 대하여 논리적으로 그 이유를 확실히 인지하기가 그 당시 나의 인생경험으로는 감당이 되지 않았다.

70여년의 삶의 여정을 걸어온 지금에서 그들이 터득한 삶의 보람과 가치를 겨우 이해할 수 있을 것 같다. 지금도 그들의 자녀들이 대를 이어 그 자리를 지키며 조상의 긍지와 자부심을 이어받아 충만하고 행복한 삶을 살고 있는지, 한 번 더 가보고 싶은 충동을 금할 수가 없다.

이제 우리에게도 멀지 않아 100년 전통의 기업이 탄생할 것이고, 우리의 후손들은 이런 기업을 이어온 선조들을 자랑스럽게 기억하게 될 것이다.

누구의 안내를 받았는지는 지금 기억이 되지 않는다. 제일생명의 직원이었을 것이다. 짧은 영어로 대화를 하며 긴자거리로 갔다. 처음 들어간 곳은 성인영화를 하는 극장이었다. 특별히 성인영화를 하는 극장이 따로 있었던 것으로 기억되지는 않는다.

일본에서는 남녀의 성기만 직접 노출 되지 않으면 어느 극장에서나 상영이 가능하다고하며 내가 갔던 극장가에는 성인영화 안내판이 즐비하게 붙어있었다. 그 중에 한 극장에 들어가 영화를 보았다. 그런데 원래 내가 성인영화를 별로 즐기지 않는다. 한전에 있을 때 성인영화 필름을 비밀리에 상영해주는 사람이 있어서 직장 동료들과 어울려 2~3회 본적이 있는데, 비슷한 행위가 반복되고 스토리가 없기 때문에 나는 별로 흥미를 갖지 못하는 편이었다. 하여간 이런 성인영화가 합법적으로 극장에서 상영되는 일본문화가 그 당시는 의외로 느껴졌다.

그런데 다음에 안내를 받은 곳은 정말 일본정서가 이해가 안 되는 곳이었다. 회전무대가 있는 라이브 쇼를 하는 곳이었다. 입장료를 내고 들어가니까 많은 사람들이 서서 시선을 모으고 있는 회전무대 위에서는 남녀가 나체로 나와서 라이브로 성교를 하고 있었다.

흑인 남녀, 백인 남녀, 동양인 남녀가 교대로 나와서 중인환시 하에서 여러 체위를 바꾸어가며 성행위를 실제로 하며 공연을 하고 있었다. 공연 중간에는 관객 중에 희망자를 불러내어 체험을 하게해주는 서비스도 있었다.

그 체험을 자원하는 용기 있는 사람도 있었고, 딸에게 보여주기 위하여 함께 왔다는 아버지도 있었고, 애인, 부인과 함께 온 사람들도 있었다. 물론 여자들만 온 사람들도 있었다.

한 과정을 다 보고 나서 극장을 나왔다. 혼란스러웠다. 별로 흥분되지도 않았다. 뭔가 찜찜하고 개운하지가 않았다. 유교의 윤리에 익숙한 나로서는 이해하기가 어려운 장면이었다. 그리고 인간의 성행위가 너무도 본능과 동물적 감성으로 해석되고 있는 것 같았다.

그 후 일본을 가는 기회가 있어도 나는 이곳을 다시 방문하지 않았다.

귀국하기 전날이었다.

나는 다시 긴자를 찾아갔다. 이번에는 세계에서 제일 유명하다는 진주 가게를 찾아갔다. 일본 내에서는 물론 전 세계에서 자연산 진주를 생산하여 판매하는 곳으로 제일 유명한 곳이었다.

지금까지 아내에게 변변한 선물 하나 제대로 하지 못한 나는 처음 해외출장 선물로 무엇을 할 것인가를 생각하며 적은 출장비를 아껴서

돈을 조금 마련하였다. 혼자서 식사를 할 때는 라면을 먹으면서---

지난번 갔을 때 들려서 값을 알아보았던 그 진주가게를 찾아간 것이다.

나는 적은 돈으로 고급품의 진주를 살 수 없는 대신에 저렴한 가격이라도 디자인이 예쁜 것을 찾았다. 마침 작은 진주알 3개를 가지런히 박아서 만든 반지가 마음에 들었고 값도 내가 준비한 것과 맞았다.

그 반지를 사서 받아들은 나는 아내를 만나기도 전에 내가 먼저 마음이 들떠있었다. 아내는 너무나 좋아하였다. 그리고 잘 끼고 다니지도 않으면서 30년 이상을 보관하였는데, 어느 날 집에 도둑이 들어 잃어 버렸다. 우리 부부가 지금까지 잃어버린 물건 중에 가장 마음 아파하는 물건이 되어버렸다.

그날 저녁 나는 일본의 풍요로움과 우리의 경제를 비교하며 착잡한 마음에 혼자서 호텔근처에 있는 선술집을 찾아갔다. 한마디로 그때의 우리 정보산업의 형편은 일본사람들이 키펀치 할 물건을 조금 싸들고 한국의 용역회사를 찾아다니며 흥정을 하고, 섹스접대를 요구하는 때였다.

한국의 정보산업 특히 소프트웨어 수출이라고 하는 것이 기종변경에 따른 프로그램을 수정하는 일과 카드펀치 용역 등이 고작이었으며 그 수출액 또한 수백만 불 정도를 넘지 못하는 것이었다. 그러니 키펀치 자료를 조그만 가방에 싸들고 온 일본 보따리장사에게도 온갖 접대를 마다하지 않는 때였다.

울적한 마음으로 정종 한잔을 주문하고 나서 안주를 주문해야하겠는데 안주의 이름을 일본 말로 알고 있는 것이 없었다.

한문과 일본어로 섞어서 적어놓은 메뉴가 벽에 걸려있었다. 대부분 이름을 일본말로 온전히 발음을 할 수가 없었는데 그 중에 하나가 한자로 쓰여있는데 일본말로 발음을 할 수 있었다. 그 반가운 안주의 이름은 야마가께(山月)였다. 그런데 사실은 그 야마가께라는 안주가 어떻게 생겼는지, 어떤 맛인지, 어떤 향인지 전혀 모르는 상태였다. 그저 주문을 할 수 있으니 가장 반가운 안주였다.

나는 아주 자신있게 그 안주를 주문하였다.

손바닥 반 정도의 자그마한 갈색 네모접시에 하얀 즙에 분홍색 생선알이 올려져있었다. 한 숟가락 정도의 양이었다. 정종 반잔을 마시고 그 안주를 젓가락으로 집어들었다. 그런데 이 하얀색의 음식이 젤처럼 쭉 처지면서 딸려 올라오는 것이었다. 이상한 생각으로 입에 넣었는데 물컹거리며 맛도 향도 없는 것이 처음 먹어 보는 그 기분이 아주 찜찜한 생각이 들어 억지로 삼켜야만 했다.

이 음식이 산마라는 것을 알게 된 것은 후일의 일이었다. 그리고 지금은 그 마가 위장에 좋다고 아내가 손수 텃밭에서 재배하여 매일 아침 즙을 만들어준다. 즐겨 먹으며 가끔 이 야마가께를 떠올리고는 한다.

우리는 언제 컴퓨터 소프트웨어 제품을 만들어 해외에 수출할 수 있을 것인가?

약간 어두운 조명의 선술집에서 대화할 상대도 없이 혼자 한참을 앉아 담배를 피우며 생각에 잠겼다가 남은 잔을 마저 비우고 밖으로 나와, 화려한 동경의 야경을 바라보며 천천히 호텔을 향했다.

이글을 쓰고 있는 지금은 우리의 정보산업이 일본을 넘어 세계에 우뚝 선 모습을 보면서 정말 어려웠던 한 시대를 극복한 우리 스스로에 대하여 보람과 긍지를 느낀다.

오늘 아침에도 아내가 나의 건강을 위하여 텃밭에서 유기농법으로 손수 재배한 마를 갈아서 만든 즙을 먹으며 그때의 야마가께를 회상한다.

혼자 입가에 미소를 지으며 웃어본다.

변신과 발전의 기회

대학에서 화학을 전공한 나는 유학을 가기 위해서 준비를 하였으나 여러 가지로 여건이 되지 않아 한전에 취직을 하였다. 그리고 한전을 떠나면서 나는 기업의 생활을 하기로 한 이상 최고경영자가 되어야하겠다는 생각을 하였었다.

그래서 주어진 일에 열심히 하면서 매사를 새로운 관점에서 관찰하고 탐구하면서 한전 전자계산소로 이동을 하고 컴퓨터 소프트웨어를 배우면서 짬짬이 경영학 책을 독학하기 시작하였다.

그런데 KDB 일을 담당하고 정신없이 그 일에 몰입하고 있는 동안 회사는 나를 과장으로 승급을 시키고, 약 60~70여개 회사를 고객으로 관리하는 직무를 부여함과 동시에 컴퓨터 운영업무까지 관장하도록 직무범위를 넓혀주었다. 동시에 KDB 프로젝트도 그대로 겸직하게 하였다. 어떻게 보면 이 회사의 관리비중이 높은 업무를 모두 관장하는 기회가 주어진 것이다.

한전에서 70여개 탄광에서 납품되는 석탄의 품질관리를 할 때보다 훨씬 더 바쁘고 내가 '을'의 입장에서 고객의 요구와 불만사항을 해결해야하니까 신경 쓰이는 일도 많았다. 그렇지만 이 일에서는 한전에서 일할 때와 같은 도덕성과 윤리관의 갈등이 없어 마음은 밝고 가벼울 수 있었고, 일을 해결하고 성취해가는 보람이 있었다. 이렇게 되면서 나는 사장에게 보고해야할 일들이 많아짐과 동시에 사장의 호출을 하루에도 몇 번씩 받는 상황이 되었다. 따라서 직무수행에 대한 지적을 많이 받게 되었고 복장과 언어, 행동에까지 지적을 받았다.

　모든 것을 고객에게 초점을 맞추는 사고를 하여야 한다. 사장은 내가 만나는 상대를 존중하고 기분을 좋게 하기 위하여 복장과 외모를 단정히 하고 향수도 뿌리라는 것이다. 복장은 흰색 또는 하늘색의 와이셔츠, 검정 또는 남색의 정장과 넥타이, 검정구두, 단정한 머리, 그리고 검정색 가방이 지정되었다. 그리고 접대를 하는 식탁에서 식사를 하는 예법에 이르기까지 단계적으로 기회를 만들어 설명을 하시는 것이었다.

　한전의 현장에서 잠바를 입고, 내 편한 것 위주로 생각하던 나의 입장에서는 처음에 거부감과 불편함도 있었지만 내가 만나는 사람을 존중하는 의미라는 말에 나는 공감할 수 있었고, 그리고 그것이 고객으로부터 내가 존중받을 수 있는 것이라는 것도 알게 되면서, 그렇게 습관을 붙이기 위하여 노력하였고, 지금도 나의 좋은 습관으로 남아있다.

　처음에 보고서나 품의서를 써가지고 결제를 받으러 가면 보고를 하는 나 자신의 의견과 결정이 무엇인지를 써가지고 와야 결제를 하든지 말든지 할 것이 아니냐? 하며 핀잔을 주시는 것이었다. 그다음부터 의견과 결정을 해가지고 품의를 받으러 가면 그것에 대한 지적을 반드시 하시고 결제를 하지 않으신 체 본인의 의사도 결정해주지 않고 퇴짜를 놓으시는 것이다.

　그 지적은 수긍이 가는데 사장 본인의 의견은 왜 말을 안 하는 것일까?

본인의 의견을 주면 나는 그것에 맞추어 다시 품의서를 작성하고 결제를 받고 그대로 행하면 되는 것이 아닌가?

이런 품의와 퇴짜를 몇 번씩 반복을 한 후에야 겨우 결제를 받을 수 있는 일이 겹쳐지고 또 반복이 되다보니 나는 하루에도 몇 번씩 품의서를 들고 사장실 출입을 하여야했다.

그렇게 반복하다 보니 사장의 지적사항이 대부분 내가 미처 생각하지 못했던 요소를 지적하고 있음을 깨닫게 되었고, 왜 나는 그 부분을 미처 생각하지 못했을까? 하는 반문을 하게 되었으며, 그렇게 반문을 함으로써 이번에는 내가 무엇을 미처 생각하지 못한 것이 없을까? 하고 사장실에 들어가기 전에 몇 번 더 생각하게 되었다.

사장이 나의 의견과 결정을 반드시 기재해서 품의를 올리게 하는 것은 현장 직무수행에서 내가 바른 판단과 결정을 하는데 도움이 된다는 것도 깨닫기 시작했다.

그때부터 나는 사장의 지적에 대하여 반발심이 사라지고 즐겁게 받아들일 수 있는 마음의 자세가 만들어질 수 있었다. 다음부터는 지적을 받더라도 사장실에 직접 들어가 나의 결정에 대한 오류를 지적받고 다시 검토하고는 하였다.

그리고 사장이 지적을 하면, 내가 경험부족으로 미처 생각을 하지 못했다고 말하고 지적 부분을 다시 검토하여 보고하겠다고 하면, 사장께서는 잘 이해를 해주시고 본인의 생각을 말씀해 주시기도 했다. 그러면서 될 수 있는 한 나의 판단과 사장의 판단이 한 번에 일치할 수 있도록 생각하고 또 생각해서 나의 의견과 결정을 정리하려고 노력을 하였고, 이런 노력과 연구를 해가면서 차츰 품의서의 반복 횟수가 줄어들고 드디어 대부분 거의 한 번에 일치하는 단계로 발전하게 되었다.

나는 이때 이것이 바로 성장하는 나의 모습이구나 하는 것을 깨닫게 된다.

외견상 직급이 높아지는 것이 성장이 아니고, 나의 능력이 발전하는 것이 진정한 의미의 성장이구나 하는 것을 알게 되었다.

이렇게 사장은 나의 의사결정 능력의 발전을 위하여 가르치고 훈련을 시켰던 것이다.

그 후로 나는 직급 향상보다는 그 직급에 가기 전에 그 직급에 필요한 나의 실력과 지혜, 그리고 경험을 쌓는데 우선 노력을 하였다.

목표와 경쟁자

10년 후에는 이 KICO라는 작은 회사를 10배로 성장시켜서 반드시 이 회사의 사장이 될 것이다. 하는 목표를 설정하였다.

이 회사에서 나의 유일한 경쟁자는 사장이라고 마음에 다짐을 하였다. 10년 후 10배로 성장한 이 회사의 사장이 되기 위하여 나는 무엇을 어떻게 하여야 하는 것일까?

그러기 위하여 나는 지금의 사장보다 10년 후에 10배의 능력을 가져야 그 회사를 정상적으로 경영할 수 있지 않겠는가?

또 10년 후에 이 회사가 10배가 되도록 발전시켜야 되지 않겠는가?

그래야 10년 후 나의 목표는 달성될 수 있는 것이다.

10년 후에 나는 현재의 사장보다 10배의 능력을 갖기 위하여, 그 사장의 현재의 지혜를 빨리 나의 것으로 하여야 했다.

10년 나보다 나이가 많은 사장과 경쟁하기 위해서는 그의 경험과 지식을, 나는 향후 10년 이내에 나의 것으로 하여야 함은 물론이고, 그 외에 나는 더 많은 나만의 지식과 경험을 쌓고 인간관계를 만들어야만 되겠다고 생각을 하였다.

그러기 위하여 될 수 있는한 사장과 마주할 기회를 만들어 사장의 지적을 받고 그의 경륜을 듣고 배우고자 했다.

현장을 통하여 나 자신의 경험을 열심히 쌓아가고 또 많은 책을 읽어서 지식과 사고의 세계를 넓혀나가야 했다.

나는 능력을 키워 스카우트되기를 원하지 않았다.

KICO를 10배로 성장시키기 위하여 동료들과 함께 나 스스로 이 회사를 성장시킨 후 사장이 되고, 또 그 후 10배로 키워서 후일 후배들에게 물려주겠다는 각오를 하고, 열심히 시장개척과 고객 발굴 그리고 후배들의 양성에 노력을 경주했다.

애사심

산업은행 일을 혼신의 노력으로 해내고, 또 이런 목표를 정하여 최선을 다하면서 나는 애사심이라는 것이 무엇인지 알 수 있을 것 같았다. 사람은 자신이 고민하고 땀 흘려서 이룩한 것에 애착을 느낀다는 것을 알게 되었다.

즉 애사심도 그 회사를 위하여 진한 땀을 흘리고 고민을 했을 때 그 흘린 자신의 땀과 고뇌의 과정을 사랑하는 마음이 곧 애사심으로 승화하는 것이다.

어떤 집단이나 사회의 지도자는 그 구성원이 그 집단이나 사회를 위하여 진정한 땀을 흘리게 해야만 구성원이 진심으로 그 사회를 사랑하게 만들 수 있다고 생각했다.

나는 이 회사에 입사를 하면서 밤낮을 구분하지 않고 일을 하였으며, 이제 10년 후에 10배의 회사로 발전시켜 이 회사의 사장이 되기 위한 목표를 세우고, 그 후 10년간 또다시 10배로 성장시켜 후배들에게 자랑스러운 회사로 물려줄 목표를 정했다.

그 후부터는 회사의 건물 구석구석에 눈길이 가고, 지저분하거나 파손된 기물이나 건물의 보수가 필요한 것을 보면 그냥 지나칠 수가 없게 되었다.

직원들의 눈빛 하나하나와 그 언행에 관심이 가고 그들의 역량개발과 발전에 신경이 쓰이고 모두 소중하게 느껴지는 것이었다.

나는 비로써 이것이 애사심이라는 것을 알게 되었다. 그 당시에 경영자들이 직원들에게 '주인의식을 가지라'는 말이 유행처럼 화두가 된 적이 있었다.

경영자나 주주의 무조건 '주인의식을 가지라'는 말은 아무 의미가 없는 것이다.

아무 동기부여가 되지 않은 상태에서 그리고 주식 한 장 소유하지 않은 직원이 어떻게 주인의식을 가질 수 있겠는가?

그냥 공허하게 느껴질 뿐인 것이다. 직원들이 회사를 위해 땀을 흘리고 고뇌할 수 있는 기회를 부여하고, 미래에 대한 목표를 가질 수 있는 동기를 부여해야한다.

그 직원으로 하여금 자신의 그 땀과 고뇌의 과정을 사랑하게 하고, 미래의 목표를 성취할 수 있는 믿음을 가질 수 있게 해야 한다.

그것이 애사심으로 발전하고 다음에 주인의식으로 승화하는 것이다. 그 회사에 흘려진 자신의 땀과 고뇌의 흔적 그리고 자신의 미래에 대한 주인의식, 그것이 바로 '애사심이고 주인의식'인 것이다.

그 동기를 어떻게 슬기롭게 부여하느냐 하는 능력이 바로 '지도자의 리더십'인 것이다.

최후 5분의 경쟁

모든 성패는 최후 5분에도 결정될 수 있다.

내가 차장으로 진급이 되고 얼마 되지 않아서 일이다.

롯데칠성주식회사가 판매와 유통전반의 업무를 전산화하는 프로젝트를 추진하는 것을 알게 되었다.

그리고 이 프로젝트 추진을 위하여 영업활동을 시작하였으며, 규모가 비슷한 'K' 회사와 치열한 경쟁을 하게 되었다.

'K'회사는 KICO보다 1년여 정도 먼저 설립이 된 회사로 'L' 사장이라는 분이 미국에서 귀국을 하여 처음에는FACOM230이라는 일본 후지쯔에서 생산하는 컴퓨터를 설치하고 사업을 시작하였으며, 이때는 KIBM 컴퓨터도 설치를 하고 업계에서 가장 치열한 경쟁을 하는 회사였다.

사장은 경북사람으로 명문고와 대학을 졸업한 후 미국에서 활동을 하다 귀국하여 전산처리 용역회사를 설립하였으며, 그 당시 40 중반의 나이였다. 그분은 사회 전반에 좋은 인맥을 많이 가지고 있는 분이었다.

KICO의 전 사장 역시 경북사람으로 명문고와 대학을 졸업한 후, 삼성에 입사하여 비서실에서 근무하다가 동방생명소속 이사로써 KICO를 기획하여 설립을 하고 이 회사의 사장을 겸직하고 있었다.

후일 알게 되었지만 노태우, 정호영씨와 동문이며, 전두환 대통령의 당숙이 되는 분이었다.

전상호 사장과 이 사장은 사업의 경쟁에 있어서는 제3자가 보면 앙숙이라고 표현해야할 정도로 경쟁의식이 강했었다.

그러기 때문에 'K'회사와 수주 경쟁을 하는 프로젝트는 더더욱 성공해야만 했다.

이번 롯데칠성 프로젝트는 그 규모의 면에서도 상당히 큰 프로젝트이므로 'K'회사도 아주 강한 의지를 가지고 수주에 임하고 있는 것을 확인할 수 있었다.

나는 지인을 통하여 그 당시 롯데칠성의 기획실 백 차장과 만나서 우리의 제안을 하였고, 우리의 제안이 채택되어서 계약을 위한 롯데칠성의 내부절차가 진행되고 있었다. 최종 사장의 결제를 받기로 되어있는 날은 'K'회사와의 경쟁이 너무 민감하게 진행되고 있음을 알고 있는 나는 아침에 출근 시간이 되자마자 거의 10분 단위로 진행 상황을 확인하고 있었다.

나는 'B'차장의 부하인 기획실 과장을 사귀어 두고 그를 통해서 진행 상황에 대한 도움을 받고 있었다. 그런데 KICO로 결정하는 품의서를 차장에게 올렸고 차장은 본인의 서명을 한 후 전무실로 결제를 받으러 갔다는 것이 확인되었다.

그 당시 롯데칠성의 기획실은 부장이 없었고 이 프로젝트의 최종 결정은 전무의 전결이라는 것을 나는 알고 있었다.

그래서 전무가 결정을 하면 최종확정이 되는 것이었다.

나는 잠시 후 전무 결제여부를 확인하는 전화를 하였다.

그런데 차장이 다시 나와서 품의서를 'K'회사로 정정하고 있다는 것이다.

'K'회사도 진행 상황을 어떤 경로를 통해서 확인을 하면서 KICO 보다 유리한 조건을 그 전무에게 전달한 것 같았다.

나는 무조건 회사차를 타고 롯데칠성으로 달려갔다.

도착해서 기획실 문을 들어서는데 백 차장이 품의서를 들고 전무실로 가고 있는 중이었다.

나는 그를 붙들고 5분만 이야기를 하자고 했다.

그리고 우리의 조건을 경쟁사보다 유리하게 정정 제시를 하였다.

그랬더니 백 차장은 기다렸다는 듯이 다시 KICO로 정정을 해가지고 바로 전무실로 갔다.

나는 결제가 날 때까지 기획실에서 기다리기로 했다. 정말 5분 사이에 전광석화 같이 결제가 진행되었고 백 차장은 전무의 전결이 난 품의서를 가지고 기획실로 돌아왔다.

이 상황을 오늘 종결짓지 않으면 또 어떤 변화가 있을지 예측할 수가 없어서, 백 차장에게 오늘 중 계약을 끝내고 싶으니 그렇게 처리해줄 것을 부탁을 하였고, 그 차장도 그렇게 동의해주었다.

그래서 나는 안전을 기하기 위하여 담당과장을 나와 함께 KICO로 가서 계약서 준비를 하자고해서 결재가 난 품의서를 지참하고 가도록 권유를 해 그와 함께 회사로 돌아왔다. 회사로 와서 보고를 하고 즉시 계약서 작성 작업에 들어갔다.

점심시간에 나는 계약서를 준비하고 나서 식사를 하기로 하고 업무

과장을 시켜 롯데칠성 과장과 식사를 하고 오라고 지시를 하였다. 그리고 관리과장과 계약서 준비작업을 하였다.

롯데칠성 과장이 돌아온 뒤 초안을 주고 회사와 계약서 조항에 대하여 전화로 확인을 하도록 부탁을 하였고 그 과장은 그렇게 협조해주었다.

우리 회사의 서명날인을 하고 그 과장을 차에 태워가지고 롯데칠성으로 가서 계약서에 서명을 받은 후 계약서 1부를 지참해 회사로 돌아오니 온 몸에 힘이 쭉 빠지는 것을 느꼈다.

이유가 무엇일까?.

전날 회사에서 밤을 보내고, 아침과 점심을 모두 거른 채로 하루 종일을 긴장상태에서 보냈던 것을 잊고 있었다.

일을 처리하고 나니 오후 6시가 다 된 시간이었다.

긴장도 풀리고, 밤잠을 한잠도 못 잔 피로에다 허기까지 한 번에 엄습을 했던 것이다.

최후의 5분속에도 성패를 뒤집을 수 있는 기회는 있었던 것이다.

ICT 분야의 대모

롯데칠성의 계약이 마무리 되고, 프로젝트 추진을 위한 팀을 구성하고 책임자를 임명하고 나서 나는 백 차장에게 사례를 하기 위하여 저녁을 하자고 하였다.

일을 끝내고 그와 약속을 한 장소에서 만났다. 그가 식사를 할 집으로 안내를 하겠다고 하여 그렇게 하기로 했었다.

그 차장을 소개한 친구는 그가 동방생명에 근무를 할 때 함께 했던 동방생명의 이 과장이었다.

그래서 우리는 셋이 또 함께 만났고, 그 차장이 안내하는대로 함께 갔다. 백 차장은 궁금해하는 우리에게 가보면 모두 아는 사람이라고 했다.

그곳에 도착해보니 서린동에 있는 'S' 요정이었다. 들어가서 보니 그 요정의 여 사장은 2,3 개월 전에 셋이서 함께 갔던 무교동 어느 요정에서 자리를 함께 했던 도우미 중에 한 여자였다.

35살에 차장이 된 나는 한전에서 직원들 회식을 위하여 두어 번 요정이라는 곳을 가본적은 있어도 접대를 하기 위한 목적을 가지고 간 것은 지난번이 처음이었으며 이제 두 번째가 된다.

술좌석을 별로 좋아하지 않을 뿐만 아니라 평소에는 칵테일 한잔이나 위스키 한잔 정도를 가끔 즐기는 정도이고, 집에서나 혼자서는 거의 술을 마시지 않는 나는 요정의 내용에 대하여 잘 모르고 있을 때였다.

술좌석은 의례히 가무가 뒤따르는 것이 관례인데 나는 타고난 음치라 노래도 못 부르고 음률을 모르다 보니 춤을 위한 율동도 할 줄 모르고 술을 한 잔만 마시면 얼굴이 바로 빨개지는 체질이니 더욱이나 술자리는 나에게 굉장히 불편한 시간이었다.

거기에다 나는 골치 아픈 문제가 있을 때에는 더욱 술을 마시지 않고 그 문제에 맑은 정신으로 임하는 성격이었고, 취해 있는 나의 심리 상태를 좋아하지 않는 성격이기도 했다.

그래도 회사의 간부로서 책임을 다해야하기 때문에 접대상 필요한 자리는 한 번도 피한적은 없었다.

그래서 친한 친구나 후배들 하고 함께 하는 경우를 제외하고는, 상대가 술을 얼마나 먹든 대작을 같이 했고, 상대가 술자리를 파하기 전에는 먼저 파하자고 한 적이 없었다.

그래서 아는 사람들이 나의 주량에 대해서는 지금도 다르게 이야기하는 경우가 종종 있다.

나의 주량을 칵테일 한잔으로 아는 사람들이 대부분이고, 가끔은 나의 주량이 양주 한 병이라고 알고 있는 사람들이 있다.

칵테일 한두 잔이 나의 정상 주량이다. 양주 한 병 이상이라는 것은 정상이 아니고 오기와 정신력의 주량인 것이다. 불가피할 때만 마시는 주량이다.

최고로 많이 마셔본 기억은 조니워커 1병반 정도 -----.

그 외에 나는 커피는 하루에 10여 잔을 마셔야 했고, 담배는 반 갑에서 한 갑 정도를 피우는 수준이었다.

포커와 고스톱은 아마추어 게임에서는 따는 편이 많은 실력, 마작은 후일 삼성SDS에서 거래선 접대를 위하여 초보 수준으로 배웠고, 골프는 81년 이사가 되어서 선배이사가 물려준 골프채로 배우기 시작했고, 그 후 30년을 고객들과 필드에는 갔지만 싱글이나 홀인원 이글 같은 것은 한 번도 못해 보고 아마추어 스코어로 82타가 최고로 잘 친 점수였었다.

이렇게 나는 음주와 가무, 그 외의 잡기들은 내가 사회생활을 하는데 크게 불편하지 않을 정도로 두루 하였지만, 특히 어느 것을 잘하거나 거기에 빠져 본적이 없는 평범한 수준이었다.

그 여 사장이 이 요정을 개업한지가 며칠 안 되었다.

그래서 백 차장에게 연락이 되었고 그 차장은 우리를 그리로 안내를 하였던 것이다.

사실 나는 이런 요정을 이용하는데 비용이 얼마나 드는지 모르고 있을 때였다. 그냥 저녁 대접을 융숭이 할 생각이었는데 이곳에 온 것이다.

음식 값이 얼마를 하는지, 술값은 얼마나 하는지, 여자 도우미들의 봉사료는 얼마를 주어야하는지를 모두 모르고 있었다.

하여간 왔으니 나는 우리가 술을 먹을 방을 정하고 도우미 여자들이 3명이 들어와 한복차림에 곱게 큰 절들을 하고는 그들의 이름을 소개한 후 마담이 정해주는대로 파트너 옆에 앉았다.

이 요정에서 준비한대로 기본 안주에 맥주가 한잔씩 돌고나니까 정해진 코스에 따라 요리가 나오고 양주가 들어와서 본격적인 술상이 벌어졌다.

그런데 셋 중에서 'L' 과장은 애주가였다. 그리고 주량도 두주불사였다. 또 도우미와 노는 것도 좋아하는 양수겹장 형이다.

나는 앞에서 말한대로 분위기와 형편에 따라 술을 마시는 스타일이다. 그리고 술좌석의 도우미와 노는 것은 별로 좋아하지를 않는다.

오히려 직업인으로 깍듯이 대하는 편이었다.

그보다는 세상사 돌아가는 이야기 나누는 것을 더 좋아하는 편이었다. 그래서 술 좋아하는 친구들에게는 별로 환영받지 못하는 스타일이라 해야 될 것이다. 그런데 백 차장은 술을 거의 하지 않는다. 옆에 앉은 파트너와 놀기를 더 좋아하는 스타일이다. 그것도 아주 몰입하는 형이다.

기회가 있으면 더 이야기 하겠지만 세 사람의 술좌석의 스타일도 이렇게 다르듯이 술 마시는 스타일과 습관, 취중의 언행은 그야말로 천태만상이라고 할 수 있다.

그날 그렇게 예기치 않았던 요정에서 술을 미시기는 하였지만 도우미 봉사료(그 당시는 속칭 화대라고 하였음)를 합쳐서 술값이 내가 준비한 예산보다 엄청 더 많이 나왔었다. 나는 준비했던 현금은 지불을 한 다음 나머지는 내일 보내주기로 하고 외상을 하였다. 그 여주인은 두말없이 흔쾌히 응해주었다. 술값이라는 것을 처음 외상을 한 나는 무슨 부끄러운 실수라도 한 기분이었다.

다음날 회사에 출근을 하자마자 사내처리를 해서 바로 기사를 통해 보내주었다. 이 생전 처음의 외상 술값이 그 여주인과 오랜 기간 거래를 하는 인연이 되었다. 특별이 고객이 다른 요정이나 사롱 같은데를 지정하지 않는한 나는 이 여주인의 요정을 이용하였다. 술집을 자주 찾지 않는 나로서는 언제라도 신용으로 거래를 할 수 있는 이 요정과 곳은 술 뒷바라지를 다해주는 여주인이 편리했던 것이다.

그 후 내가 승진을 하고 활동이 많아지면서 정보산업 분야에서 내가 만나는 사람들은 해외바이어와 기업의 임원급들 이상을 비롯하여 학계의 교수들은 물론 관계와 정계의 장관급까지 망라하게 된다.

나는 요정수준의 접대가 필요하면 이 사람들을 모두 그 요정으로 안내를 했고 그 사람들은 또 다른 사람들과 그 곳에 가게 되면서, 이 마담은 정보산업계의 대모로 소문이 나게 된다.

내가 55세가 되어 담배는 완전히 끊고, 술은 1년에 5~6잔 정도를 하게 되었고, 커피는 일주일에 4~5잔을 하는 정도로 조절을 하였다. 그리고 고스톱 포커 마작 등 잡기를 중지하고, 또 65세에 골프도 중지하면서 술로 하는 접대는 거의 하고 있지 않기 때문에 이제는 그 요정에 갈 일이 없지만 지금도 가끔씩 아주 가끔씩 안부전화를 보내온다.

여기서 술 맛 떨어지는 이야기를 잠깐 하도록 하겠다.

담배, 술, 커피를 끊거나 대폭 줄인 이유는 건강관리가 주된 이유가 되었다.

골프를 중지한 주된 이유는 시간이 너무 많이 필요할 뿐만 아니라, 네 사람이 일요일 하루 골프를 하게 되면 거의 70만원 내지 80만 원 이상의 경비가 필요한데, 누가 그 비용을 지불하든 이런 경비를 지불하면서 항상 느끼는 것은 경영자의 한 사람으로써 직원들에게 미안한 생각이 들었기 때문이었다.

특히 내가 직접 중소기업을 경영하면서부터 더욱 그런 미안한 생각을 하게 되었다. 예를 들면 일본의 보따리 장사들이 들고 오는 카드 천공(Card Punch)을 한 장 하게 되면 이익이 몇 십전 수준이었다.

접대를 위하여 고급요정에서 4명이 술을 하루저녁 하게 되면 그 당시에도 100만 원 정도의 비용이 발생하는 것이었다.

그러니 한번 술좌석을 하거나 골프를 치게 되면 카드천공을 하는 직원들이 10만장을 생산해야 되는 숫자인 것이다.

호기를 부리며 접대를 하지만 정상적인 경영자라면 어찌 그 생각을 하지 않을 수가 있겠는가?

소위 요정에서 고급 술 접대를 하는 경우나, 골프 접대를 하는 경우에 접대를 하는 기업의 경영자들은 이와 같은 마음의 부담을 아니 할 수가 없을 것이다.

나온 김에 이런 이야기도 해보는 것이 재미있을 것 같다.

우리는 시중에서 껌을 사서 씹는 경험을 누구나 하고 있다. 이 껌 한 케이스에는 10개의 껌이 들어있고, 그 가격은 현재도 1,000원 미만이다. 그러니 한 번 씹는 껌 한 개의 값은 100원 미만이다. 그리고 그 껌 한 개를 팔아서 얻을 수 있는 순이익은 10원을 넘지 못 할 것이다

그 껌 한 개를 만들기 위하여, 원료를 배합하는 여러 단계의 공정을 거쳐서 우리가 씹는 껌이 만들어지고, 그것을 은박지로 싸고, 또 겉 포장지로 싸고 이것을 다시 열 개로 포장을 하고, 또 10개짜리를 10개씩 상자에 넣어야하는 수십 단계의 공정을 거쳐야한다.

또 이것을 전국 방방곡곡, 세계 방방곡곡으로 운반을 하여 껌을 즐기

는 각자의 입에 도달하게 되는 것이다.

100만원의 이익을 얻기 위해서는 10만개의 껌을 만들어서 세계 방방곡곡에 운반을 하고 팔아야 되는 것이다.

새로 건축한 롯데월드의 100층짜리 빌딩을 짓기 위하여 롯데는 이 껌을 몇 개나 팔아야 했을까? 천억이 투자되었다면 100억개를 팔아야 했을 것이고, 1조원이 들었다면 1,000억개를 팔아야 되었을 것이다.

아마도 그 껌을 쌓아올리면 그 빌딩보다 더 높은 껌의 탑이 될 것 같다.

이런 것도 한 번 상상을 해볼 수 있을 것이다.

그 당시에 흑백 TV 한대를 수출하면 순이익 또는 외화 가득 비율이 1불정도 할 때였다. 그러니 10만불의 외화를 벌기 위하여 흑백 TV를 10만대를 수출해야 되는 때였다.

BMW나 Benz 차를 한 대 사기 위해서 대략 TV 10만대를 수출해야 한다.

TV 10만대를 수출하기 위해서 수많은 사람들이 수십 공정을 거치고, 수많은 바이어를 만나서 상담을 하여야만 성공할 수 있는 물량이고, 그 물량을 쌓아놓으면 웬만한 산 하나가 만들어질 것이다.

이러한 각고의 노력을 하는 경영자의 눈으로 보면 그 BMW나 Benz 한대가 TV 산더미 하나가 굴러다니는 것으로 상상이 될 것이다.

이러한 과거의 트라우마가 나에게는 아직도 외제에 대한 거부감으로 작용하고는 한다. 빗나간 이야기는 이만해야하겠다.

지금은 앞에서 말한 그와 같은 형태의 요정은 서울 시내에는 둘 밖에 없는 문화재급이 되어 명맥을 유지하고 있다는 후배의 말을 들은 적이 있다.

그러니 그 요정의 사장은 나보다도 더 우리 정보산업계의 야사를 많이 알고 있는 산 증인일 것이다.

그 집에서 정보산업계의 인간관계가 만들어지고, 토론이 되고, 협력이 되면서 음으로 양으로 좋은 자리를 만들었을 것이니 이 또한 빼놓을 수 없는 이야기 중에 하나가 아닐까 생각한다.

방성대곡 (放聲大哭)

롯데칠성의 판매와 유통, 물류를 통합해서 개발을 하고 있을 때였다.

개발을 완료해야하는 전날 밤이었다. 보통 이러한 시스템을 개발하게 되면 시스템을 구성하는 단위 프로그램 수 십여 개가 수직 수평적으로 상호관계를 갖게 된다. 그러니 그 중의 한 프로그램에서 오류가 발생하게 되면 모든 프로그램의 처리결과에 영향을 미치게 되어 전체 시스템의 결과물이 오류를 범하게 된다. 그런데 내일 아침이면 개발한 시스템의 모든 프로그램과 문서(Documents)들과 그 달의 관련 경영자료를 처리한 보고서를 납품해야 되는데, 수십 개의 프로그램 중에서 유독 김세준씨가 담당하고 있는 핵심프로그램 중 하나가 계속 오류를 발생하고 있었으며, 이로 인하여 여타 프로그램을 담당하고 있는 동료들이 같이 대기를 하며 기다릴 수밖에 없었다.

특히 그는 팀에서 유일하게 결혼을 하여 2명의 자녀를 두고 있는 직원이었는데, 거의 한 달을 집에도 제대로 가보지 못하고 밤낮으로 시스템 개발에 매달려있었다.

지금은 전 국민이 노트북을 휴대하고 다니며, 인터넷을 이용하여 때와 장소에 관계없이 자신의 업무를 처리할 수 있지만, 그 당시에는 주기억장치(CPU)가 약 40KB 밖에 안 되는 컴퓨터 한대를 설치하고 수십 개의 회사의 직원들이 그곳에 모여서 순서를 정해서 컴퓨터를 이용하는 때였다. 그러니 한번 컴퓨터를 사용해서 문제점을 해결하지 못하면 언제 다시 차례가 돌아올지 모르고 막연히 기다리는 수밖에 없었다.

야간이 되면 컴퓨터실 앞에서 담요를 끌어안고 앉아서 졸며 차례를 기다리는 것이 일상사가 되어있을 때였다.

그렇기 때문에 각 회사에서 전산 담당요원은 음지에서 일을 하는 전문가들이라고 하여 별도로 전산수당이라는 것을 주기도 하였다.

그날 밤 동료들이 기다리는 가운데 김세준씨의 프로그램이 마지막을 기대하며 컴퓨터 테스트가 시작되었다. 이번에 그 오류가 해결되어야만 그와 연관 있는 동료들의 프로그램들을 마지막 테스트확인을 한 후 실제 데이터를 처리하여 아침 9시까지 롯데칠성에 납품을 할 수 있는 시간이었다.

그 시간을 어기면 계약상 지체상금을 변상함은 물론이고, 밤샘을 하며 기다리는 동료들을 계속 고생시킬 수밖에 없는 상황이었다.

그러니 그의 심적, 정신적 압박이 어떠했을 것인지 가히 짐작이 가고도 남는다. 나도 책임자로써 거의 한달 이상 회사에서 숙식을 하고 있는 후배들을 격려하기 위하여 같이 회사에서 대기를 하고 있었다.

납품 몇 시간을 앞두고 피로한 몸을 잠시도 쉬지 못하고 노심초사하고 있는 후배들이 부담을 느낄까 싶어, 나는 우정기계실에서 대기하고 있는 다른 고객과 한쪽 모퉁이에서 바둑을 두고 있었다. 바둑을 둔다고 하지만 나라고 어찌 마음이 편할 수가 있었겠나. 태연한척해야 하는 내 속은 더 타 들어가고 있었다.

그런데 새벽 2시경이 되었을까, 나는 모퉁이에서 바둑을 두는 척 모르는 척 태연한척하면서 앉아있었고, 롯데칠성 개발팀의 김대진, 김진한, 이종만 등 팀원 3~4명은 한쪽 모퉁이에 쭈그리고 앉아서 조는 둥마는 둥 대기 중이고, 여직원이었던 정화자씨는 담요를 뒤집어쓰고 바둑을 두고 있는 내 옆에서 쪼그리고 바닥에 누워 잠을 자고 있었다. 그런데 이때 갑자기 컴퓨터실이 떠나가라 하고 대성통곡(大聲痛哭) 소리가 들린 것이다.

어쩐 일인가 하고 벌떡 일어나서 보니 컴퓨터 테스트결과를 받아본 김세준씨가 그 프로그램 리스트를 보고 대성통곡을 하고 있는 것이 아닌가.

나는 놀라 그에게 쫓아가 살피며 물어보았고, 모두들 김세준씨 주위에서 통곡하고 있는 그를 놀란 눈으로 바라보고 있는데, 자다가 통곡소리에 놀라 담요 속에서 튀어나온 정화자씨가 김세준씨의 프로그램 리스트를 빼앗듯 가져가서 일견하여 단번에 그 오류를 찾아내는 것이 아닌가?

이번에는 김세준씨에게 쏠려있던 눈이 모두 정화자씨에게 쏠려버렸다.

일주일 이상을 반복해 확인하고 수정하고 테스트를 하고, 동료들이 협력해 같이 몇 번을 반복해 찾아도 찾을 수가 없었고, 드디어는 담당자가 대성통곡을 한 순간에 잠자던 사람이 일어나 일견한 순간에 찾아냈으니 이것은 기적이었던 것이다.

찾아낸 사실을 확인한 김세준씨는 그 순간 금방 소리 내어 웃으며 그 오류를 바로 수정을 하였다. 얼마나 고뇌를 하고 스트레스를 받았으면 오류를 찾자마자 그 방성대곡을 하던 것을 멈추고 금방 웃을 수 있었겠는가? 부처님의 해탈보다 더 희열을 느꼈었던 것 같다.

이러한 광경을 보면서 컴퓨터를 사용하기 위하여 대기실에서 순번을 기다리던 모든 사람들이 자신들의 순번을 양보하고 김세준씨 프로그램은 물론이고, 롯데칠성의 전 업무를 우선처리하게해주어서 다음날 9시 이전에 납품을 완료할 수 있었다.

이렇게 양보를 모두해준 것은 그 당시 전산 전문인들은 누구나 겪어야했던 애환이었기에 동병상련하는 심정에서 그렇게 했을 것이다.

그리고 정화자씨가 며칠씩 동료들이 모두 협력을 해도 찾을 수 없던 것을 자다가 일어나서 일순간에 찾을 수 있었던 이유를 무어라 설명해야할지 모르겠다.

설명을 해야 한다면, 며칠씩 잠을 못 자며 피로한 정신으로 찾으려 해도 찾을 수가 없었는데 한숨을 자고 피로가 회복된 사고력으로 일순간 찾을 수 있었다고 할 수도 있겠고, 그 모든 동료들이 합심하여 고심하고 고심한 정성이 하늘에 닿아 신의 계시로 찾아진 것이라 해야 할 것도 같다.

그런데 그 후로 나는 인생을 살면서 어떤 문제에 봉착했을 때 노심초사를 하다보면 어느 순간 그 해결 방안이 순간적으로 정말 계시처럼 떠오를 때를 몇 번 경험 한 적이 있는데 이를 어떻게 과학적 논리적으로 설명해야 하는 지를 아직도 명확히 모르고 있다.

여하튼 어떤 일에 목숨을 걸듯이 최선을 다하면, 초인적인 깨달음이 온다는 것은 체험을 통해 느낄 수 있었다.

덤으로 롯데칠성의 전산화 개발과정을 통하여 나는 음료제품의 원가구성을 대략 이해할 수 있었고 지금까지 한전이나 KDB, KICO와는 또 다른 산업분야를 체험할 수 있었다.

롯데칠성의 대표적 상품인 칠성사이다의 원가구성은 소비자가의 40%는 소매유통마진과 물류비용이고, 20%는 도매마진과 물류비용, 10%는 부자재비, 5%는 원자재비, 10%는 생산비, 10%는 광고판촉비, 기타가 5% 정도로 구성되는 것이었다.

처음에는 내가 마시는 사이다가 내 입으로 들어가는 핵심원료 부분이 사이다 가격의 5% 이내라는 것을 알고는 이해가 되지 않고 황당한 기분도 들었다.

그리고 음료를 담는 용기인 병의 회수율과 그 사용회수가, 또 수송차량의 유류대 및 효율적 운행관리가 음료회사의 원가와 이익에 중요 요인이 된다는 경영지식을 얻게 되었다.

또 식음료의 매출은 광고판촉이 결정적 역할을 한다는 것도 알 수 있었다.

이러한 경영적 내용은 화장품의 경우도 같은 구성을 이루고 있다는 것은 다음 개발하게 되는 태평양화학의 전산화개발을 통해서 알 수 있었다.

개과천선

아마도 1977년경의 일인 것으로 기억이 된다. 나는 업무부 부장으로써 회사의 기업경영 부문의 시스템개발부문과 컴퓨터기계실 운영과 자료처리실 그리고 영업을 총괄하는 책임을 지고 있었다.

60~70여개 기관의 고객들이 KICO에서 전산시스템을 개발하기도하고, 컴퓨터를 공동으로 사용하기도 하였다.

매일 밤낮으로 서로 컴퓨터 사용을 위하여 경쟁을 하고, 심한 경우에는 다투기도 하는 일이 계속되고 있었으며, 월말이 되면 그야말로 컴퓨터실은 고객들의 다툼으로 아수라장이 되는 것이 반복되었다.

특히 연말이 되면 기업들의 연말 결산처리, 급여와 상여금, 연가보상금 등을 처리하느라 보통 월말 업무량의 4~5배 정도가 되게 된다. 그러니 60~70여개 기관의 요구사항이 얼마나 치열하고 심각하겠는가?

그해 12월 크리스마스 2일 전쯤의 일이었다. 저녁 8~9시쯤 되었을 때인데 중앙일보의 전산담당 이 차장이 화가 잔뜩 난 표정으로 컴퓨터실 직원인 남기현씨의 멱살을 잡아끌듯 2층 내 자리로 오고 있었다. 그 상황이 멀리서 보았을 때 상당히 심각한 상태였다. 이유는 늘 있는 일이라 컴퓨터사용 순서문제로 고객들의 요구는 빗발치고 컴퓨터는 1대인데 연말의 폭주한 업무로 서로 예민한 상태에서 사단이 벌어진 것임을 직감할 수 있었다.

그 상황을 일견한 나는 이 문제를 잘못 처리하면 고객도 잃고 부하 직원도 잃을 수 있음을 직감하고 나름대로 문제처리 방안을 순간적으로 결론을 내리고 내 앞에 올 때까지 10~20초를 기다렸다.

예측한대로 컴퓨터 사용에 대한 고객의 불만사항이었다. 컴퓨터실의 부하직원은 회사의 규정과 원칙에 따라 직무를 수행했지만 오래 기다려야만 하는 고객은 불만이 폭발한 것이다.

내가 그 순간 고객의 불만사항을 먼저 처리하도록 지시하면, 나는 원칙을 지킨 부하에게 부당한 지시를 하게 됨과 동시에 중앙일보 이외의 많은 다른 고객들의 불만을 유발할 수밖에 없을 것이며, 그리고 회사는 고객들에게 순서를 지키도록 권유할 수가 없을 것이다.

그렇지만 이때 이 차장은 갑의 권리와 고객은 왕이라는 명분을 앞세워 본인의 요구를 관철하기 위한 세를 과시하고 있는 것이었다.

그 차장은 지금 당장 자신의 업무를 처리해주지 않으면 계약을 해지하고 경쟁사로 옮겨가겠다고 하는 것이었다.

나는 주저하지 않고 몇 초간의 판단으로 남기원씨에게 회사차를 내어 그 차장과 업무처리를 위하여 필요한 물건을 차에 실어서 가시는 곳이 어디든 이유여하를 막론하고 모셔드리라고 지시를 하였다.

그런 다음 다녀온 기사의 보고는 연합철강전산실로 가자고하여 모셔드리고 왔다고 한다. 그 당시 연합철강전산실은 일찍 컴퓨터를 도입해서 업무처리를 하고 있었으며, 겸해서 타 업체의 위탁처리를 하고 있었다. 그리고 그날의 업무는 더 이상 무리 없이 처리가 되며 진행이 되었고, 연말이라 가장 바쁘고 복잡한 시기로써 부장이 결정해야할 일들이 지속적으로 발생하고 있어서 퇴근을 못하고 회사에서 지냈다. 그때는 직원들도 고객들도 다 마찬가지로 밤샘을 일상적으로 해야만 하는 때였다. 그래서 회사에는 새벽 1시까지 식당운영을 하고 15 명 이상이 잠을 잘 수 있는 온돌방과 침구가 항상 준비되어 있었다.

이 온돌방이 부족할 때는 각자의 사무실에 군 야전용 침대가 준비되어 있어서 거기서 새우잠을 자기도 하였다.

이때의 야식은 계란을 풀은 라면이 많이 이용되었고, 진한 커피들을 많이 마셨다. 그래서 후일 나는 라면과 커피에 대한 거부 반응이 있어서 지금은 별로 즐기지를 않는다.

이렇게 밤을 새우고 아침이 되어 일찍 중앙일보 이 차장의 사무실을 찾아갔다. 이유가 어찌되었던 고객이 우선이고, 고객은 왕이므로 불문곡직하고 무조건 사과를 하기위해서 일찍 그의 사무실로 먼저 가서 기다릴 생각이었다.

그런데 사무실을 들어서니 그 차장이 이미 출근을 하여있었고, 나를 보자마자 "이 부장, 나 이 부장 덕분에 어젯밤 개과천선 했어요" 하며 밝은 얼굴로 먼저 인사를 하는 것이었다.

어제 연합철강에 가서도 업무처리는 하나도 못하고 추운 컴퓨터실에서 밤새 떨면서 자기의 급한 성격 때문에 부하들도 고생만 시켰다는 것이다.

원래 이 차장은 나와 나이는 동갑이고, 성격이 좀 급하기는 하여도 솔직하고 시원한 성격이었다. 우리는 서로 웃으며 서소문 뒷골목의 해장국집을 찾아 아침을 함께하고 내가 타고 간 차에다가 그가 어제 가지고 나갔던 짐들을 다시 싣고 회사로 돌아와서 그의 업무를 처리하였다.

부하 직원인 남기현씨는 밤샘을 하며 야간 근무를 끝내고 내 자리로 와서 인사를 하며 "부장님 감사합니다" 하는 것이었다. 고객들의 북새통에 고생을 많이 하며 밤 근무를 했는데 뭐가 고맙다는 것인가 하였다.

그 이유가 어제 저녁 "L" 차장에게 끌려 부장님 앞으로 올 때 너무도 자존심 상해서 더 근무하고 싶은 생각이 없었는데, 부장님이 속 시원히 처리를 해주어서 다시 용기를 가지고 근무할 수 있다고 하는 것이었다.

밤을 새우고 아침 일찍 중앙일보를 방문해야했던 나의 무거운 마음도 그 말 한 마디에 확 풀려왔다.

그 후 우리는 더 친분과 신뢰를 두터이 하며 함께할 수 있었다.

소식을 알 수 있으면 이 두 분을 다시 한 번 만나서 회포를 풀고 싶은 마음이다.

전쟁이 아니고 경쟁이다

일자는 정확히 기억할 수가 없다. 아마도 1976~7년 사이였을 것으로 예측이 된다.

강남 신도시개발이 한참 진행되고 있을 때여서 도시계획에 따라 잠실대교와 잠수대교가 새로 건설되고, 강남대로와 테헤란로가 겨우 포장이 되었을 뿐, 아직 높은 건물은 거의 없었으며 잠실과 서초동에 주공 아파트들이 겨우 건설되었을 때였다.

어떤 동기로 그분이 나를 알게 되었는지는 기억나지 않는데 여하튼 주택공사 기획실의 'C' 대리가 찾아와서 회사의 업무를 전산화하여야 하는데 본인은 그 분야의 지식이 없으니 그 기획을 도와달라고 하였다.

그렇게 하면 KICO가 그 프로젝트를 수주할 수 있도록 협조하겠다는 것이었다.

예산은 그 당시 약 2억 6천만 원 정도 허용된다고 하였다.

순전히 소프트웨어개발을 위한 예산으로는 그 당시에는 가장 규모가 큰 프로젝트이므로 나는 적극 협조하겠다는 약속과 함께 그 후 몇 개월간 최우선으로 그 계획 수립에 시간을 투입하였다.

그는 그 당시 대통령 비서실 비서관을 하다가 서울시장을 지낸 분의 동생 되는 사람이었다.

먼저 프로젝트 기획을 하느라 성북동 사무실에서 그 당시 개발초기인 강남이라 대중교통이 원활하지 않은 강남의 주택공사를 왕복하며 기초 업무파악을 하고 수요를 산출하고 예산을 계산해서 예산확보작업을 진행하고 있을 때였다.

나는 어느 날 그의 생일에 축하 케이크를 사가지고 논현동 근처의 벌판에 외따로 건축된 그의 집 앞에서 2~3시간을 기다려서 귀가 하는 그를 만나 전하기도 하였고, 또 그의 집에 초청을 받아 방문을 하였다가 그의 모친께서 집안에서 기르는 강아지를 선물받기도 했는데 그 강아지가 청와대의 대통령 애완견의 새끼를 분양받은 것이라고 했다.

그런데 이 강아지가 다른 것은 먹지를 않고 생선을 구워서주어야만 먹기 때문에 아내가 예상하지도 않은 고생을 하기도 하였다. 지금처럼 좋은 사료가 있었더라면 아내가 그런 고생을 하지 않아도 되었을 것이다. 고객이 준 선물을 어떻게 할 수도 없고 애들이 귀여워도 하여 잘 기억은 나지 않지만, 몇 개월을 아내가 애를 태우며 키우다가 아는 분이 키우겠다고 하여 얼른 드린 기억도 있다.

이렇게 예산이 확보되고 하는 동안 약 8~9개월의 시간이 흘렀고 그해 장마철로 들어섰다. 이때에는 계약할 업체를 선정하는 단계에 들어가 있었다. 내가 전적으로 협조를 하여 개발 계획서를 작성하고 예산을 확보할 수 있었지만, 주택공사 내에서는 'C' 대리가 전적으로 한 것으로 되어있으니 프로젝트 수주가 보통 신경이 쓰이는 것이 아니었다.

그래도 그 당시 서울시장의 동생으로 기획실에서 이 업무를 담당하고 있었으며, 서울시청의 도시계획이 주택공사의 사업에 절대적 비중을 차지하고 있었으니, 'C' 대리는 그야말로 배경이 든든한 대리였다.

그는 그 당시로는 유력한 집안의 막내아들로서 누릴 것을 다 누리고 사는 유복한 젊은이였다. 그는 계획서를 작성하고 있는 나를 찾아오는 날은 그 당시 종로 세종상가 내의 어딘가에 있었던 볼링장으로 나를 같이 가자고하여 볼링을 즐기고는 하였다. 그러면서 나에게 그것을 배워서 같이 치기를 원했으므로 몇 번 같이 가서 볼링게임을 배우기는 하였으나, 원체 바쁜 시간을 보내고 있는 내 생활이라 계속 배울 수도 없었고 별로 배울 생각도 없어서 그것으로 끝나고 말았다.

예산 확보가 끝나고 업체선정 작업이 시작되었다. 그가 KICO가 수주를 하도록 전적으로 도울 것이라고 하기는 하지만, 층층이 결제를 받아야하고, 최종적으로 사장의 결재를 받아야 될 뿐만 아니라, 계약서에 최종서명이 될 때까지는 긴장을 놓을 수가 없는 것이 영업인 것이다.

거기에다 순수한 소프트웨어프로젝트로서는 그 당시에 국내에서 유례가 없이 큰 규모이니 경쟁사가 알게 되면 필사적인 경쟁 프로젝트가 될 것이 불을 보듯 뻔한 일이었다.

나는 매일 주택공사에 출근을 하다시피 하며 신경을 쏟아오고 있었다.

그러는 어느 날 택시의 앞을 분간할 수 없을 정도로 장맛비가 억수같이 쏟아부으며 거의 하루 종일 그렇게 계속 비가 내리고 있었고, 드디어는 영등포가 거의 다 물에 잠기고 경인 고속도로가 물에 잠기어 불통이 되어버렸다.

그때 나는 부천에서 살며 출퇴근을 할 때라 영등포 역 앞에서 부천쪽으로 가는 택시를 잡아타고 영등포가 물에 잠기기 직전에 경인고속도로 입구에 들어서기는 하였으나, 이미 그때는 영등포도 고속도로도 통행이 불가능한 상태가 되어버렸고 시간은 밤 9시 경이 되었던 것 같다.

부천 시내가 폭우로 개울이 넘치고 시내 일부가 침수되었다는 방송을 들으며 초조한 마음으로 속절없이 택시 안에서 대기할 수밖에 없었다. 새벽 5시 경이 되어 경인고속도로의 통행이 가능해지고 택시는 부천 우리 집 앞에 나를 내려놓고 인천 쪽으로 가버렸다.

우리 집은 개울 옆에 있었지만 다행이 수해를 입지는 않았다. 가족의 안전을 확인한 나는 옷을 갈아입고 바로 다시 회사로 출근을 해야만 했다.

이런 저런 일들을 겪으며 또 1개월여의 시간이 흐르고 KICO가 개발 계약당사자로 선정이 되고 사장의 결제를 받게 되었다.

그런데 결제를 받아든 대리가 대가를 요구하는 것이었다.

그 대가라는 것이 포니 한대를 선물로 달라는 것이었다. 그 당시 포니 한대의 값이 약 200만 원 정도했던 것으로 기억이 된다. 2억 6천만원에 대한 선물로 200만원인 것이다.

나는 회사의 승인이 있어야할 사항이니 하루만 시간을 달라고 하고 회사에 보고를 하였다. 사장께서 승인을 해주셨다. 그래서 다음날 회사로 와서 계약서에 서명을 하자고 하였다. 그는 그 결제서류를 들고 회사로 찾아왔다.

그런데 전무께서 동의해주지 않아서 처리를 할 수가 없었다.

그때 KICO는 삼성생명, 교보, 일본 제일생명이 3분의 1씩 지분을 가지고 있었고, 삼성에서 사장이, 교보에서 전무가, 일본에서 이사가 선임되어 있었다. 그러니 중요한 일은 이 임원들의 동의가 필요한데 일본은 사장의 결정에 따르는 것으로 합의가 되어있었다.

그런데 이 프로젝트와 관련한 선물에 대하여 경리를 담당하고 있는 전무의 반대의사가 나온 것이다. 그래서 그날은 계약서 서명을 진행하지 못하고 'C' 대리는 회사로 돌아갔다.

그렇게 약 2일이 흐르는 동안에 이 프로젝트정보가 경쟁사인 'K'회사로 흘러들어간 것이다.

주택공사 사장이 결제를 하고 약 3일이 되는 동안 KICO는 영업적 판단을 하지 못하였고, 프로젝트 정보는 경쟁사에 포착이 되어서 경쟁사는 비상이 걸리어 공격을 시작하였고, 하루 사이에 주택공사 사장은 계약을 보류하고, 사장의 전결사항을 이사회 협의로 의뢰를 하였고, 이사회에서는 며칠사이에 KICO와 'K' 회사 2개 회사의 지명 경쟁 입찰로 결의를 하여버렸다.

어떤 의미에서는 앞에서 있었던 롯데칠성 프로젝트의 반대현상이 발생한 것이다.

영업은 계약서에 서명 날인을 할 때까지는 확정된 것이 아니다.

KICO는 품의서에 KICO로 결제난 것을 두고 방심을 하였기 때문에 전례가 없는 큰 프로젝트가 위기에 처하게 된 것이다.

'K' 회사는 이 개발프로젝트가 끝나고 나면 소프트웨어 외에 하드웨어 상품인 컴퓨터를 추가로 팔 수 있는 컴퓨터상품을 가지고 있었다. 'K' 회사는 후속 프로젝트를 기대할 수 있는 대형 프로젝트이기 때문에, 절대 양보할 수 없는 그런 프로젝트가 된 것이다.

그러니 이제는 후속 프로젝트의 기대 매출이 없는 KICO가 절대 불리한 위치에 서게 된 것이다.

'K' 회사 사장이 주택공사를 상대로 직접 영업활동에 나섰고, 업체 선정은 입찰방식이 되어버렸으니 그 대리도 개인적인 기대를 전혀 할 수 없는 상황이 되어버린 것이다.

그 대리는 KICO가 빨리 결정을 해주지 않아서 기회를 놓쳤다고 불평을 하며 다음 안을 제시하는 것이었다.

자기가 방법을 강구해서 'K'회사가 아주 낮은 가격으로 입찰을 하게 해서 중도 포기를 하게할 것이니 그 때 KICO가 다시 수주하도록 하고 자신의 요구를 들어달라고 하는 것이었다.

그러나 나는 그것은 불가능한 것으로 판단을 하고 있었다. 그래도 'K' 회사가 크게 손해를 보게 해서 재기불능으로 만들 수 있는 가능성은 있을 것으로 생각을 하였다. 이 방법을 사용해서 'K' 회사가 오판으로 1~2천만 원 대에서 수주를 하고 그 충격으로 재기불능으로 만들 것을 사장에게 건의 겸 보고를 하였다. 나는 여기에서 평생 경영자로써 귀감이 되는 또 한 가지를 배우게 된다.

전상호 사장께서 나의 건의에 대하여 나의 어리석음을 강하게 지적하고는 다음과 같은 말씀을 주시는 것이었다.

"기업 경영은 생사를 걸거나 승패를 가리는 전쟁을 하는 것이 아니고, 모두 1등과 2등이라는 승자가 될 수 있는 경쟁을 하는 것이다" 라고 강하게 꾸지람을 주시는 것이었다.

무엇으로 머리를 맞은 듯한 기분이었고, 그런 악의적인 건의를 한 것과 그 어리석음에 창피하기도 하였다.

특히 시장을 개척하고 키워야만 그 시장이라는 토양에서 기업도 성장을 하는 것이다.

시장을 개척하고 성장시키는 것은 기업 스스로 하는 것이고, 그 역할을 하는 데에는 KICO 혼자 존재하는 것보다 'K' 회사가 함께 있음으로써 같이 시장을 개척하는 것이 시장을 개척해 가는데 훨씬 기여하는 힘이 클 것이며, 경쟁과 협력을 통하여 시장을 함께 성장시키고, 그 다음 시장을 상대로 경쟁을 통하여 기술을 빨리 개발함으로써 기업도 성장을 할 수 있으며, 그 성장의 과정에서 1등을 위한 경쟁을 해야 된다는 설명을 해주셨다.

'K' 회사는 그 프로젝트를 거의 공짜로 덤핑수주를 하였고, 담당 대리의 방해로 엄청난 고전을 하면서 기업이 어려움을 겪었으며 프로젝트 담당부장이 책임을 지고 회사를 퇴사하는 일까지 있었다.

그래도 고전 끝에 프로젝트 개발을 완료하고 그 다음 연이어 컴퓨터를 팔면서 프로젝트가 안정이 되었던 것은 참 다행한 일이었다.

그리고 KICO와 'K' 회사는 여전히 견실한 경영을 통하여 정보산업 분야에서 그 몫을 다하고 있다.

이 과정을 통해서 나 또한 평생 잊을 수 없는 교훈을 얻을 수 있었다.

노동운동 소고

태평양화학의 전산화개발을 할 때의 일이었다.

태평양화학의 전산화개발은 "K"이사가 산업은행에서 태평양화학의 기획담당 이사로 부임을 하면서 시작되었다.

그 이사는 산업은행의 전산화개발과정을 경험했으므로 부임과 동시에 태평양화학의 경영상 부담이 되고 있는 판매 업무를 비롯하여 전반적인 전산화계획을 수립하였고, 이의 개발을 KICO가 담당하게 되었다.

아마도 내가 차장이었을 때 일이었을 것이다. 아모레라는 브랜드로 업계 1위를 가고 있는 태평양화학과 단학이라는 브랜드로 업계 2위를 차지하고 있는 한국화장품이 시장경쟁을 하며 매출이 급격히 증가하고 있을 때였다.

방문판매 방식으로 유통하고 있을 때에 급격한 매출증가로 매출전표 처리 등의 업무량이 증가하면서 수작업으로는 처리가 포화상태에 이르게 된 것이다.

이때 마케팅시스템에서 판매 유통물류의 비중이 높은 식음료, 제과, 화장품 등의 회사들은 매출전표와 물류관리를 중심으로 전산화를 추진하게 된다.

태평양화학도 판매 업무를 중심으로 한 방문판매 외야 사원관리 및

145

인사관리 그리고 물류업무 등에 대한 전산화개발이 계약이 되고 "P" 과장을 팀장으로 하여 김대진 등으로 개발팀이 구성되어서 용산에 있었던 태평양화학의 본사건물에서 개발이 진행되고 있을 때였다.

이때 태평양화학의 업무추진을 처음 담당한 책임자는 기획과의 서 과장이라고 하는 키가 크고 미남형이며 사교춤을 잘 추는 활달한 사람이었다. 나이는 나와 비슷한 연령대였다. 나보고 춤을 배우면 영업하는 데 도움이 된다고 권유를 하였으나 별로 관심 없이 넘기고는 하였다.

한전에서도 배울 기회가 있었는데 어떤 이유로 배우지 않은 적이 있기 때문에 배울 생각이 없었다.

아마도 사교춤을 배웠더라면 그 과장과 더 깊고 오랜 친구가 되지 않았을까 싶다.

그런데 그는 계약을 종료하고 사장 비서실로 전보가 되고 곽 대리가 진급을 하여 프로젝트 책임자가 되었는데 이분은 아주 꼼꼼하고 차분한 성격이었다.

이렇게 양쪽의 담당자들이 정해지고 개발이 진행되면서, 개발이 완료된 후에 업무를 인수운영하기 위하여 태평양화학에서 전문요원을 한 사람 신입 채용하도록 하였고 그 선발을 KICO에서 대신하기로 하였었다.

그때 선발된 태평양화학 1호 전산요원이 서울공대 응용수학과를 졸업한 사람이었다. 그는 후일 삼호주택 전산실장을 하며 석, 박사과정을 마치고 숭실대학교 전산학과 교수와 경원대학교 부총장을 거쳐 이명박 대통령 비서실의 정보산업정책 특보를 한 오 교수이다.

오 교수는 채용 후에 알았는데 대학교 후배이기도 했지만 고등학교 후배이기도 하여 사회적 관계가 계속되었고, 그 후 지금까지 거의 40년이 넘도록 사회적 인연을 이어오고 있는 유일한 고등학교 후배이기도 하다.

이렇게 태평양화학의 프로젝트개발이 강도 있게 진행되고 있는 동안에 회사에 한국노총으로부터 KICO의 직원들로부터 노조설립 신청이 들어와서 모월 모일에 귀사에서 노조창립 기념대회를 하겠다는 통지가 날아들었다.

이제 겨우 정보산업 소프트웨어부문의 시장이 여명기에 들어서며 회사는 시장확대, 기술개발, 경영정착 등 그야 말로 개척기의 산업에서 모험적으로 투자를 하고 있는 때에 중소기업 수준의 회사의 입장에서는 갑작스럽고 좀 당황스러운 통지를 받게 된 것이었다.

앞에서도 말했지만 시장에서는 소프트웨어라는 용어자체를 모르고 사전에도 없는 단어를 써가며, 주기억장치가 40KB 밖에 안 되는 컴퓨터 한대를 100여 개 기업의 수백 명의 직원들이 밤낮 없이 대기를 하며 사용해야하고, 기술부족으로 산업은행의 경우와 같은 리스크를 감수해야하는 상황에서 노조가 단체활동을 통하여 과도한 주장을 하고 실력행사를 한다면 대한민국에 2~3개 밖에 없는 정보산업분야의 중소기업이 산업을 리드할 수 있겠는가?

노조는 노조대로의 근로복지를 위한 책무와 필요성이 있지만, 그 당시 우리의 경제형편과 특히 소프트웨어업계의 상황으로는 참으로 어려운 일에 봉착한 것이었다.

난감한 입장이 된 사장이 나를 불렀다. 그리고 통지서를 보여주며 어떻게 해야 되는지 의견을 물어오는 것이었다.

만약에 노조가 설립된다면 KICO의 경영상 애로사항은 물론이고, 주주 회사로부터 경영진에 대한 강한 책임추궁이 있을 것이며, 상황에 따라서는 투자에 대한 불안감을 느낄 것은 불을 보듯 뻔한 일이었다.

실무적으로 차장 또는 부장급이 나 하나뿐인 이 중소기업에서 나는 책임감을 느꼈다. 설립자체야 내 마음대로 좌지우지할 수 없는 것이지만 직원들의 그런 움직임을 전혀 모르고 있다가 노총에서 통지가 오고 난 뒤 알게 되었다는 것이, 직원들의 노조활동이 옳고 그름을 떠나 직원들의 동태를 파악하지 못한 그 자체에 대하여 관리자로써 회사에 대한 책임감을 느끼지 않을 수 없었다.

나는 그간 직원들의 진행에 대한 과정과 배경을 나름대로 분석을 해보았다. 일반적으로 이런 일에는 주도자, 기획자, 행동대원으로 구성되기 마련이다.

나는 이런 차원에서 생각을 해보았다.

대상을 알아야 대화를 할 수 있지 않겠는가?

행동대원은 통지문에 명시 되어있는 윤태화 외의 2명으로 보고, 주도자와 기획자가 따로 있다고 생각했다.

이유는 평소에 관리책임자로써 직원들의 성격, 역량, 책임감, 강, 약점, 장. 단점, 가정환경, 친구관계 등을 늘 파악하고 있었다.

그런 관점에서 보면 윤모 직원과 그 외 2명은 기획이나 주도자의 스타일이 아니다. 그들은 투쟁적 성향이다. 그리고 입사한지 1~2년이어서 특히 주도자는 아직 아니었다.

나는 회사가 전혀 감지하지 못한 점, 윤모 직원과 가까운 직원, 근로

조건에 대하여 비판적이었으며 책략적 성격이 있었던 직원을 연상해 보았다. 머릿속에 떠오르는 직원이 있었다.

태평양화학 현장에 나가 일하고 있는 김모 사원이었다. 그리고 그와 함께 일하고 있는 박 과장이었다.

김모 사원은 평소에 비판적인 편이었고, 박 과장은 타에 대한 비평을 잘하고 동료들의 단점을 우회하여, 나 또는 사장에게 보고하는 성격이며 책략을 꾸미는 것을 즐기는 성품이었으며 고객이나 동료들의 약점을 잘 찾아내는 감각을 가지고 있는 편이었다.

이들은 서울공대 선후배이기도 하고, 두 사람 다 서울대를 졸업한 것을 자랑스럽게 생각하면서, 좀 사고나 행동이 굼뜬 사람을 보면 무시하는 성품들이었다.

나는 박 과장과, 김모 직원을 기획과 주도를 한 것으로 지목을 하였다.

이들이 회사의 외부인 용산 태평양화학 사무실에서 한 팀이 되어 파견근무를 하고 있었으니, 그러한 행동을 회사가 감지하기 어려웠던 것이다.

박 과장은 세 불리하면 완전 부정하고 뒤로 빠질 준비가 되어있을 것이고 그렇게 할 성품으로 보고 있기 때문에 건드리지 않기로 하고 김모 직원과 윤모 직원 두 사람을 불러서 별실에서 노동운동과 노조 설립에 대한 자유토론을 하기로 마음에 결심을 하고 그들을 회사로 불러들였다. 나는 그들의 이야기를 먼저 충분히 들은 다음 나의 이야기를 하겠다고 생각을 하였다.

그리고 한전전자계산소에서 잠시 한전 노총 산하 전자계산소 부지부장을 했던 경험을 참고하여, 상위 노조의 귀족화, 한전의 발전소 버너와 석탄처리장의 임시 노동자들의 근무 환경, 강원도 탄광 하청업체 광부들의 현실, 우리의 근무조건, 향후 후배들을 위해서 이 회사에서 지금 해야 할 사명, 그리고 후배들의 미래와 더 효율적 사회생활, 직장이 있는 젊은이들보다 없는 젊은이들에 대한 배려, 조합원들의 회비가 어떻게 쓰이고 있나 등에 대하여 이야기할 생각을 하였다.

박 과장, 김모 직원, 윤모 직원 등이 외부로부터 어떤 영향을 받았는지는 모르지만 그들은 아직 사회 전반적인 경험이 부족할 뿐만 아니라 노동운동이라는 것에 대하여 전혀 경험도 상식도 없는 수준이었기 때문이다.

설립총회가 약 일주일 정도 남은 시점이었다.

한전노조는 그 당시에 전국단위 노조로써 한전에 입사하는 모든 직원들은 거의 자동으로 가입하도록 시스템을 운영하고 있는 상태였다.

그렇기 때문에 회비도 자동으로 회사가 징수하여서 노조로 입금을 시키고 있어서 사실상 개인의 의사가 무의식중에 무시당하고 있는 또 하나의 조직인 것이다.

이것은 지금도 각 기업들이 거의 똑같은 형태가 되어있을 것이다.

지금 조합비를 내고 있는 사람 중에는 노조의 필요성을 느끼지도 않고 조합비를 내고 싶지 않은 사람들도 많이 있을 것이다.

그렇지만 그 자유의사를 밝힐 수 있는 시스템을 해놓지 않았고, 할 의사가 없는 경우가 많을 것이다.

이것도 노조라는 또 하나의 압박조직 때문에 많은 사람들이 의사결정의 자유를 박탈당하고 있는 현실일 것이다.

조합의 조직과 조합비를 이용하여 조합간부들이 자신을 위한 정치 활동을 하는 것도 한계를 넘어서고 있는 것이 현실이었다.

한전에서는 노조지부장들의 투표로 전력노조위원장의 선거를 하고 있으므로 자파의 지부장을 확보하기 위한 정략과 암투가 국회의원 선거보다도 더 치열하다고 할 수 있다.

노조선거에서 지게 되면 전임 지부장 및 노총위원장은 자기의 근무지로부터 다른 근무지로 유배형태의 전근명령이 나기도 한다.

당선된 지부장이 기관장에게 강권하여 타지로 발령을 내도록하여 노조활동에서 경쟁자를 제거하는 것이다.

나는 발전소 저탄장이나 석탄분쇄장, 그리고 석탄을 버너에 투입하는 곳에서 근무하고 있는 임시직 직원들의 생활을 발전소에서 1년여간 본적이 있었다. 또 강원도의 탄광들을 방문하여 갱도 속을 현장 답사한 적이 있다. 이 현장들을 어떻게 인간이 일하고 사는 곳이라고 할 수 있겠는가?

석탄가루가 날리어서 사람의 얼굴을 분간할 수 없는 상황에서 천으로 된 마스크 하나를 입에 걸고 하루 종일 그 속에서 생활을 하고 있었으며, 심지어 그곳에서 식사도 해야 하는 것은 물론이고 안전관리란 생각도 할 수 없고, 생명의 위험이 상존하고 있는 곳이었다. 근로자들의 보편적 노동운동도 필요하지만 이러한 그늘지고 눈에 안 뜨이는 곳에 있는 열악한 근로자들을 생각하고 배려하는 노동운동을 해야 하고 근로자 모두는 나눌 수 있는 마음을 함께하는 정신이 필요하지 않겠는가?

일자리를 창출하는 것이 어찌 경영자에게만 사회적 책임이 있다고 할 수 있겠는가?

근로자의 이익을 대변하는 노동조합과 그 조합원들이 더 책임감을 가지고 직장이 없는 근로자들을 위하여 그에 응당한 정책개발과 활동, 그리고 투자와 협력을하여야 하지 않겠는가?

그 당시의 우리 노동시장은 직장이 없는 실업자가 너무 많은 시대였다. 직장이 있는 근로자의 복지도 중요하지만 일하려 해도 기회가 없는 많은 실업상태의 근로자에게 직장을 만들어 주는 것이 더 우선되는 근로자 복지인 것이었다.

현재 근로하고 있는 근로자만 근로자가 아니고 근로하고 싶어도 근로 할 수 없는 근로자도 근로자인 것이다.

현재의 노동운동을 보면 조합비를 내고 있는 현직 근로자들의 복지에 치중되어 있어서 그들의 더 많은 혜택에만 골몰하고 있는 인상이다.

같은 근로자로써 직장을 아예 처음부터 갖지 못하고 있는 많은 직장 없는 근로자들을 위하여 현재 일하고 있는 근로자의 사회적 책무는 무엇이겠는가?

근로자를 위해 노동운동을 하려면 누구를 위해서 무엇을 어떻게 할 것인가.? 하는 철학과 목적이 분명해야 될 것이다.

노사의 이해를 통해서 그런 목적을 달성하고자 하는 노동운동지도자라면 회사의 사장을 능가하는 경영적 식견이 있어야 할 것이다.

회사가 있고 근로자가 있어야 노사관계가 성립하는 것인데 동반자이면서 이해의 당사자인 회사의 경영을 모르고서 어떻게 합리적 노사간

이해관계를 조정할 수 있겠는가?

우리의 노사는 서로를 더 공부하고 연구할 필요가 있다. 그런데 입사 2년된 신입사원이 200명 직원의 이해관계를 객관적 입장에서 주장하고 합리적으로 조정할 수 있었겠는가? 혈기만 앞서는 만용인 것이고 무책임한 발상인 것이다.

회사와 함께 더 성장하면서 그런 책임을 질 수 있는 지식과 경험을 쌓아야하는 것이다. 나는 이런 이야기들을 후배들과 거의 밤을 새워가며 듣고 이야기 하였다.

아무런 결론도 요구하지 않았다.

며칠이 지나 노조설립 총회가 열리는 날이 왔고, 넥타이를 매고 줄선 바지의 정장을 하고 하얀 구두를 신고 선글라스를 착용한 노총 간부들 몇 명이 KICO의 노조창립대회를 하기위하여 회사를 찾아왔다.

그러나 그들을 맞이하는 직원은 한 명도 없었고, 그들은 현관 밖에서 기다리다가 돌아갔고 회사는 다시 긴장의 분위기가 풀리고 활발한 분위기를 되찾았으며 그 후배들은 설립신청허가 취소를 하고 정상의 근무로 되돌아갔다.

박 과장은 후일 성숙한 모습으로 삼성그룹에서 다시 만나 함께 일을 하였고 평생을 친구로 지냈으며, 나보다 먼저 작고를 하여 아쉬움을 금할 수가 없다. 그의 명복을 다시 기원한다.

김모 직원은 평생을 이 분야에서 함께하면서 한때는 함께 투지를 하여 회사를 설립하고 최고 경영자로써 사측의 입장에서 노조를 바라볼 수 있는 시야를 가질 기회도 있었고, 나는 그의 노사관의 변화를 옆에서 지켜볼 수 있었으며, 지금은 의형제가 되어 호형호제를 하고 있다.

멀리 피지에 가서 노후를 보내고 있는 그가 그리워진다.

윤모 직원은 일찍이 건강이 안 좋아서 어려운 고비를 넘겼다는 이야기를 들었는데 지금은 건강을 되찾았는지 궁금하다.

모두 다시 보고 싶은 후배들이다.

KICO도 이제는 설립된 지 40년이 넘었으니 성숙한 기업이 되었을 것이며, 이제는 성숙한 노조가 설립되어 회사와 함께 좋은 직장을 만드는데 기여하고 있을 것이라 믿는다.

지성이면 감천

㈜ 유공이 기업 상장을 통한 주식발행을 하면서 주주공모가 진행되고 있었다. 그때는 증권시장이 활성화되면서 그 동안 상장을 하지 않았던 기업들이 경제활성화와 함께 투자자금 확보를 위하여 주식공개가 활발하게 이루어지고 있었다.

우리 경제개발에 필요한 자금을 차관에 전적으로 의지하던 시대에서, 70년대 후반의 경제성장을 통하여 이루어진 국민자본의 힘으로 국내 증권시장에서 투자자금을 확보할 수 있는 발전적 시대가 도래한 것이었다.

많은 공모주식 중에서도 유공 같은 회사의 주식은 투자자 입장에서는 알짜 중에 알짜이었다. 그래서 매입 신청비율이 수배에 달할 뿐만 아니라 매매 프리미엄도 상당한 상태였다.

KICO는 이 유공의 주식공모 업무의 전산처리용역을 맡아서 프로그램개발과 데이터처리를 하고 있었다.

이 업무는 금전적관계가 있는 업무이고 정해진 일자 내에 반드시 처리되어야하는 것이어서 사내에서 가장 기술력이 있고 경험이 있는 책임자에게 임무가 주어졌다. 그는 이 과장이었고 그를 중심으로 팀이 구성되었다. 공모공개가 되고 약 한 달간 매입 신청서를 받고, 그 신청서를 전산에 입력한 다음, 주어진 원칙에 따라 주식이 배정되고, 매입

금액이 결제된 다음, 남은 신청금은 신청자에게 반환되어야 한다.

이 절차가 약 1개월 동안에 처리완료 되어야하는 것이다. 이러한 과정에 오류가 발생되면 매입 신청자들이 자칫 사회적 물의를 일으킬 수 있는 예민한 부분이 있는 프로젝트였으므로 나도 매일 담당과장에게서 보고를 받으며 확인을 하고 있었다. 약 보름 동안은 업무처리계획대로 일이 잘 진행되고 있었는데 그 뒤부터 무엇인가 순조롭지 못한 감이 오기시작 하였다.

이상훈 과장이 직접 개발하고 있는 가장 핵심 프로그램의 에러가 계속되고 있고, 그 원인을 찾지 못하는 것이었다. 그렇게 그 문제를 해결하려는 노력으로 이 과장을 비롯한 팀원들의 야간작업 빈도가 늘어나고 시간도 길어지고 있었고 처리해야할 공모신청서도 쌓이기 시작하였다.

이런 과부하 상태의 업무진행 일자가 또 확 지나가고 약 2,3일이 남았는데도 오류의 상태는 제자리에서 한 발짝도 진전이 없었다.

직원들은 지쳐있었고 나는 위기감을 느껴서 다른 일들을 접어두고 그 팀에 합류하여 직접 지휘와 지원을 하였다. 물론 함께 밤을 새우는 일이 계속 되었다. 신청서 중 한 장이 컴퓨터 처리를 하면 어디로 사라져버리는 것이다. 그러니 신청자와 신청금액의 합계도 오류가 생기고 그것으로 인해서 발행주식의 신청자에 대한 배정도 할 수 없고, 매입금액도 결정할 수 없을 뿐만 아니라 각종 관련통계도 산출을 할 수가 없는 것이다. 수 만장에 이르는 배정 통지서의 인쇄를 할 수도 없는 상황이었다.

드디어 마지막 날 밤이 되었고 직원들은 피로에 지쳐서 숙직실에서 곯아 떨어졌고, 책임을 지고 있는 나와 이상훈 과장은 정신이 몽롱한 상태이지만 의지력으로 버티며, 그때까지도 해결은 되지 않은 상태에서 회사 건물 2층의 전 사무실에 책상을 한 쪽으로 밀어놓고, 컴퓨터실의 다른 업무는 뒤로 미루고 이 프로젝트를 위하여 최우선으로 대기를 시킨 상태에서 신청서를 사무실 바닥에 펼쳐놓고 하나하나 뒤지고, 프로그램을 한 줄 한 줄 밤새도록 몇 번씩 확인을 하였지만, 해결의 실마리를 찾을 수가 없었다.

납품을 하고 공모결과를 증권시장과 신문에 공개해야할 시간이 눈앞에 닥치고 있는 상황에서 그날의 새벽이 밝아오고 있었다.

이제 3, 4시간이 지나면 양 회사는 물론 수만 명의 공모자들의 아우성이 귀에 들리는 것만 같았다. 피를 말리는 시간이 지나가고 있었고, 나는 지친 몸으로 소파에 앉아서 담당과장을 불러서 자리에 앉으라고 했다. 모두들 최선을 다했는데도 회사에 막대한 손해를 입히고 사회적으로 큰 혼란을 초래하게 되었으니 자네와 나는 회사 출근시간이 되면 사장께 보고를 하고 사직을 하는 수밖에 없으니 그렇게 알고 준비를 하라고 하였다. 그렇지만 마지막까지 최선을 다해보자고 말을 하였다. 그는 나보다도 더 많은 시간을 이렇게 헤맸으니 움직이고는 있지만 피로에 지친 그의 정신상태에서 내 말이 귀에 들리기나 하였는지 모르겠다. 그리고 나는 소파에서 일어나 창가로 가서 붉게 밝아오기 시작하는 동녘하늘을 바라보았다. 그 순간 머릿속에 번개같이 스치는 영감이 있어 뛰어가 이 과장이 보고 있는 그의 프로그램 리스트를 잡아 다시 확인을 하였다. 그 곳에 글자 하나가 잘못된 것이 있었고 그것이 원인이었다. 참으로 찾기 힘든 곳에 생각할 수 없는 위치에 그 오류가 있었다. 프로그램을 직접 개발해본 사람들은 한번쯤은 다 겪어본 경험들이 있겠지만 이것은 참으로 발견하기 힘든 곳에 그 오류가 있었던 것이다. 그 한자를 고쳐서 컴퓨터 처리를 다시 시도하였다. 이상이 없었다. 시간은 1시간 정도가 남아있는 아침 8시였다.

주식 배당통지서를 프린트하기 시작하였다. 전체를 다 인쇄하기 위해서는 앞으로 약 5시간이 더 있어야 하고 각종 통계 및 관리보고서를 인쇄하는 데는 그 후 2시간 정도가 더 필요했다. 즉 오후 2시면 컴퓨터 처리가 완료될 수 있는 판단이 섰다. 모든 직원들에게 긴급 업무 지시를 하고 현장지휘를 이 과장에게 맡기고 유공의 주식공모 담당 부서로 달려갔다.

상황을 설명하고 인쇄가 되는대로 한 시간 단위로 주식 배당통지서가 도착하고, 모든 컴퓨터 처리상황이 오후 2시면 종결될 터이니 업무 진행에 대한 시간을 그렇게 조정해줄 것을 부탁하였다. 내 꼬락서니를 보며, 우리의 노력과 고생을 익히 알 수 있었던 유공 직원들도 쾌히 승낙을 하고 협조를 해주었다. 다시 회사로 돌아와 컴퓨터실의 작업상황을 확인하고 사장께서 출근을 하자마자 보고를 하였다. 2박3일을 꼬박 한 숨도 잘 수 없이 새우고 나니 머릿속에서 생각난 것이 말로 연결되지 않을 정도로 신경이 마비되어 있는 상태가 되었다.

이런 내 모습이 주위 사람들에게 이상하게 보였을 것이다.

지성이면 감천이라는 말이 있다.

우리 직원 모두의 한 달간의 노심초사에 신도 감동하지 않을 수 없었음일 것이다. 신의 힘에 의한 계시가 아니면 설명이 불가능한 영감이었던 것이다.

버클리와 주량

미국의 버클리라는 회사는 미국에서 성경, 보험회사계약자료, 판례집 등 대량 데이터를 컴퓨터에 입력하는 프로젝트를 수주하여, 그 전산화 과정 중에서 천공(Key-Punch) 작업을 한국에서 한 다음, 미국으로 가져가서 컴퓨터에 입력 처리하는 일을 하고 있는 회사였다.

이런 업무를 KICO와 3년 정도 계속하고 있을 때였다.

KICO는 천공 오류를 줄이고 품질을 높이기 위하여 여러 가지 방법을 연구하여 작업 보조도구를 개발하여 사용하였다.

손으로 기록을 하여 오래 보관한 관계로 잘못된 글자, 판독하기 어려운 글자, 희미한 글자들을 정확히 판독하기 위하여 확대경과 조명장치를 장착한 원서판독 보조도구도 제작을 하여 사용을 하였고, 각자 다른 사람이 동일 데이터를 2회 천공을 하여 컴퓨터로 한자 한자를 디지털 코드로 대조하고 비교하여 천공 오류를 찾아내는 등 여러 가지 방법으로 정확도를 99.9% 이상 유지할 수 있는 작업방법을 개발하여 운영하고 있었다.

이렇게 작업하여 얻어진 정확한 디지털데이터를 마그네틱테이프에 수록하여 버틀리로 항공송달을 하고 있었다.

그렇게 하여 버클리 회사로부터 좋은 평가를 받고 3년 동안 거래가 잘 유지되고 있었다.

그런데 지금은 어떤 이유였는지 정확히 기억이 되지 않는데, 한번은 처리해서 보낸 납품물이 이해할 수 없는 대량 에러가 발생한 적이 있었다.

그래서 거래 지속여부에 대한 문제까지 발생하였었다.

버클리의 수주금액은 그 당시 KICO의 매출 중 상당한 비중을 차지하고 있었으며 전산처리의 수출 품목이었던 것이다.

그래서 버클리로부터 강력한 항의를 받게 된 KICO는 초긴장을 하게 되었고, 미국 버클리에서 영업담당부장과 기술담당책임자가 함께 KICO를 방문하는 일이 발생했다..'

KICO는 미국측 책임자들이 도착하기 전에 오류와 관련된 정보와 자료를 버클리에 요청하여 그 원인분석을 하고 그에 대한 대책을 검토하였다.

그렇게 해서 KICO는 3가지의 대책을 수립하였다.

지금까지 동일방법으로 3년간 같은 종류의 데이터를 처리하여 납품을 하여 왔으므로 기술적으로는 문제가 있을 수 없는 것이었다.

문제가 있었다면 인위적 관리적 문제이었고, 담당자들이 장기간에 걸쳐 품질에 문제가 없었기 때문에 방심한 이유였을 것이다.

하나는 오류를 발생시킨 부문을 KICO의 책임 하에 신속히 재작업을 하여 납품한다는 것, 오류를 발생시킨 기술적 부문에 대하여 시정보완책을 강구하는 것, 품질관리를 위한 관리시스템을 강화하는 것 등의 대책을 준비하여 발주 측에 제안을 하고 이해와 협조를 요청하는 것이었다.

버클리 측 책임자 2명이 KICO에 도착을 하였고, 우리는 먼저 사고에 대한 사과를 정중히 하고, 우리 스스로 오류가 발생하게 된 경위에 대해 조사한 결과를 설명하고 그 대책을 제안하였고 이해와 협조를 부탁하였다.

담당 책임자들이 작업현장을 답사하여 문제에 대한 실사를 한 후 프로그램의 기술적 요소에 대한 검토를 완료하였다.

그렇게 확인한 결과를 가지고 우리 측 책임자들과 장시간의 회의가 진행되었다.

3일이 경과하였음에도 버클리 측이 의견을 말하지 않는 것이었다.

실무적 기술적 검토와 확인이 끝나고 3일째 되는 날 저녁. 내가 버클리 측 책임자 2명과 저녁을 하기로 하고, 관리과에 지시를 하여 저녁식사를 겸하여 술을 마실 수 있는 요정에 예약을 하였다.

지금 이름은 기억나지 않는데, 서울시청 뒤쪽이고 지금의 프레스센터 빌딩이 있는 곳에 있었던, 그 당시에는 상당이 이름이 알려진 요정으로 안내를 하였다.

나와 미국 측 2명 그리고 요정의 여자 도우미 3명 이렇게 방 하나에 술상을 가운데 놓고 둘러앉았다.

요정의 식탁에는 저녁 식사와 술안주 그리고 조지워커라는 양주가 한 병 준비되었다. 그 당시에는 씨버스리걸, 조니워커 같은 종류의 양주들이 애주가들에게 유행이 되었다..

그런데 미국 측 영업담당부장이 조니워커 2병을 지참하고 왔기 때문에 식사에는 조니워커 3병이 준비된 것이다.

미국 측 기술담당 책임자는 체격이 마른 편이었고 술을 한잔도 못하는 선비 형의 사람이었다.

그리고 영업담당 책임자는 미국 사람 중에서도 키가 큰 편이었고 체구도 상당한 비만형으로 두주불사의 애주가였다.

이들 두 사람 다 나이가 50초반이었고 나는 35살의 젊은이였다.

내 기억에 회사에서 회의를 마치고 요정에 도착한 것은 저녁 7시 30분쯤 이었을 것이고, 식사를 겸해 술을 마시기 시작한 것은 8시경 부터이었을 것이라고 생각이 된다.

나는 오늘 저녁 이 자리를 파하기 전에 이들에게서 프로젝트 계약을 계속 유지한다는 답을 들어야만 하는 책임이 있는 것이었다.

만약에 이 계약이 해지된다면 약 100명의 부하 직원들이 일자리를 잃게 되고, 회사는 경영에 엄청난 충격을 받게 되는 것이다.

누가 지시를 해서가 아니라 회사의 책임자로서 또 직원들의 상사로서 당연한 의무이기 때문이다.

그래서 이들에게서 긍정적 답이 나올 때까지 오늘 이들을 붙들고 밤을 새울 각오로 자리를 준비한 것이었다.

그런데 나는 영어회화가 극히 약하였었다. 읽고 쓰는 것은 문제가 없었고 나의 의사표시를 정확히 할 수 있을 정도로 말도 할 수 있는데 듣는 것이 가장 취약했었다.

그런데 나 혼자서 막중한 책임을 가지고 이들의 신뢰를 얻어내야 하는 것이었다.

식사가 시작되고, 술을 마시기 시작하였다. 대화가 잘 되지 않으니 겨우 겨우 업무에 관한 대화를 하였지만, 분위기를 살려나갈 수 있는 농담이나 일상적 대화는 거의 할 수가 없었다. 대화의 주 내용은 업무와 기술적인 내용이 주를 이룰 수밖에 없었다.

참으로 답답하고 무거운 분위기일 수밖에 없었다. 그러니 내가 한잔 하고는 그 술잔을 영업담당자에게 권했고, 그도 마시고 나서는 바로 술잔을 나에게 돌리는 것이 반복되었다.

이렇게 하다 보니 별 대화 없이 두 사람만의 술잔 건네기가 쉴 세 없이 계속되는 것이었다. 도우미 여자들이 중간 중간 술잔을 받기는 하였지만 두 사람이 양주 세 병을 10시쯤이 되어서는 거의 다 마셔가는 상태가 되었다.

이때쯤 되어서 그 영업담당 부장이 KICO와 프로젝트를 계속 협력 할 것이며, 이번에 연장계약까지 하겠다는 말을 하는 것이었다.

거기에 다른 프로젝트의 데이터처리를 추가할 것이니 3개월 내에 생산량을 50% 증가할 수 있는 준비를 해달라고 하는 것이었다.

영어를 듣는 것이 가장 약했던 내가 취중에도 그 말은 어찌나 똑똑하게 들리는지 놀라울 정도였다.

나는 너무나 반가워서 감사의 표시와 함께 추후로는 문제가 없게 최선을 다하겠으며, 생산량증가를 위한 투자와 준비를 하겠다고 답변을 하였다.

그는 내일 출근을 해서 오전 중에 새 계약서를 작성하고 서명을 하자고 하였다.

그리고 나머지 술을 마시고 자리에서 일어섰다.

그런데 갑자기 일어서려 하니 취기에 앞이 캄캄하고 아무 것도 보이지 않는 것이었다.

그 순간 나는 어떤 일이 있어도 저 두 사람을 호텔로 보낼 때까지는 내가 정신을 놓으면 안 된다고 다짐을 하며 순간 정신을 가다듬고 밖으로 나와서 그 두 사람을 대기시켰던 회사 차에 태워 호텔로 모시게 하고 난 후, 나는 내 차에 몸을 던지듯이 쓰러지며 영등포 역 앞에서 나를 깨우라고 기사에게 말하고 정신을 잃어버렸다.

평소에 술을 즐기지 않는 내가 약 2시간 동안에 조니워커 1병반을 마시는 것이 아니라 목구멍으로 부어넣은 것이다.

술을 스폰지에 물을 붓듯이 마시는 그 체구 좋은 상대와 쉴 사이 없이 대작을 하며 -------

그냥 긴장과 오기가 술을 마신 것이었다.

잠깐 눈을 감은듯한데 기사가 나를 깨운다.

영등포 역이다.

11시 반쯤 된 것 같다.

그때는 12시가 되면 통행금지가 된다.

35세의 부장이 50세가 다 된 회사의 기사 분을 통행금지 시간에 부천의 우리 집까지 가자고 할 수가 없었다.

날씨는 더운 여름이었다.

나는 영등포 역에서 기사를 귀가하라고 하고 건너편 택시 타는 곳으로 걸어갔다.

그런데 너무 취해서 정말 걸음을 옮기기가 힘들고 길거리에 누워서 그냥 자고 싶은 심정이었다.

그래도 억지로 참고 택시 타는 곳까지 왔다.

그때는 영등포 역에서 인천까지 30분 정도에 가는 영업용 택시들이 있었는데 이 택시를 일명 총알택시라고 불렀다.

정말 목숨을 걸고 타는 택시였다.

그것도 얻어 타기가 쉬운 것이 아니었다.

이 총알택시는 요금을 메타기에 따라 받는 것이 아니었다.

나는 총알택시들이 보통 받는 금액의 2배를 소리쳤다.

그리고도 기사가 다른 승객을 합승을 하도록 동의를 해야 한다.

택시 1대가 내 앞에 정차를 해주었다.

나는 마찬가지로 부천역까지 하고 외치고 뒷좌석에 몸을 그냥 던져버렸다.

잠시 눈을 감았는데 택시기사가 부천 역 앞이라고 알리는 것이다.

나는 몸을 가누어 일어나 요금을 지불하고 그야말로 다 풀린 다리를 억지로 옮겨서 집에까지 왔다.

그런데 마당에서 마루를 올라갈 수가 없는 것이다.

너무 취한 상태라 그 마루에 올라가려고 시도를 하다가는 먹은 것을 소화시키지 못하고 실수를 할 것만 같았다.

나는 술을 먹고 집에 가면 아내와 두 아이들에게 흐트러진 모습을 보이지 않으려고 깨끗이 씻고 잠자리를 내가 직접하고, 아이들이 깨어 있으면 안고서 못 부르는 노래를 한번 부르고 바로 잠자리에 드는 습관을 가지고 있었다.

이날은 내가 마루를 오르다 실수를 할 것만 같아 할 수 없이 유치원 다니는 아이들이 마당에서 놀 때 사용하도록 사다놓은 군용야전침대를 마당 한쪽으로 놓아달라고 하고, 거기에 옷을 입은 채로 엎어지면서 아내에게 담요를 덮어달라고 부탁을 하고는 잠에 곯아 떨어져버렸다.

나는 술을 마시고 잠이 들면 4시간 정도 지나서 일단 잠에서 깨는 습관이 있었다.

이날도 아침에 잠에서 깨니 새벽 6시쯤이었다.

쉴새도 없이 일어난 그대로 출근준비를 하고 아내가 준비해준 물을 좀 마시고는 전철을 타고 회사에 와서 아침회의에 들어갔다.

사장 옆에서 어제의 일부터 보고를 드렸다.

그 결과가 오늘 가장 중요한 보고사항이기 때문이었다.

보고를 듣고 안심을 하신 사장께서 그제서야 어제 얼마나 마셨기에 아직도 이렇게 심하게 술 냄새가 나느냐고 묻는 것이었다.

나도 내가 숨을 쉴 때 내 코에서 양주의 향내가 나는데 멀쩡한 사람이 옆에서 맡기에는 별로 좋은 냄새는 아니었을 것이다.

관리과에 계약에 대한 업무처리를 하도록 인계를 하고 나는 회사 숙직실로 내려갔다.

아마도 버클리의 그 두 미국인들은 젊은 내가 자신들과 회사에 대한 책임감으로 못하는 술을 오기로 끝까지 자기와 대작을 하는 젊은 이국인을 보면서 나에게 믿음을 주지 않았을까 생각하며 깊은 잠으로 빠져들었다.

지금도 그때 그 두 미국인들의 믿음과 호의에 감사의 마음을 가지고 있다.

그리고 나의 주량은 조니워커 1병반으로 기록을 남기게 되었고, 그 이후 아직까지 그 기록을 다시 갱신하지 못했다.

여비서와 꽃

우리나라에 투자신탁이라는 금융업무가 본격화되는 첫 회사였다.

이 투자신탁 업무를 처음 전산화하게 된 회사가 한국투자신탁이었다.

이 회사와 KICO가 투자신탁업무에 대한 경영 전산화개발을 협의하게 되었다. 이 프로젝트는 어떤 경로로, 누구의 소개로 시작하게 되었는지는 모르겠다. 하루는 사장님이 나를 불러 한국투자신탁이 새로 설립된 회사인데, 그 회사 사장을 만나서 회사소개를 하고 전산개발업무 수주를 하라는 것이었다.

나는 참으로 막막하고 답답한 생각이 들었다.

투자신탁회사가 어떤 일을 하는 곳인지 생전 듣지도 보지도 못한 데다가 그 사장의 이름도 회사의 위치도 모를 뿐더러, 연령이나 직위가 많은 차이가 나는 분에게 직접 찾아가서 만나야한다는 것은 물론이고, 지금은 상식으로 되어있지만 그 당시는 생소한 분야인 투자신탁이라는 업무에 대한 것을 전산화하는 설명을 하고 수주를 해오라는 말이 안 되는 지시를 받았다.

30대의 젊은 나는 새로운 일을 만나거나 주어지면 항상 나를 시험하고 훈련한다는 생각과, 이 문제를 극복하고 나면 더 큰 일에 도전할 수 있는 경험과 능력, 그리고 용기를 얻을 수 있을 것이라는 생각으로 임했다.

그래서 해보지도 않고 어렵다는 말을 하고 싶지가 않았다.

이리저리 투자신탁이라는 것이 무엇인지에 대해서 조사를 하고 나름 대로 준비를 한 다음 소공동 쪽인 것으로 기억되는 회사사무실 위치를 알아보고 사장실로 찾아갔다. 회사 초기라 사장실까지 가는 과정이 복잡하지는 않았다.

사장실에 부속된 비서실에 들어섰다.

사실 그 회사입구에서부터 사장실까지 가는 발걸음이 가볍지가 않았다.

도무지 자신이 없었다.

비서실에서 제지당하지 않을까?

만나주실지? 만나면 무엇부터 이야기를 하여야할까?

내가 조사하고 준비한 것이 너무 수준미달은 아닐까?

반복해 생각하며 머리가 복잡하고 마음이 불안하기도 하였다.

그러니 자연 발걸음이 무거울 수밖에 없었다.

그렇게 무거운 마음으로 비서실에 들어서니 비서여직원이 자리에 앉았다가 일어나며 해맑은 미소를 지으며 어디에서 무엇 때문에 왔으며 누구인지 질문을 하였다.

키가 크고 머리를 길게 길러 뒤로 붙들어 매고 하얀 원피스를 입었으며 목이 길고 이목구비가 또렷한 미인이었다.

나는 우정 태연하게 명함을 주면서 회사와 이름을 말하고 온 목적을 말하였다.

그 비서여직원은 상냥한 목소리로 지금은 회사에 계시지 않으므로 왔었던 것을 사장에게 전하고 어떤 말씀이계시면 전화를 주겠다고 하였다.

나는 불쑥 찾아와 면담을 요청한 자신이 실례를 한 듯 쑥스러워 하며 돌아서나왔다.

한편으로는 사장이 부재중인 것이 다행스럽기도 하고 반갑기도 하였다.

정중한 거절을 당한 것으로 해석을 하며 머릿속이 복잡한 걸음으로 회사로 돌아왔다

나는 첫 고객을 방문할 때 늘 이런 목표를 설정한다.

열 번 찍어 안 넘어가는 나무가 없다는 우리의 속담이 있다.

첫 번째 만남에서는 거절을 당하게 될 것이다..

그렇지만 두 번째 방문의 빌미를 만드는 것을 목표로 하였다.

두 번째 방문에서는 의자를 권하게 할 것이다.

그때는 나의 말을 듣도록 하고, 전화나 다른 연락으로 세 번째 만남을 약속하도록 할 것이다..

세 번째 만남에서는 상대가 필요한 것을 나에게 말하게 할 것이다.

그렇게 해서 네 번째는 나를 찾아오도록 할 것이다.

네 번째는 상대가 나의 사무실을 찾을 것이다.

서로 의견을 설명하고 공감하게 하고, 다섯 번째는 계약에 대한 의견이 나오도록 하는 것을 목표로 한다.

다섯 번째 우리는 서로 좋은 파트너가 되는 것이 목표이다.

모든 일은 목표가 분명해야 효과적인 성과를 낼 수 있는 것이다.

그래서 인생도 항상 다음의 목표를 분명히 설정하고, 목표 지향적인 사고를 계속할 필요가 있다고 생각한다.

나는 회사로 돌아와서 내일 어떻게 다시 방문을 할까 곰곰이 생각하였다.

그리고 복잡한 생각으로 자신 없이 회사에 갔었던 나의 모습과 아름다운 여비서를 생각하며, 내일 방문전략을 새웠다.

자신감과 용기를 가지고 도전해보자.

깔끔하게 이발을 하고 머리칼을 정리하고 화장을 한 다음 향수를 뿌리고, 꽃다발을 준비하고, 예쁘게 포장한 초콜릿을 선물로 준비해서, 프러포즈하듯 선물을 전하자.

때로는 평범한 곳에 길이 있기도 한 것이다.

나는 위의 모든 준비를 해가지고 오전 10시 30분쯤 다시 그 사장비서실을 찾았다.

그 미녀비서는 전날과 똑같은 모습으로 나에게 인사를 하는 것이었다.

나는 용기를 내어 너무 예쁘신 분이라 꽃을 선물하고 싶었고, 초콜릿을 좋아할 것 같아 함께 준비했으니 받아달라고   하였다.

의외로 그 비서여직원은 얼굴에 가득히 함박웃음을 웃으며 꽃을 받아 들고 기뻐하며, 자신이 초콜릿을 좋아하는 것을 어떻게 알았느냐고 반문을 하는 것이 아닌가?

순간 다행이다 싶은 생각에 마음이 한결 가벼워지는 기분이었다.

여자는 아름다움에 대한 칭찬과 꽃을 좋아한다는 평범한 진리도 알아 둘 필요가 있는 것이다.

사실 나는 고민하다가 이렇게 일반적 추리에 착상을 하였다.

미인일수록 아름다움에 대한 칭찬을 좋아한다는 것,

꽃을 싫어하는 여자는 없다는 것,

일반적으로 여자들이 초콜릿과 아이스크림을 좋아한다는 것에 착상을 하고 여기에 명분을 잘 정리해서 스토리를 만들었던 것이다.

마음에 여유가 생긴 나는 그 비서 직원에게 다시 나를 소개하고 내가 사장님을 뵙고자하는 취지를 설명한 다음, 어렵겠지만 잠시만 사장님의 면담기회를 만들어주기를 부탁하였다.

지금은 임원회의 중이니 내일 오후 2시에 일정을 만들어보겠으니 오전에 통화를 하자는 것이다.

나는 쾌재를 부르고 전날보다는 가벼운 마음으로 회사로 돌아올 수 있었다.

그리고 다음날 오후에 그 회사 사장님을 만날 수 있었고, 그 회사 기획실의 전산화 담당대리인 이 대리를 만났고, 의기투합해서 한국에서 처음으로 투자신탁업무를 개발하게 되었고, 이것은 똑같은 업무를 하는 대한투자신탁주식회사에까지 확대수주를 할 수 있는 기회가 되었다.

이때 한국투자신탁 업무개발에 참여를 했던 KICO 직원인 김재수씨가 이 회사의 전산실부장을 거쳐 지점장까지 하고 퇴직을 하였고, 그 다음 황세균씨는 대한투자신탁개발에 참여하고, 개발 후 그대로 그 회사에 스카우트 되어 역시 전산실부장과 지점장을 한 뒤에 퇴직을 하였다.

나는 이 프로젝트를 추진하며 어떤 일이든 목표를 분명히 하고 고심을 하면 해결의 길이 보인다는 것을 알았다.

그리고 어떤 일을 추진할 때는 직위고하에 너무 연연하지 말고 실제로 나의 일을 도와줄 수 있는 사람이 누구인지 객관적으로 파악할 필요가 있다는 것을 알게 되었다.

사람을 움직이는 것은 논리정연한 지식보다 오히려 작은 감동을 주는 것이 더 효과적일 수도 있다는 것이다.

작은 꽃다발과 초콜릿 한 상자의 정성이 그 여비서를 감동하게 하였고, 그 감동으로 사장을 만날 수 있었고, 그 만남이 투자신탁사업을 하는 두 회사의 경영 전반의 업무를 전산화하는 프로젝트가 되었다.

그 여비서의 도움을 지금도 아름다운 추억으로 기억하고 있다.

인사의 고뇌

내가 부장 때였다. 사장께서는 회사 내외의 실무적 관리는 거의 나에게 일임하시고 대외 일에 치중하시게 되었다.

그러다보니 나는 일반적으로 사장님께 보고하고, 결제 받고 하다보면 하루에 열두 번 이상 사장님과 면대를 할 때도 있었다.

어느 날 사장께서 나를 부르시더니 인사에 대한 의견을 물어보시는 것이었다.

'C' 과장과 'K' 과장에 대한 진급에 대하여 나의 의견을 물어보시는 것이었다.

'C' 과장은 프로그램을 개발하는 기술이 탁월하고 인간관계가 원만하고 남녀 구분 없이 부하들에 대한 통솔력도 있었다.

'K' 과장은 수학을 전공하고 수리에 대한 이론 지식이 우수하고 기술부문 프로그램 능력이 탁월하였다.

나는 두 사람의 능력에 대하여 우열을 가리기에는 차이가 없다고 생각한다는 말씀을 드렸다.

둘 중에 한 사람을 진급 시킨다면 누구를 추천할 것인지 의견을 물어보셨다. 그렇다면 김 과장을 추천한다고 말씀드렸다.

이유를 말하라고 주문을 하셔서 'K' 과장이 특별히 더 우수하다기 보다는 정 과장에게 약간의 하자가 있기 때문이라고 말씀드렸다.

좀 집요한 성격이 신 사장께서는 그 하자가 무엇이냐고 또 질문을 하시는 것이다. 그래서 그것은 개인의 프라이버시와 관련이 있으므로 지금 말씀드릴 수가 없으니 그냥 참고만 하시고 더 묻지 말아달라고 하고 사장실을 나왔다.

인사는 내가 제시한 의견이 참고가 되었는지는 모르겠으나 추천한 대로 진행되었다.

정 과장은 불만이 대단하였다.

결국 이 인사에 대한 불만이 몇 개월 후 정 과장이 다른 회사로 옮기는 결과가 되고, 또 다른 이 과장이 사표를 내는 결과로 연결되었다.

인사를 하신 직후에 사장님께서는 정 과장의 불만과, 또 다른 직원들이 이상준 부장이 사적으로 김 과장과 더 친해서 그를 추천했다는 그들 나름의 의견을 들으시고 내 추천에 의하여 인사를 잘못한 듯한 불만스런 표현을 나에게 몇 번 하셨으나 나는 변명을 할 수가 없었다.

비록 나의 의견 때문에 승진에서는 누락이 되었다고 할지라도 회사 초창기부터 정 과장이 희생적 자세로 회사를 위하여 노력한 과정을 잘 알고 있었으며 그런 그를 아끼고 있었기 때문이다.

그런데 그의 하자를 말하게 되면 그는 중징계를 받아야 되고 즉시 회사를 떠나야 되기 때문이었다.

인사시기에 그가 이런 중대한 실수를 하였고 그것을 알고 있는 나는 공적인 입장에서 그를 추천할 수가 없었다.

문제가 컸지만 그가 징계 받고 회사를 퇴사당하는 것은 사적으로 원하지 않았기 때문이기도 했다.

이렇게 나는 정 과장에게서 불평을 들어야했고, 사장과 전무를 비롯하여 직원들의 의혹의 눈초리를 받으면서도 그 사실을 밝혀 나의 답답함을 풀 수는 없었다.

그런 상태에서 그 해명을 한다면 정 과장은 정말 얼굴을 들고 회사에 나올 수가 없게 되기 때문이다.

그러니 그를 개인적으로 보호하지 않을 수가 없었기 때문이다.

그냥 벙어리 냉가슴이 되어야했다.

그렇게 약 2~3개월이 흘렀다. 사장이 나를 사장실로 불렀다.

그리고 정 과장에 대한 인사상의 하자가 이것이냐 하며 아시는 사실을 먼저 말씀을 하시었다. 나는 아무 대답도 하지 않았다.

그제서야 사장이 먼저 부하인 나에게 오해를 했다고 사과를 하시는 것이었다.

정 과장은 지금도 그 하자가 진급에 불리하게 작용했다는 사실을 모르고 있다. 그냥 그때의 일을 잊어버렸으면 좋겠다.

나는 지금도 그 사실을 그에게 말할 자신이 없기 때문이다.

이 사실은 인사에 관여했던 그 사장님과 나만이 아는 비밀이 되었고, 그 사장님은 약 9년 전에 이미 작고를 하시었다.

이제는 나만이 아는 비밀이다.

이제 얼마 후면 이것은 이 세상에 없는 비밀이 될 것이다.

그렇지만 그때를 기억하는 동료직원들은 아직도 내가 편파적 인사를 하였다고 생각하고 있을 것이다.

그래도 해명할 수가 없는 일이다.

그때 인사에서 또 하나의 사건은 이 과장을 프로그램개발 분야에서 자료처리과장으로 발령을 냈었다.

나와 사장님의 인사평가에서 이 과장은 추후에는 프로그램 엔지니어 보다는 경영적 훈련을 시켜, 일반관리자로 훈련을 하는 것이 본인의 성격과 장래성에서 더 기대가되므로 전문기술력보다 관리기능이 더 요구되는 자료과장의 임무를 맡기기로 하였다.

그래서 대리에서 과장으로 승진과 동시에 자료과장으로 임명을 하였던 것이다. 그런데 인사에 불만이 큰 다른 사람들이 자료과장 임명을 받고 의아해하는 이 과장과 함께 회사의 인사에 대한 불평불만을 토로하면서 이 과장도 이 부장한테 밉게 보여서 별 볼일 없는 자료과장으로 좌천된 것이니 다른 회사로 이직을 하라고 부추긴 것이다.

좀 단순함과 우직함이 있는 이 과장은 이런 이야기를 반복해서 듣는데다가 여직원이 많은 부서를 관리하면서 오는 스트레스가 누적이 되면서 신경이 날카로워지니까 아예 사표를 내고 시골에 있는 친척집의 농장으로 낙향을 하여 그 농장에서 혼자 숙식을 하면서 3년 정도를 휴양을 하는 결과가 왔었다.

나는 안타까움과 도의적 책임감을 느껴 그 당시 버스도 다니지 않는 그곳을 물어 물어서 몇 번을 찾아가 위로하고 격려를 하였다.

그 'L' 과장하고는 계속 인연을 가지고 호형호제 하면서 지금까지 살아오고 있다.

주위 사람들의 잘못된 인식이 이렇게 한 사람의 인생을 바꾸어 놓기도 하고, 한때의 작은 실수가 자신의 운명을 바꾸기도 한다.

또 나만이 알고 있는 듯한 비밀도 하늘도 알고 있다는 것을 알아야 한다.

일반적으로 조직의 인사에 대하여 의문이 있을 때에는 먼저 그 결과가 오게 된 이유에 대하여 자신을 먼저 돌아보는 것이 좋다.

또 조직에서 왜 이러한 인사결정을 하게 되었는지 조직의 입장에서 객관적으로 관찰하는 것이 바람직하다.

조직이 인사를 할 때에는 보편적으로 개인의 과거실적, 현재의 능력, 미래의 기대를 가지고 평가하고 결정하는 것이다.

대부분의 경우 개인들이 생각하는 것처럼 편협되거나, 사적인 인연으로 인사결정을 하지는 않는다.

욕쟁이 계장님

1977년 전후에 각 지방 자치단체들이 세정업무를 전산화하기 시작한 때였다.

KICO도 여러 지방자치단체들의 세정업무의 전산처리를 위탁받아서 하고 있었다.

그 중에서 개발부 김 부장이 처리해 납품한 목표시청의 세정업무전산처리 결과가 계산상 오류로 인하여 지방세 부과고지서를 보낼 수 없게 되어 과세와 징수에 차질을 빚게 되었다.

김 부장님은 나와 사장님의 대학 선배이신 분이다. 성품이 원체 선비 같은 분이시다.

흔히 하는 말로 그런 분만 있는 세상이라면 속세의 법이 필요가 없다고 하는 평을 받는 분이시다.

자연 목표시청 세정과로부터 항의가 빗발치고 변상조치 등의 긴장된 분위기가 조성되고 있었다.

그런데 사장께서 나를 부르시더니 목포시청을 다녀오라는 지시를 하는 것이었다.

그때 나의 담당부서는 업무부이고, 36세의 젊은 부장이었다. 그리고 개발부의 김 부장께서는 물리학을 전공하시고 학자 같은 성격의 분으로서 48세 정도 되셨을 때였다.

그리고 1시간이 좀 더 걸려서 그 계장은 혼자서 다시 다방으로 와서는 앉지도 않고 점심을 먹으러 가자고 하였다.

나는 따라나서며 어떤 음식을 좋아하시는지 물었다.

그는 그냥 따라오라고 하더니 택시를 잡아타고 어느 식당으로 가자고 기사에게 말을 하였다.

소문이 나있는 식당인 것 같았다.

더 물어보지도 않고 택시는 목포 항구를 돌아서 해변가를 따라 한참을 달려가고 있었다.

그런데 계장은 잠시도 쉬지 않고 무어라고 계속 이야기를 하는데 10개의 단어 중에 9개는 욕을 담아서 말을 하는 것이었다.

다 기억나지는 않지만 기억나는 것만 하여도 여기에는 너무 심해서 올릴 수가 없다.

나는 지금까지 들어본 적이 없는 이상한 욕만 골라서 하는 것 같기도 하고 무슨 욕 사전을 다 외우고 있는 것 같기도 하였다.

그러는 동안 택시는 해변가를 끼고 한참을 달려서 아주 외딴 바다가 언덕의 가파른 경사에 기대어 지은 식당에 우리를 내려놓았다.

주위의 눈에 띄는 범위 안에는 집이 한 채도 보이지 않는 곳이었고, 앞쪽 바닷가에 높은 기둥을 세워 높이고 뒤쪽은 산언덕에 붙여서 지은 식당이었으므로, 바다 쪽으로 전망이 탁 트여서 수평선이 멀리 보이는 그런 장소였다.

그 집에는 그날 손님이 계장과 나 둘 밖에 없었다.

식당은 회를 전문으로 하는 집이었다.

시간은 아직 12시가 좀 안된 시간이었는데, 계장은 앉자마자 음식과 술을 주문하였다.

계장은 계속 누군가를 욕을 하고, 나에게 농담도 하면서 이야기를 계속하는데 역시 계속 욕이 대화의 90%이상을 차지하였다.

아침에 다방에서 만나서 지금까지 계장 혼자 거의 말을 하는데 욕이외에 들어두어야 할 단어는 10마디도 안 되는 것 같았다.

아무튼 이 계장은 두주불사의 주량인 것 같았다. 마시는 것이 아니라 술통에 부어넣는 느낌이 들 정도였다.

이 계장을 접대해야하는 나도 최소한도의 대작은 안할 수가 없는 것이었다.

그 계장이 2~3잔을 마시면 나도 한잔은 마셔야하는 것이 아니겠는가?

그러면서 그 식당에서 오후를 지나 저녁까지 하게 되었다.

그때서야 그 계장은 다시 작업을 하는데 얼마의 시간이 필요하냐고 질문을 하는 것이었다.

내가 하루 종일 이곳에 볼모가 되어 대작을 하면서 기다린 질문이 이제야 나온 것이다.

나는 신중하게 7일은 걸린다고 하였고, 속으로는 5일만 주면 어떻게 해볼 수 있을 텐데 하며 취기가 가득한 상태에서 당나귀 귀를 하고 그의 답을 기다렸다. 그런데 계장이 10일을 줄 터이니 이번에는 틀림없이 약속을 지켜야한다고 다짐을 하는 것이었다.

나는 술이 취해서 취중에 하는 말인지, 내가 취해서 잘못들은 것인지 의문이 가서 그 계장에게 며칠이냐고 다시 물었다.

취중에 그 계장은 내가 일자를 더 달라고 하는 것으로 들은 것 같았

넷째는 순천에 가서 인물 잘났다는 자랑하지 말라는 것이었다.

다섯째는 여수에 가서 돈 많다는 자랑하지 말라는 것이었다.

이렇게 재미있는 이야기를 나누며 내일 광주시청의 일을 위하여 총 알택시를 타고 광주로 돌아왔다.

지금도 그 욕쟁이 계장님의 거칠면서도 정감이 그득하고 넉넉한 인 품을 생각하며 한번 만나고 다시 뵐 수 없었던 인연이 아쉽기만 하다.

실력과 능력

내가 KICO에서 근무하고 있을 때 초창기 회사임에도 소위 SKY 대학의 출신들이 여러 명 입사를 하였다.

그 중에서 서울공대 원자력공학과를 졸업한 김모 직원과 같은 공대 응용수학과를 졸업한 다른 김모 직원이 있었다.

그 두 분과의 일화가 생각이 난다.

여기에서 내가 한 가지 에피소드를 말하고자 하는 것은 실력이 있다 없다 하는 것에 대하여여 논하거나 비교하려는 것이 아니다.

직장에 처음 들어오는 사람들이 착각을 하는 것이 있어서 그 점을 말하고 싶은 것이다.

학교에서의 경쟁은 학점으로 경쟁을 하고, 시험지의 성적으로 경쟁을 하고, 나 혼자의 실력으로 경쟁을 하는 것이 대부분의 경우다.

이러한 관성이 직장에 나와서도 같은 것으로 착각을 하거나 오판을 하는 경우가 비일비재하고 이것이 잘못된 생각이라는 것을 깨닫는데 상당한 시간이 걸리는 경우가 많다.

영원히 깨닫지 못하는 사람들도 많이 있지만 ------,

이런 일이 있었다.

두 직원이 포함되어 개발하는 프로젝트가 있었다. 약 6, 7명이 한 팀이 되어 프로젝트를 개발하고 있었다.

그런데 개발할 프로그램을 배정하면 이 두 사람은 항상 먼저 개발을 하고 여유시간이 생기는 것이었다.

그래서 나는 프로그램을 추가로 배정을 하였다.

그런데 이 두 사람이 나를 찾아와서 항의를 하는 것이었다.

자기들은 부여된 임무를 다 완수하였는데 왜 임무를 더 부가하느냐 하며, 불공평하다는 항의였다.

그래서 당신들은 일이 끝나서 놀고 있지 않느냐.? 그러니 더 임무를 부여받는 것은 당연하지 않느냐 하고 반문을 하였다.

절대로 더할 수가 없다는 것이었다.

부장이 불공평한 명령을 하는 것이므로 절대로 수용할 수가 없다고 당당하고 완강하게 거부를 하는 것이었다.

아주 흥분까지 하면서 --------.

그러면 부장인 나는 공평한 업무수행을 위해서 당신들의 고과평가를 다른 팀원들과 똑같은 점수로 평가를 할 것이고, 상여금도 똑같은 등급으로 할 것이며, 승진평가도 똑같은 점수로 평가를 하거나 그 이하로 할 것이다.

아니 다른 팀원들이 당신들보다 더 많은 프로그램을 개발하고 더 좋은 평가를 받을 수도 있다.

거기에다 당신들은 먼저 개발했다고 놀고 다니며 다른 사람들의 업무 분위기를 방해하고 팀 단결을 해쳤으니 반대로 평가절하 할 수도 있다.

그렇게 해도 불평불만이 없으며 승복을 하겠는가?

그 두 사람이 반문을 하였다.

187

무슨 말씀을 하는 것이냐?

자기들은 프로그램을 빨리 개발하는 실력이 있지 않느냐?

그러니 더 좋은 평가를 받아야 공평한 것이 아니냐?

아주 강하게 항의를 하는 것이었다.

당신들이 다른 사람들보다 같은 시간에 더 많은 프로그램을 실제로 생산하였다면 그 실력을 객관적으로 인정할 수 있는데, 더 생산한 것이 없지 않는가?

당신들이 실력이 있다는 것은 주관적인 주장일 뿐, 객관적 근거가 없지 않는가?

당신들의 실력을 모든 사람들에게 객관적으로 증명할 수 있는 근거가 어디에 있는가 하고 반문을 하였다.

그 외에도 당신들이 다른 팀원들보다 회사에 더 기여한 것이 무엇인가? 하고 반문을 하였다.

회사는 누가 프로그램을 한 시간 더 빨리 개발했는지, 아니면 한 시간 더 늦게 개발했는지는 중요하지 않다.

목표한 시간 내에 누가 더 많은 결과를 내어놓았는지가 중요한 평가 가치인 것이다.

이렇게 회사의 입장에서 보면 이 두 사람들은 다른 팀원들과 똑같은 결과를 생산해냈을 뿐이다.

그러니 회사의 관점에서는 똑같은 생산을 해낸 사원일 뿐이다.

그리고 나머지 팀원들은 부족한 점을 서로 협력하며 해결하는 협동 정신도 발휘한 것이다.

유능한 사람은 자기 혼자의 힘으로 모든 것을 해결하는 것이 아니고,

옆으로 동료들의 협조를 받을 줄 아는 사람이고, 유능한 관리자는 상사와 부하의 지원을 받을 줄도 아는 사람인 것이다.

수평 수직적으로 또 입체적인 협력을 끌어낼 수 있는 둔재는 비록 혼자이지만 같은 시간에 다수의 능력과 협조를 얻어 다양한 능력을 발휘할 수 있다.

천재이지만 고립된 조직원은 같은 시간에 자신 한 사람의 실력 이상을 발휘할 수 없는 것이다.

그러니 오늘 내가 동료를 위해서 협력하고 도움을 주는 것은 후일 내가 도움을 받기위한 투자이기도 한 것이다.

자기만 가지고 있는 천재의 지식은 개인적인 실력이 될 수는 있어도 그것이 바로 조직이 필요로 하는 사회적 능력은 아닌 것이다.

나의 실력을 인정받으려면 그만큼 조직과 사회가 필요로 하는 결과를 생산해야하는 것이다.

또 후일 더 많은 일을 할 수 있는 능력을 키우기 위하여 조직의 동료들과 협력하고 그들이 나의 지원을 필요로 할 때 지원을 아끼지 않는 것은 후일 동료들의 협조와 지원을 받기위한 사전투자인 것이다.

이것이 바로 실력을 능력으로 승화시키는 길인 것이다.

이날 이후 이 직장의 두 후배는 회사에 탁월한 능력을 인정받았을 뿐만 아니라 한 직원은 동아건설에 스카우트 되어 리비아 수로건설 프로젝트 공정관리시스템을 구축하는 등 많은 일을 하고 50이 넘어서는 나와 함께 회사를 설립하여 사장을 하였다.

그리고 지금은 건강을 위해 피지에서 노후를 행복하게 보내고 있다.

또 한 사람은 대한보험에 스카우트 되어 전산부장과 임원을 거쳐 퇴직을 하였다.

그리고 지금도 우리는 만나면 그때의 그 토론에 대하여 기억하고 회상하며 이야기를 나누고는 한다.

사전에 있는 뜻과 차이는 있지만, 나의 경험을 통하여 실력과 능력의 차이를 나는 이렇게 경험적으로 정의를 해보는 것이다.

경쟁의 동반자

1978, 9년경의 일일 것으로 기억이 된다.

대전에 본사를 두고 있는 수자원개발공사의 프로젝트를 수주하기 위하여 추진을 하고 있을 때의 일이다.

그때 수자원개발공사의 관재부문에서 자산관리전산화를 위한 프로젝트가 추진되고 있었다.

KICO는 이 프로젝트의 기획에서부터 수자원개발공사의 관재담당자와 협력하여 개발계획을 수립하는 지원을 하였다.

일반적으로 전산화에 대하여 경험들이 없기 때문에 어떻게 하는 것인지 방법에서부터, 추진단계, 소요자원, 소요비용, 개발기간, 문제점과 효과 등 계획수립을 하기가 어려웠던 때이므로 KICO 같은 전문회사와 협력하여 내부기획을 수립하고, 개발계획의 승인을 받고, 예산을 확보한 다음 발주가 시작된다.

이렇게 기획단계에서부터 실무자를 도와 무상으로 지원하는 경우가 거의 대부분이다.

그런데 모든 내부절차가 끝나고 난 다음에 발주를 하고 회사를 선택하고 계약을 하려면 대부분 공개경쟁입찰 방법으로 하게 되는 것이었다.

그러니 엄격히 말하면 우선 무료로 사전지원을 한 회사는 프로젝트

정보의 면에서는 유리하지만 원가의 면에서 불리한 것이다.

왜냐하면 사전에 이미 컨설팅을 위한 비용을 투입했으므로 계산상으로는 제안금액의 원가가 높을 수밖에 없는 것이다.

공개경쟁입찰을 하게 되어 수주회사가 바뀌게 되면 발주기관의 담당자 입장에서는 프로젝트계획수립을 함께함으로써 이미 업무에 대한 이해를 서로 하고 있는 상대가 바뀌고 새로 처음부터 시작해야하므로 업무의 효율성이 떨어지고 생소한 사람들과 일을 해야 하는 불편함도 있게 된다.

알려진 바와 같이 소프트웨어프로젝트의 특성이 비가시적인 대상이라, 많은 대화와 상당시간의 연구를 통하여 개발대상 프로젝트를 상호 인식하고 공감할 수 있게 되는 특성을 가지고 있는 것이다.

그러니 수주를 원하는 사전 컨설팅회사는 상당시간을 투여하여 발주기관 측에 소프트웨어 엔지니어링을 이해하도록하는 과정이 필요하고, 지원을 받은 발주사의 담당자는 많은 대화와 자료를 제공하여 컨설팅회사 측에 프로젝트의 내용을 인지할 수 있도록해야 하는 것이다.

따라서 상대가 변경되는 경우에는 이러한 과정이 다시 필요하고 그만큼 시간과 노력을 다시 투여해야 되는 것이다.

그래서 서로를 필요로 하니까 서로 협력할 방안을 연구하게 된다.

여기에서부터 소프트웨어의 특성이 고려되지 않은 프로젝트 발주규정 때문에 규정을 벗어난 편법과 담합이 시작되는 것이다.

그때 수자원개발공사의 상황도 마찬가지다.

예산회계규정의 범위 내에서 최대한 할 수 있는 방안은 지명경쟁 입찰 방식인 것이다.

입찰은 2개 회사가 지명을 받아 경쟁 입찰방식으로 하도록 내부에서 만들고, 그 2개 회사 중, 한 회사는 물론 KICO로 하고, 다른 한 회사는 KICO와 업계 1, 2위 경쟁 상대인 'K' 회사로 하기로 하였다.

그렇게 해야만 지명경쟁 입찰의 명분이 될 수 있기 때문이다.

KICO의 입장에서는 가장 거북한 상대이지만 공개가 되어 덤핑이 되고 프로젝트가 엉망이 되는 것 보다는 어렵더라도 입찰자를 줄이고 그 다음의 대책을 세우는 것이 더 효과적이라고 판단했기 때문에 동의를 하였다.

이러한 상황이 진행되는 동안 경쟁사인 'K' 회사는 이 프로젝트의 정보를 접하지 못하고 있었다.

물론 극비로 추진을 하였고, 수의 계약을 목표로 추진하였기 때문이다.

여하튼 상황은 개발프로젝트는 승인이 났고, 지명경쟁 입찰방식이 되었고, 그 상대는 가장 껄끄러운 'K' 회사로 되었으며, 아직 경쟁사는 이 프로젝트의 정보를 모르고 있다는 것이며, 양사의 사장은 절대 양보를 받아드릴 수 없는 경쟁자라는 것이다.

이제는 'K' 회사로부터 담합의 협조를 받아야만 수주에 대한 확신을 할 수가 있게 되는 것이다.

고심 끝에 나는 용기를 내어 'K' 회사의 이 사장을 찾아갔다.

회사에 들어서서 사장을 뵈러왔다고 하였다.

'K' 회사의 간부사원들은 거의 다 나를 알고 있었다.

나는 이 사장이 있는 곳으로 안내되어갔다.

이 사장은 직원들 사무실에서 군만두를 주문하여 직원들과 둘러앉아서 젓가락도 없이 손가락으로 만두에 간장을 찍어 입에 가득 넣고 우걱우걱 씹어 먹으면서 환담을 하고 있었다.

아주 소탈한 그런 모습이었다.

그 사장을 직접 만난 것은 처음이었다.

명함을 건네고 간단히 나의 소개를 하였다.

그리고 부탁의 말씀을 드리러왔다고 인사를 하였다.

그런데 그 이 사장께서는 "아 자네가 그 KICO의 유명한 이 부장이구만" 하고 농담을 하며 호탕하게 웃으시는 것이었다.

자네가 나에 대한 비방을 잘한다며, 하시고 그 내용을 말씀하시는 것이었다.

그 말씀의 내용은 이런 것이었다.

거래선과 수주를 위하여 치열한 경쟁을 하게 되면 나는 양사의 특징을 자연히 거래선에 비교하여 말하게 된다.

첫째는 KICO는 한국의 양대 생명보험 회사와 일본의 대형보험회사가 투자한 법인출자회사로서 전문경영인에 의하여 객관적으로 경영되는 회사이며, 투명하고 신뢰성이 높은 회사다.

우리에게 프로젝트를 발주해주시면 이는 개인의 부를 위하여 기여하는 것이 아니고 법인이라는 공익조직에 기여하게 된다.

둘째는 'K' 회사의 이 사장은 미국의 영주권을 가지고 있으니 반은 미국인이므로 회사의 이익이 100% 국익을 위하여 재투자된다는 보장이 없다.

셋째는 KICO는 직원에 대한 처우가 업계 제일이며, 'K' 회사는 직원의 대우가 열악하다는 등을 설명하기도 하고 주장하기도 하였다.

이렇게 항상 이 부분에 대한 나의 논리를 정리해서 설명을 하였다.

그러니 이런 것들이 어떤 경로로든 이 사장에게 전달되고 보고가 되었을 것이다.

이런 말을 하고 다니는 자가 어떤 녀석인지 궁금하던 차에 제 발로 자기 앞에 나타나서 뚱딴지 같이 무슨 부탁을 하겠다고 한 것이다.

나는 그것은 내가 회사의 임무를 수행하는 과정에서 부득이 한 말일 뿐, 사장님을 개인적으로 비방하고자하는 의도는 아니었다고 말씀을 드렸다.

그는 소리 내어 웃으며, 무슨 부탁이냐고 질문을 하는 것이었다.

나는 수자원공사의 프로젝트를 설명하고 양사를 지명경쟁 입찰자로 하려고 하는데 우리가 수주할 수 있도록 협조해주시기를 바란다고 하였다.

다음에 기회가 있으면 KICO가 반드시 협조를 하겠다고 약속의 말도 함께하였다.

대뜸 이 사장께서는 자기와 한 가지 약속을 하면 협조를 하겠다고 하시는 것이었다. 말씀을 해달라고 했다.

자신이 2, 3일 후에 미국을 가게 되는데, 갔다가 약 20여일 후에 귀국해서 연락을 하면 자기와 단 둘이서만 점심을 하자는 것이었다.

그래서 나는 그 자리에서 약속을 하고 그 사장으로부터 입찰에 필요한 모든 서류를 받아서 돌아왔다.

나는 수자원개발공사의 담당자와 협력하여 입찰행위를 전광석화 같이 끝내고 계약을 하였다.

그 후 그 사장께서 나에게 전화가 왔었다. 만나자고한 약속 때문이었다.

그동안 그 만남의 약속에 대하여 몇 번 생각을 해보았는데, 그때의 업계의 사정으로는 그 자리는 스카우트에 대한 제안을 하실 가능성이 매우 높았다.

나는 이 만남이 회사와 인사상 오해를 만들 가능성도 있고, 이 사장의 집요함을 거절하는 것도 쉬울 것 같지 않아서 그 만남을 거절할 수밖에 없었다.

그때 그 사장님의 흔쾌한 협조가 그 후 양사가 시장에서 치열한 경쟁을 계속하면서도 꼭 필요할 때는 협조할 수도 있는 신뢰를 만들게 해주었다.

또 나에 대해서 보여주신 그분의 관심에 깊이 감사를 드린다.

우리나라 정보산업 최초창기에 산업발전을 위하여 기여한 그분의 노고와 업적에 경의를 표한다.

기업경쟁에서 협력과 견제는 적과의 동침이 아니라, 발전을 위한 동반자의 협력인 동시에 견제라고 인식할 필요가 있다..

파괴된 마스터 파일

1975, 6년 어느 날로 기억한다.

컴퓨터실에서 급보가 올라왔다.

대한생명보험의 마스터 파일이 파괴되었다는 것이다. 머리를 둔탁한 무엇으로 얻어맞은 듯한 기분이었다.

그 파일 속에는 대한생명보험의 모든 경영정보는 물론이고 모든 재산이 들어있는 파일인 것이다.

그 중에서도 모든 보험가입자와의 권리와 의무, 받은 돈과 준 돈, 받을 돈과 줄 돈에 대한 모든 정보가 수록되어있는 파일이다.

만약에 이 파일이 정말 파괴되어 쓸 수가 없게 되었다면 대한생명보험은 그 회사의 존폐의 문제가 생길 수도 있다는 생각이 순간적으로 머리를 스치고 지나갔다.

이 파일은 종이양식에 기록한 계약 자료가 있다고 하더라도, 그것을 다시 컴퓨터에 입력하여 파일을 완벽하게 복구하는데 수개월이 걸려야 한다.

그동안 고객과의 권리의무관계를 어떻게 이행할 수 있을 것이며, 치열한 가입자경쟁을 하고 있는 보험업계로써 회사의 신용은 어떻게 되겠는가?

그 당시 대한생명보험주식회사는 동방생명, 대한교육보험 다음으로 업게 3위의 기업이었다.

대한생명 자사의 직원책임 하에 KICO의 컴퓨터만을 사용하고 있었으므로 회사의 책임문제는 희박하였지만, 책임문제 이전에 한 회사의 존폐가 걸리고, 많은 보험가입자가 손해를 볼 수 있는 사건인 것이다.

책임 여부를 따지기 전에 함께 해결을 위한 노력을 하여야만 했다.

우선 백업 파일은 잘 보관되어있는 것인가?

하드웨어적 결함(Scratch)인가?

소프트웨어적인 프로그램오류인가?

파일 속에 모든 정보가 파괴되었는가? 확인해 들어갔다.

또 업무상 우발적 사고인가?

아니면 고의적 사고인가? 조사해봐야 했다.

전산시스템의 이러한 위험성 때문에 항상 백업파일을 2중 3중으로 유지 관리하는 것은 일종의 철칙으로 되어있었다.

그런데 어찌된 일인지 백업파일조차도 1개는 원본과 마찬가지로 파괴 되어있었고, 제3의 것은 1년이 넘게 관리를 하지 않아서 무용지물이 되어있었다.

다음은 원본이 하드웨어적 사고인지, 소프트웨어적 사고인지를 확인해야했다.

하드웨어적이라면 대한생명과 KICO, 그리고 IBM 사이에 책임문제에 대한 심각한 법적문제가 발생할 수도 있었다.

사고 이후의 다른 디스크파일들은 아무 이상 없이 운영되고 있었으므로 그 문제는 배제를 하였다.

그렇다면 이제 소프트웨어적인 문제이고, 파일 속의 데이터가 안전한지 여부의 확인과 무슨 문제로 파일을 컴퓨터가 인식할 수가 없는지를 확인해야했다. 컴퓨터의 소프트웨어적 반응은 그 파일이 존재하지 않는 것으로 인식되고 있었다.

나는 한전에서 컴퓨터의 시스템을 구축한 적이 있었다.

프로그램이 파일을 인식하지 못하는데는 2가지를 추론해볼 수가 있었다. 파일의 데이터가 완전히 지워지거나 어떤 형태로 변질되어 도저히 복구가 불가능한 경우가 있을 수 있다.

다음에는 원본데이터는 유효한데 그 데이터의 위치를 컴퓨터와 프로그램에 알려주는 위치정보만 파괴되어있을 수도 있다는 가정이 성립되는 것이다. 이것을 확인하는 방법은 그 데이터의 위치정보를 우선 확인해보는 것이다. 마침 KICO에는 컴퓨터의 기억방식인 2진법의 핵사코드(Hexa-Code)를 책을 읽듯이 줄줄 읽어낼 수 있는 그 방면의 천재적 능력이 있는 이상훈 과장이 있었다.

대한생명 마스터파일이 들어있는 하드디스크 팩을 특수기술로 2진법 핵사코드로 덤프를 해내는데 성공을 하였다..

그리고 이상훈 과장이 그 암호 같은 부호를 읽어 내려가기 시작하였다.

파일의 위치 주소가 일단 파괴되어있어야 한다.

그렇다면 원본 데이터가 살아있을 가능성이 높다.

이유는 주소가 틀려있기 때문에 원본파일을 찾아갈 수 없으니까 그 원본파일의 내용은 안전할 수 있는 가능성이 높기 때문이다.

해독 결과 위치정보에 이 파일은 사용하지 않는 정보로 등록이 되어있어서, 프로그램이 그 정보를 인식할 수가 없었던 것이었다.

다음으로 원본파일의 일부 데이터를 해석해본 결과 안전한 상태로 보존이 되어있었다.

이제는 이 위치정보를 어떻게 원상태로 회복하는가 하는 문제이다.

지금은 휴지통에 버린 파일도 쉽게 원상회복을 할 수 있는데 그 당시 기술은 엄청 어려운 문제였다.

이상훈 과장이 매뉴얼을 찾아보고, 기술 검토회의를 하여 어셈블러 (Assembler) 언어를 사용하여 그 위치정보를 원상태로 복구할 수 있었다.

약 2일간이 꼬박 걸렸던 것이다. 사색이 되어있던 그 당시 대한생명 담당자들의 환해진 모습이 지금도 눈에 생생하다.

그리고 그때 대한생명 전산실 직원들 중에 키가 크고 준수한 미남형으로 활달한 성격이었던 김진규씨는 그 후 오랫동안 교분을 유지하였었다.

지금도 그 모습이 기억에 생생한데 만나면 또 헤어지는 것이 인간사라 하지 않는가? 이 글을 쓰며 새삼 만나보고 싶은 분이다.

지금은 이 지구상의 모든 문화와 문명이 컴퓨터화되어가고, 또 하나의 통신망으로 연결되어서 컴퓨터를 떠나서는 잠시도 살 수가 없는 상태가 되었다.

그만큼 생활과 밀접하고 생명줄이 되어있다고 할 수 있다.

그런 만큼 인류에게 줄 수 있는 위험성도 큰 것이다.

어찌 보면 핵 이상으로 그 위험의 폭발성은 상상을 넘어서있다.

인류가 핵의 발명을 후회하듯이 컴퓨터의 발명을 후회하지 않을 수 있기를 기원한다.

컴퓨터가 탄생함으로써 인간은 달을 탐사하게 되었고, 그 탐사는 별이 반짝이는 밤에 나에게 할머니가 들려준 '계수나무와 토끼'의 '옛날 옛적에' 하는 이야기의 추억을 지워버렸고, 이태백이 강 속에 잠긴 달을 건지러 몸을 던진 채석강의 낭만을 잃어버리게 하였다.

이렇게 컴퓨터는 평생 내 기억 속에서 감성의 강을 이루고 있던 추억을 빼앗아갔다.

부처님과 손오공

신입사원 모집이 있었다.

율산그룹이 갑자기 혜성처럼 출현해서 급성장을 하고 있었으며 경제계에서는 율산의 일화가 회자하고 있을 때였다.

신입사원 채용시험을 보고 선발심사를 하고 있었다.

아직 회사가 초창기라 사장과 전무, 그리고 내가 최종 선발자검토를 하고 있었는데, 그 중에 한 응시자가 최종합격자 선발에서 신중하게 검토된 적이 있었다.

총점은 합격점수를 넘어섰고 다른 조건들은 모두 좋은데 적성검사가 과락이었다.

그는 고대 화학과를 졸업했고 해병대에서 군 복무를 하였으며, 면접 시에 아주 씩씩하고 활달한 인상을 주었다.

우리 분야에서는 엔지니어적 특성의 일을 하다보니까 입사지원자나 선발되는 사람들이 이공계 출신이 많고, 그러다 보니 조직분위기도 그리로 흐르는 경향이 많았다.

그래서 대부분 직원들이 영업적인성격의 일을 기피하는 경향이 강했다.

그런데 이 응시자의 면접 시 인상이 다른 응시자에 비하여 인상적이었다.

총점 점수로는 분명 합격선을 넘어 섰는데 과락이 있는 것이 문제였다.

선발기준대로라면 불합격이다.

그런데 면접 시 그가 남긴 인상이 최종심사에서 망설이게 만들어 재논의가 된 것이다.

토론을 거친 후 내가 건의를 하였다.

우리 회사에서는 향후에 영업부문관리자도 양성을 하여야하므로 내가 최선을 다해서 기술영업 부문으로 훈련을 시킬 것이니 선발을 하자고 하였다.

망설이고 있던 두 분도 동의를 하여 합격자 명단에 포함을 시켰다.

그 신입사원의 이름은 황모 직원이었다.

이렇게 그도 모르게 만들어진 인연이 그 후 평생을 가게 된다.

우선 그를 프로그램 개발팀에서 소프트웨어의 전문지식을 쌓게 하고 다음에는 영업부문으로 배속을 하여 영업관리를 훈련시킬 계획을 가지고 있었다.

이렇게 약 2년이 체 안 된 때이었는데, 그가 사직원을 제출한 것이었다.

나는 불러서 면담을 하였다.

어디로 옮기려는 것이냐고 질문을 하였다. 대답을 하지 않았다.

그래서 한 회사에서 체 2년도 되지 않았는데 직장을 옮기는 것은 바람직하지 않으며 인생의 시간을 낭비할 수 있다는 이야기를 해주었다.

KICO에서는 신입사원의 교육계획에 의하여 2년이 되면 다음 단계의 향상교육계획을 가지고 있는데, 지금 회사를 옮기면 여기에서 했던 2년의 일을 반복하게 되므로 자기계발에 있어서 비효율적이니 옮기더라도 2년 정도 더 있다가 옮기라고 권고를 하였다.

이런 저런 상담을 하다가 그가 하는 말이 이 회사는 희망이 없어서 더 전망이 있는 회사로 옮기려한다는 것이었다.

어떤 기준으로 전망이 있다 없다고 판단을 했는가를 물어보았다.

회사가 작아서 그렇다는 대답이다.

나를 비롯하여 이곳에 있는 많은 선배 직원들은 이 회사의 전망과 미래에 기대를 가지고 밤낮을 가리지 않고 열심히 일하고 있는 것이다.

당신은 입사한지 2년도 안 되어서 회사도 아직 당신에 대하여 충분히 알고 있지 못한데, 당신은 어떤 기준으로 회사에 대하여 그런 판단을 하였는가 하는 질문을 하였다.

뚜렷한 기준이 있을 수 없었을 것이다.

그저 보다 큰 회사가 더 기회가 많다고 판단했고 선망이 되었던 것 같다.

그래서 이제 막 사회생활을 시작한 후배가 희망이 없다고 판단한 회사에 계속 근무하라고 할 자신이 없었다.

그의 미래를 내가 책임질 수 없기 때문이다.

그렇지만 조언이 필요할지도 몰라 이제는 이직을 만류하지 않을 터이니 새로 가려는 회사가 어느 회사인지 말해줄 수 있겠느냐고 물어보았다.

율산 그룹이었다.

나는 조금 생각을 하다가, 내가 알고 있는 율산 그룹은 내부의 경영 상태가 부실하여 위험성이 높으니, 이왕 이직을 할 것이면 다른 회사를 택하라고 말해주었다.

의아한 표정을 지어서 내가 율산의 경영 전산화를 위하여 몇 번 방문을 하여 컨설팅을 한 적이 있는데 회사 외형의 급성장에 비하여 내부 관리체제가 너무나 취약하기 때문에 그것이 개선되지 않으면 향후 3년이 매우 위험하니 신중했으면 좋겠다고 나의 의견을 충고해주었다.

그러나 아직 사회에 대한 객관적 가치판단 기준이 취약한 이 후배는 이미 어떤 정보에 의하여 마음을 굳힌 상태라 내 말이 귀에 담아질 수가 없었다.

나는 아쉬워하며 이직 후에 어떤 어려움이 있으면 나를 찾아오라고 이야기해주고 그의 사표를 수리하였다.

그가 퇴직을 하고 나는 바쁜 일정 속에서 그를 잊고 있었는데 6개월쯤 지난 어느 날 뉴스에 율산의 부도 기사가 눈에 들어왔다.

내 예측보다 훨씬 더 빨리 그 상황이 온 것이었다.

나는 그 황모 직원의 입사동기인 다른 직원에게 그의 직장 상황을 알아보라고 하였다.

그러고 2일쯤 지나서 그가 나를 찾아왔다.

물어보지도 않았는데 2개월 전에 퇴직이 되었고 지금은 실직상태이며, 다음 달에 결혼을 해야하는데 실업자가 되었으니 현재는 정신이 하나도 없다고 하는 것이었다.

나는 다른 말은 하지 않고 이력서를 써가지고 다시 한 번 오면 내가 직장을 알아보겠다고 하였다.

그는 이미 준비해온 이력서를 그 자리에서 나에게 건네는 것이었다.

한번 희망이 없다고 나간 직원을 다시 KICO로 불러들일 생각은 없었다.

그래서 삼성그룹 비서실의 전산팀장에게 전화를 하였다.

프로그램 수준은 탁월한 편은 아니지만 추진력과 책임감은 보증할 수 있는 후배가 있는데, 어디 그룹 내에 프로그래머가 필요한 곳이 없는지, 있다면 본인을 보낼 테니 한번 면접을 보라고 하였다.

그리고 그에 대한 간단한 소개를 하였다.

그가 운이 있는 사람인지 전산팀장의 대답은 마침 한 사람 필요한데 이 부장께서 추천한다면 면접은 안 봐도 되겠으니 내일 당장 보내라고 하는 것이다.

이렇게 그는 삼성그룹의 전주제지에 입사를 하게 되었다.

그리고 5, 6년 정도 시간이 지나가고 나는 전과 같이 빈틈없는 시간을 보내고 있었고, 1983년에 삼성전자 컴퓨터사업부를 창립하는 일에 합류를 하여 국내 판매와 소프트웨어 부문을 담당하게 되고 이를 위하여 그룹 내에서 컴퓨터요원을 우선 차출하게 되었다.

나는 그룹 내 전산요원들의 현황을 잘 알고 있는 비서실 서 부장에게 그 일을 일임하고 한 명만 지명을 하겠다고 하였다.

그는 몇 년 전 내가 추천하여 전주제지에 입사를 한 황모 직원 이었다.

그의 근황을 서 부장에게 물어보니 과장진급을 해야 하는데 자리가 없어 아직 대리로 전주제지에서 근무를 하고 있다고 하였다.

나는 그럼 과장진급자격은 있는 것이냐고 물었다.

요건은 충분히 갖추었는데 자리가 없다는 것이었다.

그러면 그를 컴퓨터사업부로 차출하기 위하여 전보명령을 낼 때 아예 과장진급명령과 함께해달라고 부탁을 하였다.

그리고 컴퓨터사업부 설립문제로 바쁘게 보내며 3개월쯤 지나고 나서 황 과장이 명령을 받고 삼성전자 컴퓨터사업부 담당 임원인 나에게 전보신고 인사를 하기 위해서 왔다.

비서의 전언을 듣고 회의실에 대기를 하게하고 보던 일을 마저 끝내고 회의실로 그를 보러 갔다.

기다리고 있던 그가 일어서서 깜짝 놀라며 인사를 하는 것이었다.

내가 그 담당 이사인 줄을 미처 모르고 온 것이었다.

그가 전보신고를 하고 나에게 하는 첫마디가 '손오공이 뛰어봐야 부처님 손바닥 안에 있네요' 하였다. 재미있는 표현이었다.

그를 전주제지에 추천을 하고 몇 년 만에 처음 만나는 자리였다.

나는 1년 반 후에 SDS 설립을 전담하기 위하여 삼성전자를 떠나면서 그가 신입사원 때부터 그의 적성이 영업 쪽에 맞을 것이라고 생각하고 있었으므로, 수출담당 이 이사에게 부탁하여 그를 수출부서로 옮겨 주었다.

그의 적성상 그가 본인의 자질을 잘 발휘할 수 있는 분야가 영업 쪽이라고 보았고, 컴퓨터 영업은 시스템 마케팅이기 때문에 시스템 마인드와 지식을 가진 관리자가 필요하다고 생각했던 것이다.

그래서 그를 위해서도 이 이사를 위해서도 그렇게 하는 것이 효율적이라고 판단을 하고 추천하였던 것이다.

그 후 나는 SDS 창립에 몰두하다가 일진전자 대표이사를 거쳐 쌍방울상사의 사장을 하고 있었다.

그런데 그때 쌍방울그룹은 의류분야를 주력으로 하다가 레저와 전자

분야를 개척하고 있는 때였다.

나는 이때 전자부문을 담당하게 되었는데 의류를 주력으로 하고 있었기 때문에 전자부문의 인재가 부족한 때였다.

쌍방을상사는 전자제품수출을 준비하고 있을 때여서 LA에 지사를 개설해야 했고 지사장이 필요했다. 다시 황 과장의 근황이 알고 싶어졌다.

나는 수소문을 하여 그와 연락이 되었다.

그는 부장으로 진급을 한 후 삼성전자의 중형컴퓨터 수출을 위하여 독일 프랑크푸르트 삼성지사에서 시장개척을 담당하고 있었는데, 사업 전망의 부정적 판단이 내려져서 그 부서가 폐지되어버려 무 보직으로 사직해야할 상황이 되어있었다.

나는 다시 그를 불렀다. 그리고 LA 지사 이사로 발령을 했다. 이때 그가 나에게 한 말은 "제가 죽기 직전이 되면 저를 불러주시네요"였다.

그를 삼성전자수출본부로 발령을 내고 10년 정도의 세월이 흐른 뒤였다. 그는 40대 중반이고 나는 50 대 초반의 나이가 되어 다시 만난 것이다.

그의 나이 20대에 만나서 헤어졌다가 30대에 다시 만났고 이제 40대에 또 만나게 되는 인연이었다.

그 후 내가 쌍방울 상사를 퇴직하고 내 사업을 창업하여 10년 정도가 흘렀을 때는 그가 나를 찾아왔다.

쌍방울상사의 LA지사장 이후, 미국에 정착을 한 그는 나이도 먹은 데다가 하는 사업이 어려워져서 나를 다시 찾아왔다.

나는 약 1년간 그가 사업개척을 할 수 있도록 내가 경영하는 회사의 미국시장 컨설턴트로 임명하여 마지막으로 서로 협력을 할 수 있었다.

그 이후에는 지금까지 그의 동향을 알지 못한다.

사람의 인연이라는 것이 순간에 맺어져서 이렇게 평생 동안 끈질긴 인연이 될 수도 있는 것이었다.

이렇게 인연이 계속되는 동안 이유 없이 내가 그에게 무슨 의무라도 있는 것 같은 착각이 되기도 하였다.

그는 그대로 해병대 정신으로 인생을 열심히 살아왔다.

옆에서 보는 나는 그가 KICO에서 율산으로 직장을 옮길 때 좀 더 신중했더라면 좀 더 효율적이고 생산적인 인생을 살 수 있지 않았을까 하는 생각이 문득 들기도 한다.

사람은 인생을 살면서 인연을 소중하게 생각하고, 삶의 길을 선택을 할 때는 외형상 화려함보다는 내가 잘할 수 있는 길인가를 우선 생각해야한다.

인간의 삶은 계속되는 경쟁 속에서 살 수 밖에 없다.

내가 잘할 수 없는 길에서 최선을 다해 겉으로는 화려한 삶을 살 수 있더라도 그의 내면의 삶은 행복하기 어려울 것이다.

그러기 때문에 내가 잘할 수 있는 것이 무엇인지를 스스로 판단하는 것도 중요하지만, 경험이 부족한 젊은 시절에는 경륜과 지혜를 갖춘 선배들의 조언을 참고하는 것도 좋을 것이다.

그리고 인간의 사회생활은 인간관계의 연속이므로 좋은 인간관계를 만들고, 잘 유지, 관리할 줄 아는 것은 내 운명을 결정짓는 중요한 한 요소가 된다.

황 사장이 약 10년 전에 평생에 딱 한번 나에게 선물을 한 것이 있다.

검은색 바탕에 가느다랗고 흰줄 무늬가 있는 화려하지 않은 모직 목도리이다.

겨울이 되면 이 목도리를 사용할 때마다 그를 생각하며, 그의 해병대식 씩씩한 모습을 생각하고 혼자 입가에 웃음을 지어본다.

목적의식과 당근

부하를 진정으로 사랑하는 상사는 부하에게 당근을 약속하지 않는다.

당근 때문에 일을 하는 부하는 스스로 삶의 목적의식을 설정할 수 있는 능력을 상실하게 된다.

오직 당근을 위해 인생을 살게 되기 때문이다.

부하를 진정으로 사랑하는 상사는 부하에게 스스로 목적의식을 갖게 하고 그 목적을 이루기 위한 목표를 설정할 수 있게 하고, 그 자신이 설정한 목표를 위하여 스스로 땀 흘리며 열정을 다할 수 있게 기회와 동기를 부여한다.

회사에서는 왕왕 직원들에게 애사심을 고취하기 위하여 주인의식을 가지라고 한다.

어떻게 주인의식을 가질 수 있을까?

권유를 하는 상사도 그 권유를 듣고 있는 직원도 방법을 모른다.

회사도 직원이 주인의식을 가지고 열심히 하면 좋고, 직원도 자신이 근무하는 회사의 주인이 될 수 있다면 얼마나 좋겠는가?

그런데 어떻게 주인이 되게 하고, 어떻게 주인이 될 수 있을까?

상사는 부하에게 연예인 같은 인기를 얻으려 해서는 안 된다.

부하에게 믿음을 주는 상사가 되어야 한다.

부하가 자기의 미래를 믿고 맡길 수 있는 상사가 되어야 한다.

부하가 자기를 떠나서도 인정받고 스스로 설 수 있도록 교육시키고 훈련시킬 수 있어야 한다.

정말 부하가 상사를 죽이고 싶도록 그에게 미래를 향한 어려운 과제를 주고 그것을 해결하게 하는 상사가 되어야 한다.

부하를 혹사하라는 것이 아니다.

그 부하가 다른 어느 상사의 부하들 보다 우수한 인재가 되도록 능력을 갖추게 하겠다는 진정한 마음을 가지고 해야 한다.

오늘 인기 있는 상사가 되려고 하지 말고 후일 기억 되는 상사가 되어야 한다.

당근은 말이나 나귀를 부릴 때 쓰는 유인물인 것이다.

부하에게는 당근이 아니라 희망과 용기와 믿음을 주도록 해야 한다.

강한 의지를 가진 사람은 사막 한복판에 떨어져도 살아서 나올 수 있다고 한다.

인간의 능력은 교육과 훈련을 통하여 개발될 수 있는 무한한 잠재력을 가지고 있다고 한다.

부하에게 항상 현재의 능력에 비하여 120% 이상의 능력을 요구하는 과제를 주어 자신을 개발하게 해야 한다.

그리고 그 20% 이상을 극복하기 위하여 고민하게 해야 한다.

그 20%의 벽은 그 고민을 통하여 반드시 무너지고 그 부하는 지금보다 훨씬 넓어진 세계를 보게 된다.

그때 그 부하는 이미 120%의 능력의 소유자가 되어있는 것이다.

그 무너진 120%는 이제 그에게는 100%일 뿐이다.

다음의 120%를 향한 도전이 또 기다리고 있는 것이다 부하에게 도전의 기회와 동기를 부여하기 위하여는 상사 자신도 그 기회와 동기를 만들어내기 위하여 노력하고 고민해야만 되는 것이다.

상사가 이러한 과정을 통하여 부하를 인재로 키워내기 위해서는 무엇보다도 신뢰받는 상사가 되어야 한다.

상사 본인이 솔선수범해야 부하에게 믿음을 주고, 열정을 다하는 부하를 만들 수 있다.

목적을 위하여 부하가 자신의 열정을 모두 불태울 수 있게 하여야 한다.

그리고 결과에 대한 영광은 부하에게 돌릴 수 있는 아량이 있어야 하고,

모든 것에 공정한 가치관을 가지고 있어야 하고,

책임은 본인이 질 수 있는 용기가 있어야 한다.

이렇게 회사에서 설정된 목적을 위하여 열정을 불태우고, 흠뻑 땀 흘리게 하고, 고민하게 해야 한다.

그렇게 해서 그 회사에 흘려진 자신의 땀과 삶을 스스로 사랑하게 해야 한다.

자신의 땀이 흘려지고 삶이 이루어 진 그 회사는 바로 그 부하의 인생 실현의 장이 되는 것이다.

자신의 땀과 삶을 사랑하는 그 마음이 바로 애사심인 것이다.

그리고 그 부하는 바로 그 자신의 땀과 삶의 주인이고, 그 실현의 장인 회사의 주인인 것이다.

스톡옵션을 주고 보너스를 많이 준다고 진정한 마음으로부터 애사심이 생기고 그 회사의 주인의식을 가질 수는 없는 것이다.

주주는 주식의 주인일 뿐이지 주인의식을 가진 것은 아니다.

경영의 인사관리라는 차원에서 어느 학자의 이론에서 보면 회사이든 여타 조직이든, 그 조직 속에는 능력과 의욕이라는 2차원에서 조직원을 4가지 그룹으로 분류할 수 있고, 조직관리차원에서 각 그룹에 대한 처방이 언급되어있었던 것을 기억한다.

한 그룹은 능력도 의욕도 없는 집합이다.
이 그룹은 쉽게 말해서 구제가 불가능한 그룹이다.
한 그룹은 능력은 있는데 의욕이 부족한 집합이다.
이 그룹은 보수로써 처방을 하여야 하는 그룹이다.
한 그룹은 의욕은 있는데 능력이 부족한 집합이다.
이 그룹은 교육이 필요한 그룹이다.
다른 한 그룹은 능력도 의욕도 있는 그룹이다.
이 그룹은 승진이 보약이 된다고 하였다.

이 인사관리 이론을 부정하거나 반론할 생각은 없다. 매우 논리적인 이론이다.

그렇지만 너무 논리적이어서 인간의 감성이 배제되고 2차 방정식을 풀어가는 것 같은 느낌이 든다.

인간에게는 이성적 사고 외에 감성적 사고와 나아가서 영성적 사고도 있는 것이다.

이성적 사고력이 우수한 사람도 있고, 감성적 사고나 영성적 사고력이 우수한 사람도 있는 것이다.

그래서 인사권자는 이점을 더 확대해서 인사관리를 할 필요가 있을 것이며, 사회의 경험을 쌓아가는 젊은 사람들의 입장에서는 자신은 어떤 그룹에 속해 있는지 비추어 보고 스스로 그 처방을 생각할 수 있을 것이다.

회사의 컴퓨터실은 하루 3교대 또는 2교대로 근무를 하였었다.

컴퓨터를 24시간 가동하여야하기 때문이었다.

그 컴퓨터실은 일상적으로 반복되는 업무를 수행해야 한다.

그런데 그 컴퓨터실에 아주 활달하고 사교성이 있는 후배가 눈에 들어왔다.

그는 대학을 졸업하고 컴퓨터실 직원을 채용할 때 응시를 하여 그 부서에서 근무를 몇 년째 하고 있었는데, 컴퓨터 운영업무보다는 영업 업무가 그의 적성에 맞을 것 같은 판단이 들었다.

그를 업무과로 전보발령을 내고 영업부문 인재로 양성할 생각을 하였다.

그런데 이 소프트웨어 영업이라는 것이 눈에 보이지 않는 무형의 지적산물을 상품으로 하는 것이기 때문에 소프트웨어영업의 어려움이 있는 것이다.

그러니 소프트웨어영업을 하기 위해서는 바로 상품이 되는 그 분야의 전문지식을 확보하는 것이 우선 선결되어야하는 것이다.

그런데 그는 컴퓨터실에서 4년 정도를 근무하면서 이 소프트웨어 분야의 전문교육을 받을 기회가 지나가버렸다.

나는 그를 업무과로 발령을 내고 그에게 5년 이상이 된 경력자에게 맡기는 과제를 부여하였다.

그 과제는 일양약품의 경영정보를 전산화하기 위한 타당성조사를 하여 보고서를 작성하는 것이었다.

그런데 이것은 아주 중요한 업무였다.

이 타당성조사의 결과에 따라서 그 프로젝트가 계속될 수도 있고 중단될 수도 있는 것이었다.

그런데 이 프로젝트를 프로그램 한번 작성해보지 않은 사람에게 부과를 하였다.

객관적인 판단으로는 그가 이 프로젝트를 스스로 감당할 수가 없는 것이었다.

한 마디로 무모한 임무를 맡긴 것이다.

그를 최단 빠른 기간에 전문지식을 습득하게 하고, 그 필요한 전문지식이 무엇인지를 알게 하고, 향후에 그 전문지식을 스스로 습득하게 하는 훈련을 하고자 하는 것이 목적이었다.

나는 그에게 이 과제를 부여하고 담당과장에게 그가 중도에 포기해서도 안 되고, 보고서 작성이 실패해서도 안 된다고 하였다.

과장이 보고서 작성기간인 2개월 동안에 그를 밀착 관찰하면서 격려도하고 조언도하면서, 그가 자신감을 갖게함과 동시에 보고서 작성도 기간 내 완료하도록 책임관리를 할 것을 지시하였다.

2개월 동안 그는 퇴근도 제대로 하지 못하면서 동료들에게 도움을 받고 일양약품 담당대리를 설득해 도움을 받으면서 엄청 고민을 하는 표정이었다.

나는 모르는 척하고 그를 관찰을 하였고 업무과장을 불러 확인을 하였다.

216

한 달쯤 되면서 회사식당에서 식사하는 그의 모습은 굉장히 피로해 보였고 얼굴에서는 땀을 많이 흘리는 모습을 보면서 안쓰러운 마음도 있었지만, 여기서 그를 감싸게 되면 그는 영원히 이 일을 할 수 없게 될 수도 있다.

나는 참으로 미안하고 안쓰러웠지만 나 자신을 억누를 수밖에 없었다.

그가 진정 단순 반복 업무보다는 그의 자질을 살릴 수 있는 기회를 가질 수 있도록 도와주기위해서는 이렇게 할 수 밖에 없었다.

자칫 실수로 보고서가 수준에 도달하지 못하여 그 프로젝트 수주에 실패를 하더라도 부하를 훈련시켜 인재를 만들기 위하여는 상사가 감수해야하는 부담이고 아픔이라고 생각했다.

2개월이 지나고 보고서가 완료되어 내 책상에 올라왔다.

부장인 나 자신은 물론이고 일양약품에서도 만족할만한 보고서일 수는 없지만, 그 부하의 경험에서는 그 짧은 기간에 그만한 보고서를 썼다는 것은 기대 이상의 결과였다.

거기에는 그의 장점이고 강점인 친화력과 사교성이 많은 도움이 되었다.

이런 과정을 통하여 그 부하는 새로운 업무에 일단 자신감을 갖게 되고, 일양약품의 프로젝트도 수주가 되었으며 그는 이 프로젝트 개발 팀의 일원이 되어 그 프로젝트완료까지 참여를 했다.

이때에 박정 과장과 정 과장이 많이 관심을 가지고 그 후배를 위하여 협력을 해주었다.

그 후 그는 영업활동을 활발히 하며 더욱 자기개발을 해나갔으며, 후일 현대 중공업의 전산실 담당이사와 관리담당 상무를 거쳐 퇴직을 하였다.

그 후배는 얼마 전까지도 모임을 통해 만나면 그때의 이야기를 하며 추억을 되새기고는 한다.

그 후배와 만들었던 잊을 수 없는 아름다운 추억으로 남아있다.

이 글을 쓰고 나면 연락을 해서 그 때의 후배들을 한번 만나보아야 하겠다.

창립 초기에 입사를 하여 나보다 연령이 많은 분들은 10년의 연상인 사장과 전무 두 분이었고, 그분들은 이미 작고를 하셨으니 이제 나에게 KICO에서의 선배는 없고 후배들만 있을 뿐이다.

특히 KICO 초창기에 함께했던 그 후배들과 한번 만나서 그 추억들을 되새겨 보고 싶다.

조직과 인재

여기서 내가 말하는 조직은 여러 사람이 함께 모여 공동의 목적을 수행하며 각자의 삶을 만들어가는 집단을 말하는 것이다.

그 중에서도 내가 평생을 몸담아온 기업조직인 회사를 예로 하여 말해보려 한다.

회사는 호수가 되어야한다.

회사는 맑은 물과 숲과 먹이가 풍부하여 물고기가 모여들어 생존번성하며 풍요롭게 만들어갈 수 있는 그런 호수가 되어야한다.

그래야 인재가 모여들어 그들의 삶을 추구하며 그 회사를 풍요롭게 할 수가 있다.

인재가 모여들 수 있는 회사는 인재들이 각자 희망을 갖고 열정을 쏟아서 그들 각자의 삶을 만들어가면서 공동의 목적인 회사의 목적을 달성하는데 최선을 다할 수 있는 환경과 기회와 동기를 부여할 수 있는 그런 회사를 추구해야한다.

회사가 인재에게 일을 시키고 돈을 주는 전주가 되어서는 안 된다.

회사는 인재들 각자의 목적과 회사의 목적을 조율하여 상호의 목적이 공명을 하고 동조할 수 있도록 하는 공동의 가치를 창출할 수 있어야한다.

그렇게 해서 인재들 각자의 인생의 목적을 달성하는 것이 곧 회사의 목적을 달성하는 길이 되도록 하여야한다.

그래야 그 인재들은 자신의 삶을 위하여 최선을 다하게 되고, 인재들 각자의 삶의 목적을 향한 열정이 회사의 목적을 달성하는 길로 수렴할 수 있게 된다.

IBM, HP, Microsoft, 삼성 등 세계적인 ICT기업들이 단기간에 그렇게 성장할 수 있었던 것은 이러한 기업철학과 기업문화가 그 속에 존재하고 있었기 때문이다.

기업을 하는 많은 기업인들이 이를 관찰할 필요가 있다.

경영자들이 당장의 이익을 위하여 조직원들의 삶의 가치를 인정하지 않으면, 조직원들 역시 그 기업의 가치가 무엇인지 인지할 수 없으므로, 가치를 인정할 수도 없는 것이다.

인재들은 회사를 노동가치나 지식가치를 사주는 고객으로 생각해서는 안 된다.

회사는 자신들의 인생실현을 위해서 필요한 조직력을 제공해주고, 재정적 지원을 해주고, 협력할 수 있는 동료들이 함께해주는 자신들의 인생실현의 광장이라는 것을 알아야한다.

인재들은 동료와 경쟁하지 말라. 그러면 퇴보하게 된다. 그리고 고독해진다.

상사와 경쟁을 하라. 자신과 경쟁하라.

내가 상사의 자리에서 임무를 맡게 되면 지금 나의 상사보다 더 잘할 수 있는 능력을 가져야하겠고, 그런 능력을 갖추기 위하여 나는 지금 무엇을 해야 하는지 생각하여야한다.

그보다 더 자신의 인생에서 효율적인 경쟁은 자기 자신과의 경쟁이다.

　나는 10년 후에 어떤 생각을 할 수 있고, 어떤 삶을 경영하고 있을 것이며, 어떤 능력의 소유자가 되어, 어떤 것을 성취할 수 있을 것인지 스스로 목표를 정해야한다.

　그리고 그 자신의 목표와 경쟁해야한다.

　그 목표는 자신의 삶에 대한 가치관에 의해서 설정되어야 할 것이다.

　스스로 정한 목표에는 경쟁해야할 상대가 없기 때문에 자기 자신과 경쟁해야 한다.

　그래서 이 경쟁은 더욱 어려운 경쟁이고 성취의 보람 또한 무한한 것이다.

　회사가 나를 먼저 알아주기를 기다리지 말라.

　승진을 빨리하려고 하지 말라.

　내 스스로 회사가 나를 인식하도록 만들라.

　미래를 위하여 능력을 먼저 갖추어라

　회사는 능력을 갖춘 인재를 반드시 알아본다. 회사는 늘 훌륭한 인재를 찾는데 갈증을 느끼고 있기 때문이다.

　준비하지 않은 상태에서 회사가 나를 먼저 알아주기를 바라는 것은 어두운 밤에 등불도 없이 상대가 나를 알아보기를 바라는 것과 같다.

　스스로 먼저 나를 밝혀서 회사가 나를 인식할 수 있게 하여야한다.

　회사와 직원의 사이가 외관적이고 물리적인 면에서는 노동을 거래하는 것이지만, 내면적 이념적 면에서는 인재들이 모여 그들 공동의 가치인 회사의 사회적 목적을 추구하면서, 조직원 각자의 인생을 실현하는 장인 것이다.

스승과 제자

내가 앞에서 말한 인사관리, 자기계발, 후배사랑, 인재양성을 스스로 실천하신 분이 계신다.

그분은 나의 선배이고, 상사이면서, 동시에 내 인생에서 사회적 스승이며, 내가 존경하는 분이다.

차장이었을 때이다

나는 부천에서 전철을 타고 출퇴근을 하고 있었다.

약 3년 정도 그곳에서 살았던 것 같다.

봉급도 조금 오르고 약간의 저축도하고해서 다시 서울로 이사를 하려고하고 있었다.

부모님과 아직 학생이고 미혼인 동생들을 합쳐서 8, 9명의 가족이 함께 기거할 집을 마련해야 되기 때문에 그 가족들을 위한 최소한도의 공간이 필요하였다.

준비된 자금이 넉넉하지 않아서 집값이 상대적으로 저렴한 장위동 같은 약간 변두리의 집들을 둘러보며 자금과 집값을 조율하고 있을 때인데, 사장께서 갑자기 부르시더니 느닷없이 서울로 이사를 하라고 하시었다.

그래서 지금 이사를 하려고 집을 알아보고 있다고 말씀을 드렸다.

그렇다면 마침 잘 되었으니 사장 댁이 있는 갈현동으로 이사를 하라고 하시었다.

나는 준비된 자금이 그곳에 집을 살 수 있는 정도가 되지 않는다고 말씀을 드렸다.

사장께서는 집을 계약을 하고 부족한 자금은 알려달라고 하셨다.

그래서 나는 사장 댁과 같은 동네에 집을 계약하였는데 그 즈음 집값이 매일매일 상승을 하고 있을 때이라 해약을 당하였다.

나는 당황하여서 급하게 서둘러 사장 댁과 통일로를 사이에 두고 맞은편의 불광동에 집을 겨우 계약을 하였다.

당연히 부천 집을 매각한 자금과 저축한 자금을 합친 것보다 훨씬 비쌀 수밖에 없었으며, 부족한 자금을 사장께 말씀을 드렸다.

사장께서는 부족한 자금을 회사에서 무이자로 빌려주시고 보너스 탈 때에만 장기적으로 변제하도록 해주셔서 나는 큰 부담 없이 서울에 내집을 마련할 수 있었다.

그런데 부천에서 이사를 하고 난 다음날부터 사장께서는 본인의 차를 출근시간에 나의 집으로 먼저 보내서 나를 태우고 출근을 하시었다.

내가 집에서 차를 타고 약 5분 정도 걸려서 사장 댁에 도착을 하면 매일 똑같은 시간에 틀림없이 문 앞에 나오셔서 나를 기다리고 계시었다.

그날부터 나는 꼼짝 없이 그 차를 타고 약속한 정시에 사장 댁에 도착을 하여야만 하였다.

그리고 차를 타자마자 나에게 회사경영에 대한 많은 질문을 쏟아 놓으시는 것이었다.

영업, 고객, 경쟁사 상황, 시장 상황, 인사, 재무, 원가, 손익 등 광범

위한 분야에 대하여서 계량적인 질문을 하시는 것이었다.

나는 과학도로서, 기술 분야에서 주로 업무를 담당했기 때문에 그 동안 경영에 대한 훈련을 받았다고는 하여도 광범위한 분야를 계수적으로 이해하고 파악하기에는 너무 부족한 것이 많았었다.

특히 재무제표를 읽을 수는 있어도 재무제표의 계수들이 함의하고 있는 뜻을 깊이 있게 분석하고 이해할 수 있는 지식과 경험을 갖추지 못하고 있었다.

그때에 나는 계량적인 것은 원가에 대한 것을 겨우 파악하고 계산할 수는 있었지만, 다른 재무적 자료들에 대하여는 개념정도를 익히고 있을 때였으니 사장의 질문에 대하여 거의 답을 할 수가 없었다.

그래도 사장께서는 집요하게 질문을 하시고 때로는 꾸중을 하시기도 하였다. 나는 식은땀을 흘리는 때가 한 두 번이 아니었다.

얼마나 집요하시고 또 민망한 말씀을 거침없이 하시었으면 앞좌석에서 운전을 하는 기사가 나하고 같이 땀을 흘렸겠는가?

이렇게 매일 사장 댁에서 회사까지 40~50분 동안 고문을 당하듯 나는 경영수습을 받았다.

그리고 근무 중에는 시도 때도 가리지 않고 불러서 회사관리와 경영에 대하여 추궁하듯이 질문을 하시는 것이었다.

그뿐만이 아니었다.

저녁에 고객을 만나거나 접대를 하고 나면 늦은 시간에도 전화로 보고를 하여야 했다.

중요한 일이 있을 때는 사장께서도 늦게까지 기다리고 계시는 것이었다.

24시간 회사의 업무에 대하여 생각하고 고민하시는 것이었다.

나는 이때 받은 스트레스로 위염을 얻게 되고, 그것이 평생의 지병이 되기도 했다.

어느 날은 성북동 삼청각 맞은편에 있는 회사의 정문을 들어서는데 회사옥상의 깃봉이 몇 개인지 질문을 하시는데 그것을 정확히 답을 하지 못하였다.

하시는 말씀이 매일 보는 회사 옥상의 깃봉이 몇 개인지 모르는 사람이 어떻게 회사경영의 책임을 질 수 있느냐고 하시는 것이었다.

참으로 민망하고 부끄러웠다.

이렇게 1년 동안 하루도 빠짐없이 사장님 옆자리에 앉아서 질문과 답을 하는 동안 나는 회사의 경영 계수에 관심을 가지게 되고, 필요한 것은 관계부서에 부탁하여 확인을 하기도 하고 경영관련 책들을 구입해서 열심히 읽으며 공부를 하면서 차츰 경영계수들이 눈에 들어오기 시작하였다.

그러면서 회사의 구석구석의 상황들을 살피기 시작했고 회사가 다른 각도에서 보이기 시작하였다.

경영계수를 깊이 이해하면서 그 계수가 갖는 의미를 다른 각도에서 이해하기 시작하였다.

그렇게 하면서 회사는 매일매일 순간순간 변하고 있는 유기체라는 것을 알게 되었다.

예를 들면 재고자산은 수량적으로 파악을 해보면 어제와 오늘 입출고가 없었다면 수량이 똑같은 것이고 변화가 없는 것으로 인식이 된다.

그러나 재고자산을 가치로 평가를 하게 되면 시간이 가면서 노화 및 진부화가 되고, 시장의 가격이 변동하면서 그 가치가 달라지고 있는 것이다.

즉 수량적인 판단이 물리적 사고라면 가치적인 판단은 논리적 판단인 것이다.

수량적인 것은 하드웨어적 판단이고 가치적인 판단은 소프트웨어적 판단이라고 표현할 수 있을 것이다.

회사의 경영은 하드웨어적 면과 소프트웨어적 면을 모두 인식할 수 있어야 하는 것이다.

시장에서 경쟁을 하기위하여는 품질은 경쟁제품보다 좋아야 하고, 가격은 경쟁제품보다 싸야하는 것이다.

가격이 싸기 위하여는 생산원가를 낮추어야 하고, 생산원가를 낮추기 위하여는 재료를 싸게 구입할 수 있어야 한다.

재료를 싸게 구입하기 위하여는 원자재 시장의 가격 변동을 항상 파악하고 연구하여야 한다.

즉 원자재 구입시장과 제품 판매시장을 동시에 파악하고 있어야 하는 것이다.

이러한 판단들을 하기 위하여는 항시 회사의 경영상태를 계수적으로 파악하고 있어야 가능한 것이다.

나는 이 1년 동안 많은 것을 배울 수 있었고, 기업의 경영이라는 것을 바라보는 눈을 새롭게 뜨고 깨닫게 되어갔다.

이때 나는 전 사장님을 직장의 상사가 아니라 사회의 스승으로 마음에 새기게 되었다.

1년 동안 하루도 빠짐없이 이렇게 한다는 것은 훈련을 받는 나보다 가르치시는 본인이 더 불편하고 힘드셨을 텐데 어떻게 그렇게 하실 수 있었는지 모르겠다.

솔직히 나도 후배나 부하에 대한 교육 훈련에 책임과 애정을 가지고 있지만 그와 같이 할 수 있는 자신이 없다.

이점에 대하여 진정으로 전 사장님에게 감사하고, 그 분의 부하를 사랑하시는 그러한 진정성에 존경을 표한다.

그래서 그 이후부터 나는 그분에게 보답하는 뜻에서 가능한 한 부하나 후배를 가르치는데 보다 더 관심을 가지고 노력하고 있다.

이런 긴장된 출퇴근이 꼭 1년이 되었을 때 나는 부장으로 승진이 되었고, 회사에서 부장 전용차와 기사가 함께 배차가 되고, 전무께서 관장하시는 경리와 김 모 선배 부장이 담당한 일본 후지쯔(Fujitsu)의 컴퓨터 기종에 따른 프로그램전환업무를 제외한 모든 분야의 업무가 나의 담당이 되었다.

이때 나는 이 KICO에서 나의 인생실현을 할 것이라는 각오를 더욱 강하게 가지게 되었다.

전 사장님은 부하를 승진시켜 임무를 부여하기 전에 그 자리에 충분한 능력을 키우기 위하여 교육과 훈련을 먼저 하였던 것이다.

전 사장님은 조직의 상사로써 단순히 부하들을 교육하고 훈련한다는 의미 그 이상의 애정과 진정이 있었던 것이다.

그분의 그 진정성에 다시 한 번 감사하고, 경의를 표한다.

내가 그분에게서 배운 것은 단순한 경영지식과 경영기법을 넘어 경영자의 철학과 자세를 배우고, 삶의 진정한 가치가 무엇인가를 배웠다.

그분이 가시고 이제 내가 남아 그분의 뜻을 따라보려 하지만 나의 역량이 부족함을 항상 느끼며 그분의 큰 뜻 앞에 옷깃을 여미게 된다.

스트레스라는 약

　나는 회사에서 일을 하며 직무 때문에 많은 스트레스를 받으며 사회
생활을 한 편에 속한다고 생각을 한다.
　스트레스에 대하여 의학적으로 심리학적으로 많은 이야기들이 있고,
스트레스는 만병의 근원인 것으로 분석되고 알려져 있다.
　평생 동안 많은 스트레스의 경우를 경험하고, 지금도 강한 스트레스
를 받으며 생활하고 있다.
　그러면서 나름대로 스트레스에 대하여 생각한 것을 잠깐 적어보려고
한다.

　나는 스트레스에도 긍정적인 스트레스가 있고, 부정적인 스트레스가
있다고 생각한다.
　경제적으로 빚을 갚지 못하여 받는 스트레스나, 폭력이나 극한적 슬
픔에 의한 스트레스 등을 부정적 스트레스라고 분류를 하고, 조직의
직무수행이나 목적을 달성하기 위한데에서 오는 스트레스나, 학문적
탐구나 자기계발을 위한 도전에서 오는 스트레스를 긍정적 스트레스로
분류를 한다.
　내가 스트레스에 대하여 의학적 심리학적으로 전문적 연구를 한 것
은 아니다.
　부정적 스트레스에 대하여는 그러한 스트레스를 초래하지 않도록 사

전에 예방하는 것이 바람직하다는 한 마디 말로 대신하려고 한다.

　이하에서 스트레스라고 말하는 것은 긍정적 스트레스에 대한 것이며 내가 경험한 것을 한 가지 이야기하려고 한다.

　조금 거북한 이야기가 되지만,

　남자가 하 출혈을 했다는 말이 이상하게 들릴지도 모르겠다.

　하루는 회사 화장실에서 용변을 보고 있었는데 변이 나오지 않아 상당히 고민을 하다가 우연히 변기를 보게 되었다.

　변기가 온통 피로 벌겋게 물들어있었다.

　그리고 항문에서 주사기로 쏘는 듯이 피가 뻗어 나오고 있었다.

　나는 당황하여 얼른 휴지로 항문을 꼭 눌러 놓았다.

　일단 밖으로 피가 쏟는 것은 멎어서 황급히 회사 차를 타고 병원으로 갔다.

　우리 가족이 늘 단골로 다니는 김 내과 병원이 낙원동에 있었다.

　마침 회사에서 가까운 곳이라 그리로 갔다.

　그 당시 이 병원의 의사이신 김 박사는 내과 의사로써 상당히 명망이 있었고, 나의 복막염 치료를 비롯하여 외삼촌의 간염과 숙모님의 위장병 등 우리 가족 중에는 그 당시에는 상당히 치료가 어려운 병을 이 분의 치료를 통하여 완치한 경우가 여러 번 있었다.

　응급치료를 하고 진단을 한 다음 약을 받았다.

　의사께서 하시는 말씀이 긴장과 과로로 연성치질이 생겼고 그로 인해서 항문의 실핏줄이 파열되었으니 휴식을 취해야한다는 것이었다.

　이때 이 연성치질이라는 것이 나에게는 지병 중에 하나가 되었다.

과로를 하면 출혈까지는 아니지만 염증이 재발하게 된다.

부천에서 서울로 이사를 하기 직전의 일이었다.

나는 먹은 음식이 잘 소화가 되지 않고 배가 항상 그득한 기분이고 트림을 많이 하게 되었다.

그리고 부천에서 전철을 타고 서울역까지 오는 동안, 집에서 화장실에 들렀음에도 불구하고 중간에 한번 내지는 두 번을 황급히 열차에서 내려 화장실에 들려야 하는 경우가 빈번히 발생을 하였고, 이로 인하여 회사에 지각을 해야만 했다.

아랫배가 살살 아프고 용변을 보고 싶어서 도저히 회사까지 참고 올 수가 없는 것이었다.

때로는 급해서 길모퉁이에서 염치불구 하고 얼굴만 돌린 체 급히 용변을 볼 때도 있었다.

그래서 역시 김 내과를 찾아 진찰을 받았다.

의사의 말씀이 불규칙적인 식사 그리고 긴장과 피로의 누적으로 위염이 생겼다고 처방을 해주셨다.

과로를 피하고 식사를 제때하며 오래 잘게 씹어서 식사를 하라고 권해주시고 술, 담배, 커피를 금하라고 하시는 것이었다.

그런데 그때 회사에서 나의 업무형편상 그 의사가 처방한 것 중에 어느 하나도 따를 수가 없는 상황이었다.

아침에는 일찍 5시 전에 기상을 하여 황급히 식사를 하고, 6시경 부천역에서 전철을 타야만 시청역에서 버스를 타고 안국동까지 와서 회사 차를 타고 삼청터널을 바로 지나 있는 회사에 도착했을 때 8시 30분이 되는 것이다.

231

이때부터 100여개 고객이 한 회사 안에서 같은 컴퓨터를 사용하며 24시간 서로 다툼을 하는 것을 매일 조정을 하면서 대내외 업무를 진행하다보면 식사시간을 지키는 것도 불가능한 일인데 "천천히 잘 씹어서 ---"라는 말을 실천하는 것은 나에게는 너무나 어려운 일이었다.

그리고 수시로 밤샘을 하느라 야식을 해야 하고, 그 야식이라는 것이 대부분 라면으로 대체하는 것이니 위와 장을 혹사하는 것이 연일 계속되는 것이다.

'화장실 가서 일 보고 뒤 닦을 시간도 없다'라는 우리 속담이 있다.

그런데 이때의 나의 생활은 화장실 갈 틈도 없어 변비가 되는 상태였다.

수시로 고객과 술자리를 하여야 하고 모두 담배를 필수품처럼 가지고 다니며 사람을 만나면 담배를 권하는 것이 무슨 예의처럼 생각되어 있던 때였다.

거기에다 젊은 사람들은 연인과 다방에서 커피를 마시며 담배연기로 동그라미를 그려 뿜어내고 바라보며 그것을 낭만으로 즐기던 시대였다.

그런 시절에 고객을 하루 종일 상대하는 나는 하루에 커피를 10잔 이상 마시는 것이 일상화되어있었다.

이러한 나에게 술, 담배, 커피를 금한다는 것은 곧 나의 사회생활을 중지해야된다는 의미라고해도 과언이 아니었다.

그래서 약을 복용하여 급한 불을 꺼가면서 같은 생활이 계속되었고, 이때에 얻은 위염과 연성치질은 나의 평생 지병이 되어 내 몸과 함께 하고 있다.

그러나 나는 그 시절에 내가 무리를 하였다거나 혹사당했다고 전혀 생각하지 않는다.

그러한 긴장과 스트레스는 나의 목표를 향한 도전과 성취의 삶의 과정에서 필수적으로 함께해야하는 것이었기 때문이다.

그러한 도전과 성취에서 오는 스트레스가 없었다면, 아마도 나는 정신적 심리적으로 암울한 시간을 보내게 되었을 것이다.

스트레스가 없었다면 상대적으로 높은 목표를 갖지 못했다는 의미이고 따라서 도전과 성취도 충분하지 못했다는 의미가 되므로, 그런 것들이 함께하지 않았다면 그 젊은 시절에 나는 허망과 고독 그리고 갈등의 시간을 보냈을 것이라고 생각할 수 있다.

이런 긴장과 스트레스는 그 나이와 그 직책과 그 직무에서 어느 정도 익숙해지고 여유가 생길 수 있게 되면, 승진을 하거나 새로운 직무가 부여되면서, 또 새로운 목표가 설정되고 따라서 새로운 긴장과 스트레스가 함께하게 된다.

그러니 인간이 항상 일정한 목표를 설정하고 그에 도전하는 한 계속되는 인간 생존의 필요충분조건이라고 해야 할 것이다.

과거의 스트레스는 어떤 목표와 성취가 있었다는 뜻이고, 현재의 스트레스는 어떤 목표를 향해서 도전이 계속되고 있다는 의미일 것이고,

미래의 스트레스는 어떤 새로운 목표가 설정된다는 의미가 될 것이다.

항상 내가 존재하고 있음을 의식하기 위하여는 존재를 위한 스트레스가 필요할 것이다.

그리고 미래의 존재를 위하여는 새로운 목표가 설정되어야할 것이며

또한 스트레스가 함께 함으로써 성공의 가능성을 예고할 수 있을 것이다.

의사들은 왕왕 스트레스는 만병의 원인이라고 한다.

그런데 그 만병의근원인 스트레스가 없는 삶이 어떤 삶인가를 생각해 보시라.

존재를 의식할 수 없는 허망과 상실감, 소외와 고독, 그리고 그로 인한 갈등, 이러한 인간 천부의 병이 깊이 찾아들게 될 것이다.

허망과 상실감, 소외와 고독 이것은 바로 정신적인 병이 되거나 육체적인 병으로 나를 유도하여 내면적으로는 스스로 죽음에 이르는 병의 원인이 되는 것이다.

위장병을 치료하기 위하여는 스트레스를 줄여야하고, 그러기 위하여는 목표를 줄이고 성취감도 줄여야한다.

이것은 허망과 고독이라는 또 다른 병의 원인을 제공하게 된다.

나의 스트레스 관리요법을 소개한다면 다음과 같은 것이 될 것이다.

스트레스를 피하는 삶을 택하지 말라. 인간 본연의 병을 얻는 길이 될 수 있기 때문이다.

스트레스를 긍정적으로 소화하라

스트레스를 관리하는 법을 터득하라

스트레스를 즐기는 삶을 택하도록 하라

나는 지금 한전에서 시작한 후두염, 그리고 위염과 연성치질 이 세가지를 지병으로 가지고 함께 살고 있다.

몸의 컨디션이 좋으면 이들은 잠잠하게 숨어있다가 과로를 하거나 몸의 어느 부분의 컨디션이 안 좋으면 경고를 하며 증세를 나타낸다.

세상에는 대가를 치르지 않고 얻어지는 것은 아무 것도 없다.

나는 이들을 대가로 하여 인간 천부의 병이라 할 수 있는 허망과 고독이라는 병을 앓지 않고, 항상 긍정적이고 도전적인 삶을 지금까지 살고 있다고 생각한다.

그러니 스트레스가 나에게 선물한 이 세 가지의 육체적인 병은 그 허망과 고독을 치유하는 약이 된 것이다.

스트레스는 피해야 할 대상이 아니고,

관리하고 즐겨야 할 대상인 것이다.

이것이 스트레스에 대한 나의 치유 방법이다.

전매청 MIS

1981년 내가 이사가 되고 1년이 되었고, 전 사장님은 삼성정밀로 영전을 하시고 김 전무가 KICO의 사장으로 승진을 하시고 삼성생명에서 이 상무가 KICO의 전무로 부임하였을 때일 것이다..

1970년대 중반까지 컴퓨터를 이용하여 업무를 처리하는 것을 보통 EDPS(Electronic Data Processing System)라고 칭하였다.

어의 그대로 자료를 전자적으로 처리하는 시스템이라는 단순한 의미였던 것이다. 그리고 1970년대 후반부터 OR (Operations Research), MIS (Management Information System) 라는 용어가 정보산업계에 사용되기 시작하였고 1980년 초반에는 MIS 학회까지 발족이 되었던 기억이 있다.

이러는 중에 전매청에서 컴퓨터를 이용하여 전매청 종합 MIS를 개발하기 위한 자문과 협의가 시작되었다.

그때 조 과장이라고 기억되는 분이 KICO의 이 전무와 친분이 있어서 전무의 소개로 내가 그 자문을 담당하게 되었다. 조 과장은 재무부에서 근무를 하다가 전매청으로 오신 분이었고, 전산 전문인으로는 최 계장이라는 분이 있었다. 그 분은 낚시를 아주 좋아하는 애주가였는데 MIS 개발 후에 모 증권 회사의 전산실장으로 이직을 하였었다.

사실 OR은 그때에 미국에서 공부를 한 학자들이 국내에 본격적으로 소개를 하기 시작하였고, 미국의 케네디 대통령 때에 맥나마라 국방장관이 컴퓨터를 이용하여 국방예산과 전략의 합리화를 위한 투입비용 대비 효과분석에 이 기법을 도입하여 이용함으로써 많이 알려졌었다.

경영 기법인 MIS는 한국에 소개되기 시작하였고 연세대의 송 교수로부터 처음으로 특강을 들은 적이 있었다.

그 이론이 한국에서는 학문적으로나 실용학으로 충분히 연구나 실험이 된 때가 아니었다.

경영학 쪽에서는 실험단계에 있는 이론이라고 보는 것이 맞을 것 같다.

그 이론이 컴퓨터를 이용하여야만 실용가능한 이론이다 보니 오히려 전산 전문인들이 경영학 이론인이 용어를 더 많이 사용하고 있었다.

나 역시 어떤 회사의 전산화를 자문할 때에 이 용어를 많이 사용하였지만, 이론적 지식으로는 체계화가 되어있지 못하였었다.

그런데 이때에 전매청에서는 종합 경영정보시스템(MIS System)을 컴퓨터를 이용하여 개발하는 프로젝트를 추진하게 되었다.

그때에 전매청은 UNIVAC 컴퓨터를 이용하고 있었으며 UNIVAC은 이 때에 문서(Data File)의 구성을 지금 Micro Soft사의 Window에서 채택하고 있는 문서(Data File) 관리의 개념을 소개하고 있었다.

그때까지 IBM은 Sequential, Direct, ISAM 방식의 자료(Data File) 관리 방식을 사용하고 있을 때였다.

UNIVAC의 Data 관리에 대한 이러한 개념은 서류함의 위치를 찾고, 그 서류함에서 문서철을 찾은 다음, 그 문서철에서 낱장의 서류를 찾는 그런 개념을 컴퓨터 문서관리에 그대로 도입을 한 것이었다.

이렇게 나는 전매청이라는 대기업의 통합경영정보 시스템개발프로젝트를 맡아서 이것을 표준적인시스템으로 개발할 목표를 세우고 그에 대한 준비에 들어갔다.

우선 이러한 방대한 기업의 통합경영정보 시스템을 개발하기 위하여는 그 방향설정과 목표설정, 조직과 인원, 개발기법 등이 체계적으로 준비되고 진행되어야 하므로 충분한 경험이 있는 개발책임자가 필요하다고 생각을 하였다.

특히 그때에는 지금처럼 표준화된 개발방법론이라는 것이 없었을 때였다.

그래서 나는 군수사령부에서 ROTC 장교로 복무를 하며 군수업무 전산화에 참여했던 김 부장과 농협중앙회 업무전산화에 참여했던 김 차장을 스카우트하고 기존의 KICO 직원들 중에서 경험 있는 직원을 차출하여 팀을 구성하였다.

그리고 개발방향과 목표를 정하고, 업무분석과 시스템설계, 프로그램설계는 군수사령부에서 했던 SOP를 따르도록 하였다.

그리고 나는 모든 공적인 의사소통은 문서로서 행하게 하고, 업무일지와 회의록은 반드시 양사의 책임자 결제를 득하게 함과 동시에, 개발에 부수되는 모든 문서와 개발과정에서 생성되는 모든 자료는 직위고하를 막론하고 본인이 직접 현장에서 즉시 작성하도록 지시하고 이들 행위에 필요한 통일된 양식을 먼저 정해서 승인을 받도록 지시를 하였다.

그리고 이 양식은 그대로 인쇄소에 넘겨서 활자화 하여 인쇄를 하면 책이 될 수 있도록 작성할 것을 지시 하였다.

그때는 노트북 같은 좋은 도구가 없었으므로 개발자들은 모든 자료를 손으로 수기를 하여야하기 때문에 많은 자료를 작성하는 이 작업이 매우 어려운 일이었다.

전문적 기술적인 것은 이미 우리나라도 10년 정도의 경륜이 쌓였으므로 책임자들에게 맡기고 나는 모든 문서 행위를 주기적으로 보고를 받고 확인을 하는 것을 철저히 하였다.

정확한 기간은 기억되지 않지만 아마도 1년 반에서 2년 정도 걸려서 계약된 범위의 시스템의 개발이 완료되고, 고급 바인더에 철해진 개발 자료들이 대형 바인더로 100여 종에 달하였고, 각각 일련번호가 부여되어 종류별로 계약된 수량만큼 인쇄를 한 다음, 개발된 소프트웨어 결과물과 함께 납품이 되었고, 100여종에 이르는 자료(Documents File)들이 내 자리의 뒷벽을 가득 채우며 새로 마련된 높은 책장에 가지런히 번호 순서대로 진열되었다.

아마도 우리나라에서 종합 MIS라는 프로젝트 명을 가지고 규정된 절차에 따라 개발된 시스템으로써, 100여권의 자료철(Documents File)이 정해진 표준(SOP)에 의거하여 만들어져서 납품된 것은 처음이었을 것이다.

표준화된 방법론이 정립되지도 않고 자료작성 작업을 위한 노트북 같은 도구도 없이 오직 수기로 이 많은 자료를 만들어낸 후배들의 땀과 노고가 그대로 녹아있는 산물이었다.

이 자료책자들은 그 후 KICO를 찾는 많은 고객에게 소개가 되었고, 회사의 신뢰를 높이는 자랑거리가 되었다.

1983년 3월 본인 자의와 관계없이 명에 의거하여 KICO를 떠나게 된 후에도, 방문을 하면 내가 앉아있던 그 자리에 후배가 이사가 되어 앉아있었지만, 그 책들은 한동안 그 벽면을 차지한 채로 나를 반겨주었다.

깨달음과 성장

나는 직무에 대한 책임 때문에 밤잠을 못 자며 고민해본 적이 많이 있다.

스트레스 때문에 등에 식은땀을 흘리며 깨어난 적도 많이 있었다.

한때는 회사의 경영부진으로 부하직원들을 강제 퇴직시켜야할 때도 있었다. 우리나라가 어려운 시절이었다.

직장을 얻는다는 것은 하늘의 별을 따는 것만큼이나 어려웠다.

시골의 누나가 서울에 취직을 하면 동생들을 서울로 데리고 와서 함께 라면을 끓여 먹고, 공부를 시키며 희생의 삶을 사는 경우도 많이 있었다.

그러니 누나가 퇴직을 하면 동생들이 학업을 중단하고 귀향을 해야하거나, 시골의 가족이 끼니를 걸러야 하거나, 병원에 입원 중에 있는 부모가 치료를 받을 수 없게 된다.

이렇게 형제들 중 누구 하나가 자신은 학업을 포기하고 희생을 하여 돈을 벌어서 다른 형제를 도와야하고, 가족 중 누군가가 희생을 하여 가족의 생계를 책임져야했다.

이런 때에 그 희생을 감수하고 있는 그 누가 갑자기 직장을 잃게 되었을 때 그 형제자매들의 처절한 모습을 생각하면 고뇌가 없을 수 없다.

조직의 책임자로서 그 책무를 다 하지 못하여, 동생들의 학업을 책임지고 있는 그 어린 누나를 퇴사시켰을 때 발생하는 그 형제들의 애절함을 보아야하는 슬픔, 가계를 책임지고 있는 젊은 청년을 퇴사시켰을 때 있을 수 있는 그 가족들의 생계의 어려움과 절망을 안고 방황하는 그 청년의 모습을 상상하면, 책임을 다하지 못한 나의 죄가 너무나 큰 고통으로 다가오게 된다.

이러한 고통과 고뇌가 나를 채찍질하게 되고 나는 수주를 위하여 불철주야로 뛰어다니고, 고객 한 사람을 붙들기 위하여, 1원을 더 받기 위하여, 1원의 이익을 더 내기 위하여 며칠씩 밤을 새우며 원가를 계산하고 보다 싼 가격을 제안하기 위하여 원가요소들을 낱낱이 점검하고 납품회사들과 납품가를 협의하면서 고객과 협상을 계속한다.

매출이 부진하여 생산이 중단되고 직원을 퇴직시켜야만 하는 상황을 고민하며 밤잠을 못 이루다가 한밤중에 정원에 나가서 나뭇가지를 잘라주기도 하고 나무를 이곳에서 저곳으로 옮겨 심는 날들을 보낸 적도 많았다.

이러한 고뇌의 과정을 통하여 나는 이 직원들을, 부하들을 그리고 동료들을 위하여 고민하고 고뇌하는 이 마음이 바로 애사심이고 애국심임을 알게 되었다.

사람의 잠재된 능력은 무한하다고 한다.

그 잠재된 능력은 교육과 훈련을 통하여 현실적 능력으로 개발될 수가 있는 것이다.

나는 이러한 말을 들었다.

사람은 사고방식에 따라서 사막 한복판에 떨어져서도 살아나올 수가 있다고 한다.

살아야겠다는 강렬한 의지는 자신의 사고의 한계를 깨트리고 살아나갈 수 있는 방법을 찾아내게 되는 것이다.

나는 1969년에 우리나라 EDPS 분야인 전산처리 용역분야에서 처음으로 일하기 시작하여 1980~90년대의 정보산업 개발과 육성시대에는 국산컴퓨터 개발수출에 참여하고, 소프트웨어 사업육성을 위한 최초의 대형 SI회사 설립을 담당하면서, 사회생활의 대부분을 새로운 분야에 도전하고, 신규사업을 개발하는 일에 종사하다보니, 때로 도저히 극복할 수 없을 것 같은 장애와 문제가 앞을 가로 막을 때가 여러 번 있었다.

때로는 사회적 책임 때문에 자살하여야만 할 것 같은 생각이 드는 때도 경험한 적이 있었다.

그런데 사람은 이러한 난관에 봉착하였을 때 꼭 극복하고자 하는 책임감과 의지를 가지고 극한적 고심을 하게 되면 지금까지 본인이 보고 있었던 세계가 깨어지며, 그밖에 있는 더 넓은 사고의 세계를 볼 수 있게 되고, 도저히 해결할 수 없었던 문제를 넘어설 수 있는 방법을 찾을 수 있게 된다.

부처도 극한적 고행을 통하여 깨달음에 이르게 되고, 수많은 이 깨달음의 과정에서 얻어진 큰 깨달음을 통하여 해탈하였을 것 같은 생각이 든다.

예수님이 '두드리라 그러면 열릴 것이다.' 라고 한 이 말씀도 간절한 마음으로 뜻을 이루기 위해 최선을 다하면 어떤 목적도 달성될 수 있다는 뜻으로 이해될 수 있을 것 같다.

'진인사대천명 (盡人事 待天命)' 또는 '지성감천(至誠感天)'이란 의미도 인간의 능력으로서 할일을 다하고 하늘의 명을 기다린다는 뜻은 오랜 인간의 경험에서 터득한 생활철학이 아니겠는가?

여하튼 깊은 고뇌와 고통은 인간의 사고의 한계를 혁파하고 더 넓고 높게 볼 수 있는 시야와 사고력을 가질 수 있게 하는 동기가 된다고 생각한다.

나는 이러한 사고력의 도약과 승화를 인간의 진정한 내면의 성장이라고 말하고 싶다.

직위와 명예를 얻는 것에 우선하여 그러한 내면의 성장을 위하여 노력할 것을 권하고 싶다.

스스로 자신을 막중한 책임 속에 처하게 하고, 그 책임감으로 고뇌하도록 하라고 하고 싶다.

책임감으로 고뇌하는 것은 비록 물질적 대가가 미약하더라도 자신의 철학과 지성적 세계를 넓힐 수 있는 가장 좋은 수단이고 기회라고 생각하기 때문이다.

나는 컴퓨터가 전 세계적으로 개발단계에 있을 때에, 이 분야에서 일을 하게 됨으로써, 스스로 생각하고 연구하며 고민해야하는 시간과 기회를 더 많이 가질 수 있었고, 그로해서 더 넓은 사고의 세계를 누릴 수 있게 되었던 것을 큰 행운으로 생각하고 있다.

엘리트의 진실

엘리트의 사전적 의미는 어떤 분야에서 탁월한 능력을 가지고 지도적 위치에 있는 사람이라고 되어 있다.

나는 이 엘리트의 어떤 분야에서의 능력이나 영향력을 논하고자 함이 아니다.

엘리트의 의식에 대하여 잠깐 생각해보고 싶은 것이다.

엘리트는 어떤 의식과 사고, 그리고 철학과 사회적 책임감을 가져야할 것인가? 하는 것에 대하여 잠깐 생각해보고 싶은 것이다.

나는 우리 나이의 분들이 대부분 겪었던 과정을 통하여 사회생활을 하며 지금까지 살아왔다.

가정교사 같은 아르바이트를 하면서 대학을 졸업하고, 군 복무를 하고 한번쯤 휴학을 하다가 보면, 20대 후반에야 직업을 갖게 된다.

대학 4년 군 복무 3년, 그리고 어쩌다 학비마련을 위하여 1~2년쯤 휴학을 하고 나면, 대학졸업 후 빠르면 27~28 살쯤 직장에 취직을 하게 된다.

나도 28 살에 한국전력주식회사에 입사를 하고 그 이후에 회사에서 한 단계씩 진급을 하여 임원이 되고, 사장을 거쳐서 50 중반에 창업을 하기도 하며 75살이 된 지금까지 기업 활동을 계속하고 있다.

어릴 때부터 대학을 다니고 군 복무를 하는 동안은 내 주위의 사람들은 나와 여건이 비슷하거나 비슷한 환경에서 생활하게 된다.

직장을 통하여 사회활동이 넓고 다양해지면서 서로 여건이 다른 많은 사람들을 만나게 된다.

내가 직장생활을 할 때, 한 조각의 깨달음이 있었다.

내가 나이 36 살쯤 되는1977년경부터 아침에 출근을 하게 되면 문을 나서자마자 제일 먼저 만나는 회사의 직원은 회사가 제공해준 승용차의 운전기사 분이었다.

나보다 나이가 10년 정도 더된 분이었으며, 일찍 나의 집으로 와서 기다리고 있다가 차의 문을 열어주고는 나를 차에 태우고 회사로 향한다.

나는 그런 것이 불편해서 차의 문을 열어주거나 하는 것은 하시지 말도록 부탁을 하고, 회사가 공식적으로 부여한 직무인 차량관리와 안전 운전에 충실하시면 된다고 하였다.

그리고 회사의 정문을 들어서면 나보다 연상이신 경비직원이 반듯한 자세로 거수경례를 하며 맞아 준다.

그 다음은 사무실을 청소하고 복도와 계단을 무릎을 꿇고 거울처럼 얼굴이 빛일 정도로 윤이 나게 닦고 있는 아주머니를 만나게 된다.

그 아주머니는 본인이 열심히 닦고 있는 그 옆을 신발을 신은 체 지나가는 나의 구두를 볼 뿐 나를 쳐다보지도 않으신다.

내 자리에 도착을 하면 비서직원이 말끔히 정돈을 해놓고 밝은 모습으로 차를 가져다주며 그날의 일정을 알려주고, 결재할 서류를 정리해준다.

다음은 다양한 직무를 맡아 열심히 하고 있는 직원들을 만나고, 임원들과 사장을 만나며, 다음은 각양각색의 고객들과 외부 인사들을 만나게 된다.

여러 분야의 사람들과 만남에서 많은 것을 느끼고 배운 것이 있지만, 특히 나는 운전하는 기사분과 경비를 서는 직원, 청소를 하는 직원과 비서직원을 매일 아침이면 제일 먼저 만나면서 늘 그 분들의 근무하는 모습을 보고 느낀 점이 있어 여기에 짧게 적어보는 것이다.

그 운전기사가 아침 일찍 내 집으로 출근해서 대기하고 있다가 나를 반기고, 안전운전을 위하여 신경을 쓰는 것은 나에게 어떤 의미를 가지고 있을까?

경비실에서 나와 정문에서 나를 맞으며 반듯한 자세로 거수경례를 하는 그 경비직원은 나에게 무슨 말을 하고 싶을까?

허리춤이 나오도록 구부리고 앉아서 열심히 복도를 닦고 있는 그 아주머니는 걸어가는 나의 흙 묻은 구두를 보며 어떤 생각을 하고 있을까?

나 보다 항상 일찍 출근을 하여 내가 도착하기 전에 정리를 끝내고 나의 일과를 챙기고 도와주는 비서직원은 어떤 소망을 가지고 있을까?

어느 날 이런 생각이 들었다.

그분들은 모두 본인들의 직무에 충실하며 나에게 무언으로 나의 책임과 의무 그 이상의 무엇인가를 소망하고 있는 듯하였다.

그 기사는 왜 아침 일찍 나의 집 앞에 대기를 하고 있다가 나를 반겨주며 봉사하는 것이며, 나이 많은 그 경비직원은 왜 나에게 정중한

247

경례를 하는 것일까?

그리고 청소직원 아주머니는 유리처럼 반사가 되도록 왁스로 닦고 있는 복도를 내가 흙 묻은 신을 신고 걸어가도 왜 아무 말을 않는 것이며, 비서직원은 왜 항상 밝은 모습으로 나를 맞이해주는 것일까?

이것은 회사의 간부인 나에게 열심히 의무와 책임을 다하여 보다 나은 회사를 만들어 더 좋은 대우와 더 좋은 환경을 만들어달라고 하는 소망이 담긴 예우일 것이라고 나는 생각을 하였다.

그리고 저분들에게서 내 직위에 복종하는 예우를 받는 것이 아니고, 나의 직위와 조직의 힘으로 군림하는 관리자가 되는 것이 아니고, 진정 그분들을 사랑하는 마음으로 나의 책임과 의무를 다하여, 그 분들의 소망이 이루어지게 함으로써, 진정한 존경과 사랑을 받는 사람이 되겠다는 다짐을 하였다.

이러한 나의 다짐은 후일 내가 사회생활을 하는 동안 늘 나의 마음 한 쪽에 자리하고 있게 되었다.

이것은 나의 아주 작은 체험이지만 나는 이러한 경험을 통하여, 우리 사회와 국가의 지도자들이 모든 분야에서 이러한 사랑의 마음을 갖고 책임과 의무를 인식하면서, 진정으로 존경받는 지도자가 되기를 바란다.

우리는 흔히 엘리트이니, 상류층이니 하는 말을 많이 사용한다.

우리가 속해 있는 사회에는 권력과 부와 명예를 누리는 사람들은 많이 있다.

그렇지만 그들 중에 자신이 속한 사회와 이웃에 대하여 사랑과 봉사의 정신을 가진 사람을 보기 어렵고, 그 사회에, 가진 사람으로서 책임과 의무가 무엇인지 알고 있는 사람 또한 만나기 어려울 뿐만 아니라, 정의의 가치관을 가진 사람은 더욱 찾기 어렵다.

단순히 직위가 높고, 돈이 많으며, 이름이 알려졌다고 해서 그를 엘리트라 할 수 없을 것이며, 그들의 집단을 상류층이라 할 수는 없을 것이다.

군림하는 권력, 탐욕스러운 부자, 허구로 만들어진 명성은 그 사회의 정의를 무너트리고 모리배가 득실거리는 병폐를 만들뿐이다.

다른 것은 다 차치하고 박정희 대통령 이후 6명의 대통령들이 본인과 직계가족 또는 형제 및 측근들이 30년 동안에 걸쳐 부정과 부패로 감옥을 가는 수치스러운 통치행위로 대한민국을 세계에서 부패 공화국의 오명을 쓰게 만들었다.

그러고도 그 중에 일부는 지금도 정치의 중심에서 활개를 치면서 국민의 가슴을 아프게 하고 있다.

이러니 학교의 선생님들이 어떻게 어린 학생들에게 정의를 가르칠 수가 있겠는가?

정의가 무너진 사회에서 어찌 교육이 바로 설 수가 있겠는가?

정의를 가르칠 수 없는 교육 환경 속에서 우리가 어찌 미래를 논할 수가 있겠는가?

국가의 최고 권력을 누렸다고 해서 이 사람들을 우리는 엘리트라 할 수 있겠는가?

그 집단들을 상류층이라 할 수 있겠는가?

그들과 그들의 집단을 우리는 어떻게 불러야 적절한 명칭이 될지 모르겠다.

대한민국에 지금 엘리트는 있는 것이며, 상류층은 존재하는 것인가?

인간에 대한 사랑과 봉사의 정신과 사회에 대한 책임과 의무감으로 정의를 실천할 수 있는 용기를 가진 지도자만이 진정한 엘리트로 존경받을 수 있는 것이다.

그러한 엘리트들의 집단을 명실상부한 상류층이라 인정할 수 있을 것이다.

이러한 엘리트 집단이 리드하는 사회는 건강하고 희망적인 미래를 만들어갈 수 있을 것이다.

내가 정보산업분야에서 47년 동안 일을 하면서 많은 사람들을 만났다.

컴퓨터생산 공장에서 제품을 조립하는 직원으로부터 대리점 임직원들과 관계공무원, 업계의 사람들, 대학교수들과 관계 장관에 이르기까지 다양한 분야와 계층의 사람들을 만났다.

그분들 모두가 우리 대한민국의 정보산업과 전자정부의 오늘이 있게 만든 분들이다.

그런데 어떤 분은 방송에 나와서 본인이 대한민국 정보산업을 모두 이끌어온 듯이 주장을 하고, 어떤 분은 전자정부를 본인이 시작을 하였다고 하면서 자신의 업적을 선전하기도 한다..

어떻게 대한민국의 정보산업과 전자정부가 어떤 특정인에 의하여 이루어질 수 있었겠는가?

지난 50년 동안 대한민국 모든 국민이 높은 인식으로 이에 참여하여 오늘의 정보산업과 전자정부의 강국을 이룩한 것이다.

중요한 시기에 중요한 역할을 해준 정보산업과 관련된 진정한 엘리트들이 있었음을 나는 알고 있다.

그런데 오히려 그분들은 말이 없다.

그저 그 시기에 그 자리에서 각자들이 해야할 책무를 다하기 위하여 스스로 최선을 다했을 뿐이라고 생각하기 때문이다.

국가와 국민의 미래를 위하여 묵묵히 자신들의 역할을 다했던 이분들이 진정한 그 시대의 엘리트들이며 존경받아야할 사람들이다.

사회적 신뢰

사회생활에서 신뢰와 믿음은 매우 중요한 사회적 가치인 것이다.

사회생활은 인간관계에서 이루어지는 것이기 때문에 내가 상대를 믿을 수 있다는 것, 그리고 상대가 나를 믿을 수 있다는 것은 사회생활에서 인간관계와 모든 일을 성공적으로 운영하는데 매우 중요한 가치인 것이다.

우리는 간단하게
나는 그를 믿는다거나,
믿을 수 없다거나,
또는 상대에게 나를 믿으라거나,
나를 못 믿느냐는 반문을 한다.
그렇다면 믿는다는 것은 무엇을 의미하는 것일까?
나는 회사에서 임무를 부여할 때 부하를 믿고 일을 맡겨야하는 경우가 많았다.

특히 지식산업이며 소프트웨어 결과물을 개발하는 임무를 맡겨야할 때는 이 믿음이라는 것이 매우 중요하다.

건설공사는 그 진도를 가시적으로 확인할 수가 있지만, 소프트웨어 시스템의 개발은 결과가 실행을 통하여 확인될 때까지는 진행과정을 가시적이거나 다른 감각적인 방법으로 정확히 확인을 할 수가 없다.

그때 나는 부하의 무엇을 믿었을까?

나는 이런 측면에서 부하를 믿을 수 있어야했다.

첫째는 인성과 인격이다.

둘째는 책임감과 의무감이다

셋째는 능력과 경험이다

조직사회에서 이런 세 가지의 판단은 대개 다음과 같은 것을 살펴서 판단하였다.

첫째 인성과 인격은

객관적 가치기준과 판단력을 가지고 있는가?

정직하고 성실하며 부끄러움을 알고 자존심이 있는가?

공동체의 규정을 지키고 동료나 후배와 일을 함께하고 나누어할 줄 아는가?

동료를 비방하지 않으며, 장점을 찾아 협력하고 칭찬할 줄 아는가?

둘째 책임감과 의무감은

본인의 임무에 대하여 최선을 다하는 책임감을 가지고 있는가?

조직의 일원으로써 본인의 임무에 대한 의무감을 가지고 있는가?

임무에 대한 이해를 하고 목적의식을 가지며 목표를 분명히 설정하려하는가?

책임은 본인이 지고, 성과와 공로에 대한 동료의 역할을 인정할 줄 아는가?

셋째 능력과 경험은

논리적이고 체계적인 사고를 할 줄 아는가?

계획을 수립하고 문제인식과 대책 설정을 할 줄 아는가?

그 임무와 관련한 전문지식은 어느 정도인가?

그 임무와 관련한 경험은 어느 정도인가?

본인의 임무에 대하여 본인의 지식과 경험이 부족한 부분을 동료나 부하, 그리고 선배와 상사의 도움을 받을 줄 알고 주위로부터 찾는 방법을 알고 있는가?

나는 이런 것들을 검토하여 부하나 후배들의 장단점을 판단하고 그에 따라서 임무를 부여하며 장점과 강점은 최대한 살리게 하고, 단점이나 약점은 팀의 인적구성과 시스템을 통하여 보완할 수 있도록 조치를 하면서, 그 부분에 대한 주의를 기울이고 보완할 수 있는 관리대책을 구상해두도록 하였다.

이러한 나의 경험적 지식은 후일 모든 인간관계에서 상대를 판단하는 기준이 되었고, 나 자신도 선배와 상사, 동료들에게 그리고 일을 함께 하는 상대에게 이런 점에서 믿음을 줄 수 있는 사람인가 하는 것을 생각하고 반성하게 만들었다.

부하에 대한 책임

나는 부하를 교육하고 훈련시키지 않는 상사는 법에 없는 죄를 짓는 범죄행위라고 하는 말을 들었다.

인간의 능력은 교육과 훈련을 통하여 무한히 성장할 수 있는 잠재력을 가지고 있다고 한다.

그런데 한 젊은이가 어떤 선배나 상사를 만나는가에 따라 그는 후퇴할 수도 있고, 정체할 수도 있으며, 발전할 수도 있는 것이다.

어떤 젊은이가 좋은 만남을 통하여 강한 훈련과 교육을 받음으로써 후일 많은 능력을 갖추고 사회에 기여할 수 있었던 반면에, 어떤 젊은이는 무관심한 상사를 만나 자기개발을 할 수 없었다면 이 양쪽의 상사는 젊은 부하의 인생에 대하여 본인도 모르게 엄청난 영향을 미치게 된 것이다.

인간은 오늘 내가 할 수 있는 것은 십 년 전에 내가 배우고 닦은 능력만큼 하고 있는 것이며, 오늘 내가 배우고 훈련하는 것은 십 년 후에 내가 해야 할 일을 위하여 준비하고 있는 것이다.

내가 지금 준비한 만큼 나는 십 년 후에 어떤 일을 할 수 있을 것이다.

나는 직장의 상사로서 지금의 나의 부하가 나를 떠나 어떤 사람을 만나서 어떤 일을 하더라도 인정받고 더 큰 역할을 할 수 있도록 하여야하겠다는 생각으로 부하들에게 기회와 동기를 부여하려고 했고, 그리고 다른 젊은이들보다 더 많은 능력을 배양하도록 하기위하여 늘 생각하였다.

이렇게 하기위하여 나는 부하들에 대한 나의 몇 가지 원칙을 정하여 행하였다.

우선 어떤 경우에도 성취에 대한 물질적 보상을 사전에 약속하지 않았다.

그 이유는 자신의 인생실현을 위하여 어떤 목적을 정하고 스스로 자기개발을 하고 노력하며 실천하는 인간이 되어야한다는 생각 때문이었다.

부하가 임무를 수행하는 것은 그의 인생을 실현하는 과정이지, 단순히 대가를 받고 노동력을 제공하는 것이 아니라고 생각하였기 때문이었다.

저편에 당근과 옥수수를 달아놓고 그것을 향해가도록 하는 것은 노새에게 일을 시키기 위한 방법이다.

임무는 항상 부하의 능력보다 120% 이상의 능력을 요구하는 부담을 주도록 배려를 하였다.

그리고 그 임무의 수행과정에서 무엇을 배워야하고, 어떤 경험을 쌓아야할 것인가의 지침을 함께 주도록 하였다.

또한 어떤 애로사항이 있을 것이며, 그 해결을 위하여는 어떤 방법이 있을 수 있는지를 아는데까지 예고를 하였다.

본인이 최선을 다하고도 해결되지 않는 문제가 있을 때에는 즉각 보고하는 책임과 의무도 강조를 하여두고, 그의 직무수행을 항시 관찰하는 시스템을 마련하는 것을 잊지 않았다.

그렇게 그가 그 일을 수행하고 나면 전보다 20% 이상의 성장을 느끼는 감동을 갖게 될 것이다.

부하를 평가할 때 결과보다는 과정을 관찰하여야한다.

과정에 최선을 다하는 부하는 결과의 성공비율이 높다.

마라톤 선수가 골라인을 통과하는 것은 경주의 과정에서 최선을 다하고 난 다음에 얻어지는 결과이다.

이렇게 함으로써 부하에게는 과정에서 항상 최선을 다하는 사고방식과 자세를 익히도록 할 수 있는 것이다.

항상 100% 이하의 능력으로 할 수 있는 임무만 부여한다면 그 부하를 퇴보시키고 조직을 위축시키는 결과가 된다.

그 부하가 편안할지는 모르지만 그 이상의 능력을 배양하고 경험을 축적할 수 있는 기회를 상실하게 되고, 조직 공동의발전은 기대할 수 없을 것이다..

상사가 이러한 생각을 실천으로 옮기기 위하여는 많은 불편함을 감내하여야만 된다.

부하는 힘들어하고, 거부하며, 심지어 불평도 하고 자기를 떠나려고도 할 것이다. 조직에서는 인기 없는 상사가 되어야 할 것이다.

그렇지만 부하를 사랑하고 그의 발전을 진심으로 기원하는 마음으로 그의 인생을 배려한다면, 후일 반드시 그 부하는 보다 행복한 삶을 살 수 있을 것이며 또한 오늘을 기억하게 될 것이라는 희망을 가진다면 그러한 불편은 극복할 수 있을 것이다.

그리고 인기 없는 상사가 되기는 하여도, 부하에게 믿음을 주는 상사는 분명히 될 수 있을 것이다.

부하에게 아부하는 상사가 되지 말고, 부하를 책임지고 믿음을 줄 수 있는 상사가 되어야한다.

특히 정보산업 분야는 매일 새로운 이론과 지식, 기술이 쏟아져 나오고 있기 때문에 초기부터 스스로 이것을 인식하고 획득할 수 있는 능력을 배양하여야만 사회에 대한 자신의 책임을 다하고 계속 발전할 수 있을 것이다..

어떤 연구 보고서

1980년 전 후의 일이다.

서울시청의 주민등록관리업무와 자동차등록 관리업무 전산화를 위한 타당성 조사보고서작성 프로젝트를 수주하였을 때의 일이다.

마침 1973년까지 한전에서 같이 근무를 하였던 친구 김 계장이 무슨 이유인지는 몰라도 한전을 퇴직하고 싶다는 이야기를 하였다.

그래서 나는 그 친구를 KICO에 추천을 하여 입사를 하도록 하였고 차장의 직책으로 이 타당성 보고서작성 업무가 처음 부여되었다.

정확히 기억되지 않지만 3개월 내지 4개월 정도 소요되는 프로젝트였을 것이다.

그해 12월 중에 납품이 되도록 계약이 되어있었다.

그런데 그때까지 보고서가 완성되지 않아서 서울시청 전자계산소에 사유를 알리고 예산집행을 다음 해 2월 말까지 사고 이월을 해놓은 상태였다.

이때 서울시청 전자계산소의 담당 책임자는 장 사무관과 김모, 한모 주사 등 이었다.

김 차장은 한전 전자계산소에서 그 능력을 인정받는 인재였다.

그래서 나는 그를 믿고 있었다.

그런데 연장한 기간이 다 지나가고 2월 중순 경에 김 차장이 무단결근을 하여 알아본 결과 여행 좀 하고 오겠다고 나갔으며 집에서도 연락이 되지 않는다고 하였다.

무단결근이 아니라 행방불명이 되었고 연락도 되지 않았다.

그의 안부도 걱정이 되었지만 프로젝트의 계약이행도 큰 문제였다.

이미 한번 약속 불이행으로 납기가 연장이 되었고, 예산까지 사고 이월을 시켜놓은 과업이니 이번에도 납품에 실패를 하는 경우 우선 관계 공무원들이 징계를 받을 것이며, 회사는 계약 불이행으로 막대한 손해를 감수해야될 것이다.

서울시청 행정전산화추진에 큰 차질을 빚음은 물론이고, 징계 받은 공무원들은 추후 승진승급에서 계속 불이익을 당할 것이며, 회사는 계약불이행에 대한 손해배상을 해야함은 물론이고, 향후 공공기관 프로젝트 수주에서 행정적 제재를 받아야만할 것이다.

회사는 비상이 걸렸고, 서울시청 담당자들은 낙심천만이 되어 안절부절 못하는 것이었다.

나는 담당부서장으로써 그를 잘 관리하지 못한 책임, 프로젝트 실패로 인한 여러 사람들의 피해, 회사와 서울시청의 손해에 대한 책임으로 머리를 무엇으로 강타당한 기분이었다.

나는 그가 조사 작성한 자료들을 살펴보았는데 아무 것도 되어있는 것이 없었다.

참으로 난감한 생각이 들고 눈앞이 캄캄한 기분이었다.

그렇다고 그 상태에서 포기한다는 것은 더욱 무책임한 행동이라는 생각이 들었다.

그의 능력을 믿고 방심한 결과였다.

나는 그가 써놓은 몇 장의 자료라도 참고하기 위하여 수집을 하고 3,4명의 직원들로 비상팀을 구성하였다.

그리고 서울시청 인근에 있는 코리아나 호텔에 숙소를 정하고 직원들과 함께 보고서작성 작업에 들어갔다.

시간은 10일 정도 남아 있었던 것으로 기억을 한다.

나는 타당성 보고서의 기본 틀을 잡고 그간 진행과정에서 파악한 내용과 서울시청의 다른 프로젝트를 하면서 알게 된 정보와 자료 그리고 일반적 지식을 동원하여 바로 보고서를 쓰기 시작하였다.

필요한 근거 데이터는 프로젝트에 참여하고 있는 시청담당자들의 적극적인 협조와 지원을 받았다.

한 페이지의 원고가 작성되면 한 직원이 오자를 확인하고 공타를 하는 회사로 가지고 가서 맡기고, 공타가 끝나면 다시 가지고 와서 나에게 확인을 한 다음, 다시 공타 용역회사로 가지고 가는 일이 반복되었다.

공타는 지금처럼 개인용 컴퓨터가 없던 때에 인쇄를 하기 전에 원본을 만드는 방법으로 한글과 영어는 타이프라이터의 키를 사용하여 타이핑을 하고, 한자는 활자를 하나씩 찾아다가 타이프라이터 키에 장착을 하여 글자를 원고지에 옮기는 방식이었다.

이때는 우리 정부기관의 보고서는 한글과 한문을 병용하고 있어서 한글타자기만 사용하여 원고를 작성할 수가 없었다.

그래서 한문병용 타자기를 우리는 공타라고 하였고, 이는 한문 활자한 개씩을 찾아서 타자기에 삽입하여 한자 한자 타자를 하는 방식의 기계를 말하는 것이었다.

서울시청에서 광화문 사이에는 공공기관이 많이 있어서 그 관공서 주변에는 공타를 해주는 자그마한 인쇄소가 많이 있었다.

큰 인쇄소에 맡기기에는 시간도 없었고 물량도 적어서 기간을 최대한 단축할 수 있는 방법이었다.

이렇게 밤낮으로 원고작성이 진행되는 동안 서울시청 직원들은 호텔 로비에서 진행상황을 보기위하여 대기를 할 뿐, 방해가 되지 않을까 염려가 되어 호텔 방에는 오지를 못하였다.

어찌 되었든 이렇게 하여 약 일주일 동안 원고가 완성되고 공타와 인쇄가 진행되었고, 그동안 이러한 과정을 지켜보던 서울시청 담당자들은 미리 검수와 완료를 위한 행정처리 절차에 따른 준비를 해놓고 있었다.

250 페이지 정도의 보고서 100부가 계약만료 마지막 날 아침에 납품이 되었고, 준비된 절차에 따라 검수가 끝나고 행정처리가 완료되어 용역 대금까지 수령을 하였다.

물론 보고서의 내용이 허술하고 논리적 전개가 제대로 되어있지 않고 오자와 탈자도 많이 있었을 것이다.

그렇지만 나와 우리 직원 그리고 우리 회사의 최선을 다하는 모습이 서울시청 담당자들의 마음에 감동으로 새겨졌을 것이고, 그 감동이 검수와 행정처리를 미리 준비하고 마지막 날 납품된 보고서의 행정처리가 가능하게 했을 것이다.

그분들과는 그 이후에도 여러 가지 일을 서로 협력하면서 지금까지 교우를 하고 있다.

김 주사는 후일 승진하여 동장을 하였고, 한 주사는 내가 사장을 하고 있는 회사에서 사업본부장을 하기도 하였으며, 장 사무관은 서울시청 전산센터의 소장을 역임하고 퇴직 후에 한번은 내가 창업한 회사의 고문으로 도움을 주기도 하였으며, 지금도 가끔씩 만날 정도의 교우관계를 이어오고 있다.

일이 끝나고 난 다음에 김 차장은 여행을 끝내고 회사로 와서 사표를 제출하였다.

그는 스트레스 때문에 밤에 잠을 잘 수가 없었으며, 그래서 무작정 여행을 떠나게 되었다고 사과를 하였다.

그는 후일 한국컴퓨터의 사장을 역임하고 개인사업을 하였다.

어떤 경우에도 불가능하다는 생각보다는 할 수 있다는 긍정적 사고로 도전을 하면 문제의 해결방안을 찾을 수 있고, 이러한 모습이 사람을 감동케 하고, 그 감동이 하늘도 감동하게 한다.

e-정부를 향한 꿈의 시작

1980년을 전후하여 우리나라의 행정전산화가 본격적으로 태동하기 시작하였다고 생각한다.

그전까지는 통계청의 인구조사 통계를 시작으로 단일 업무 또는 단편적인 행정업무들이 컴퓨터를 주로 이용하여 왔다.

주민등록, 토지대장과 지적도면, 차량등록 같은 대형관리 체계의 업무를 시스템관리 차원에서 접근하기 시작한 것은 서울시 전산과에서 처음 시도하기 시작했다고 할 수 있다.

시청이 중심이 되고 연구기관으로는 ETRI가 기업으로는 KICO가 참여를 하게 되었다.

서울시청에서는 장 사무관이 책임자로 참여를 하고 KICO와 ETRI에서는 나와 전 박사가 책임자로 하여 공동개발 팀이 구성되었다.

그리고 처음에 북창동에 공동 사무실을 준비하고 업무를 시작하였다.

주민등록은 궁정동과 논현동이 시범개발지역으로 선정이 되었고, 자동차등록관리 업무는 강남구청 자동차등록사업소가 시범사업소로 선정이 되었다.

3개 기관은 서로 협력을 하면서 기술적 절차에 따라 현업 업무파악과 현장조사를 하여 업무를 분석하고 전산화를 위한 시스템의 설계를 하였다.

다음은 현업 업무의 표준화와 부호(Code)를 부여하고, 프로그램 설계와 언어전환 작업을 하였다.

그 당시에는 컴퓨터의 기능이 취약하고 소프트웨어 수준이 일천할 때라 이러한 사전준비 작업이 많이 뒤따라야 했었다.

데이터베이스 구축작업을 하기위하여 각종 등록원장을 인쇄된 양식에 옮겨 적었다.

이것을 천공하여 컴퓨터에 입력한 다음 컴퓨터로 오류를 확인한 후 다시 프린트를 한 다음, 현업의 공무원들이 오류를 수정하였고, 다시 컴퓨터에 입력하는 과정을 오류가 제거될 때까지 반복하면서 데이터베이스 구축을 하였다.

이 과정에서 완전히 제거되지 않은 오류는 행정처리과정에서 보완 수정하였다.

여기서 천공(Key-Punch)이라고 표현하였는데, 이 작업은 가로로 80 개열과 세로로 10 개의 행으로 구성된 카드에 문자를2진법 코드로 전환하여 구멍을 뚫어 컴퓨터가 인식할 수 있게 하는 변환작업을 말하며, 그 당시에는 이 천공 전용기계와 천공된 카드를 인식하여 컴퓨터에 전달하는 카드리더라는 기기가 있었으며 이런 일을 전문으로 하는 회사와 직업인이 있었다.

지금 프로그램을 개발하는 전문인들은 컴퓨터의 처리속도나 기억용량 및 데이터베이스의 구성방법이나 용량을 걱정하지 않고 프로그램을 작성하면 된다.

그리고 텍스트나 이미지 데이터를 디지털로 변환하는 작업도 각종 소프트웨어들의 개발로 이제는 천공이 필요 없는 시대가 되었다.

그러나 그 당시의 소프트웨어 전문인들은 시스템을 설계할 때에 이러한 처리속도를 신중하게 검토해야 하고, 프로그램 언어(Assembler, COBOL, FORTRAN, PL/1 등)를 업무특성에 따라 선택해야 되고, 데이터 저장기기(Tape Device 또는 Disk Device)의 선정과 그 파일의 형태(Sequential, Direct, Indexed Sequential)를 기술적으로 검토하여 신중히 선택해야만 했다.

이런 프로젝트들의 경험부족으로 예산산정이 잘못되어 부족한 예산을 어렵게 추가로 조달하여야하는 때도 많이 발생하였었다.

데이터 전환 작업에 참여한 여름방학 아르바이트 여학생들의 사보터치로 공기의 지연 등의 복잡한 문제점들을 극복하며 몇 개월간 진행하여 시범사업은 성공적으로 완료가 되고 프로젝트 완료보고서가 작성이 되었다.

지방자치 기구인 서울시가 시도한 이 시범사업의 경험은 중앙정부인 내무부가 전국적으로 확대시행을 하기 위한 정책을 기안하는데 참고가 되고 기폭제가 되었다.

이를 기틀로 하여 나는 내무부의 주민등록관리와 토지대장관리 전산화 마스터플랜 작성을 주도하게 되고 이것은 종합 행정전산화의 기본방향이 되었다.

이때 내무부에서는 지방행정지도과에서 이 프로젝트를 주관하게 되고, 전산화의 책임자는 주민계 계장이었던 차 사무관이었고 강 주사가 담당자로서 임무를 수행하였다. 그 다음은 오 사무관이 주민계 계장으로 부임을 하고 이 주사가 연이어 전산화 업무를 담당하였었다.

토지대장과 지적관리를 위해서는 지적과의 김 주사가 담당을 하였다.

후일 차 사무관은 노태우 대통령 때에 청와대 행정비서관과 충청남도의 국장과 연수원장을 거쳐 예산시장을 역임하였으며, 강 주사는 사무관으로 진급을 하여 전북도청 국장을 거쳐 고향인 순창 군수를 지냈고, 오 사무관은 부산 부시장을 거쳐 노무현 대통령 때에 해양수산부 장관을 역임하였고, 이 주사는 단양과 제천의 부군수와 부시장을 역임하였다.

나는 이때에 이분들이 공직자로서 국가의 일에 대하여 열의와 열정으로 직무에 임하는 모습을 보며 크게 감동한 바 있었으며, 이분들이 지원과 협조를 요청하는 것이 있으면 최선을 다하여 함께 일했던 아름다운 추억을 가지고 있다.

이렇게 하여 내무부 지방행정지도과와 지적과의 이분들이 주도하여 전국의 주민등록업무와 토지관리 업무개발 프로젝트가 추진되었고, 나는 이때 마스터플랜 작성을 주도하면서 추진과 관련된 기술적 조언과 지원을 위하여 최선을 다하였다.

마스터플랜 외에 기술적 지원의 하나로 전국 4천만명 국민의 인적사항을 정확하게 컴퓨터 데이터베이스로 전환하는 것이 아주 중요한 일이었다.

나는 이일로 고심하던 강 주사의 모습을 아직도 기억하며, 그때 나는 작성된 자료를 두 사람이 같은 것을 각각 천공을 하게하고 이것을 컴퓨터로 비교 확인하여 검색을 하는 안을 제안하여 주었고, 현업 담당 공무원의 확인수정 작업을 3회로하고 오류의 양에 따른 고과를 평가하여 시상을 하게 함으로써 효과적으로 데이터베이스를 구축할 수 있도록 처리 절차를 제언하였던 기억이 있다.

그리고 차 사무관과 오 사무관은 이 주민등록 전산화프로젝트를 추진하기 위한 부처 간 제반협조사항을 열의를 가지고 설득하고 필요한 입법과 규정의 제정을 하는데 심혈을 기울여 성공적인 프로젝트 추진을 할 수 있도록 그 소임을 다하였던 모습을 기억하고 있다.

이렇게 서울시청에서 시도했던 시범사업의 결과와 내무부가 전국적으로 추진해서 성공했던 주민등록전산화프로젝트의 성공사례는 1983년 전두환 대통령 때에 정보산업 육성의 해를 선포함과 동시에 이 정보산업 정책을 지원하기위하여 추진한 '국가5대기간전산망' 구축 정책의 배경이 되었다.

이때 구축된 국가기간전산망의 환경이 그 후 확대개발과 시스템의 기능을 향상시키는데 기반이 되었다.

그리고 30년의 지속적 개발을 통하여 현재의 e-정부를 구축하여왔고, 지금은 세계 제일의 e-정부와 정보화 사회를 이룩한 국가로 평가를 받는 기초가 되었다.

나는 지금도 면사무소에서 e-정부 시스템에 의해 행정서비스를 하는 공무원을 바라보며 그때의 감회를 떠올리곤 한다.

지금에 살고 있는 우리가 누리고 있는 모든 것에는 역사가 있고 모든 성과에는 그것을 이루어낸 과거 선배들의 땀과 노력이 있었음을 기억하고 감사할 줄 알아야 한다.

그리고 선배들이 땀 흘린 결과를 누리고 있는 현재의 우리들은 다음의 후배들을 위하여 어떤 땀과 노력을 투자해야할 것인가를 생각한다면 더욱 좋을 것이다.

직업과 사람들

우리는 직업의식이라는 말을 하거나 듣는 경우가 있다.

이 말의 뜻은 자신의 직업에 대한 책임이나 의무감 즉 프로의식 같은 것을 뜻하기도 하고, 한 분야에서 오래 일을 하면서 생긴 사고방식이나 습관 같은 것을 의미하기도 한다.

여기서 내가 말하려 하는 것은 후자에 해당하는 것이다.

나는 정보산업 분야에서 오랜 기간 일을 하였기 때문에 컴퓨터를 이용하는 다양한 분야의 사람들과 만나게 되고 교우를 하게 되었다.

그런데 오래 사람을 만나다보니 직업에 따른 사고의 특성이 나타나는 것을 알게 되었다.

컴퓨터 분야의 소프트웨어개발을 오래하는 사람들은 논리적 사고의 틀에 익수해지게 되고 오류에 민감한 감각을 갖게 된다.

그러한 습관이 인간관계에서도 유연성이 약해지고 경직된 사고를 하는 편이며, 나 또한 그러한 습관을 가지고 있다고 생각한다.

직능별로는 기획을 하는 사람들은 사고가 다양하고 미래지향적이며 체계적이고 진취적 사고의 패턴을 형성하는 것 같았다.

경리나 회계를 하는 사람들은 치밀하고 계량적이며 완벽을 추구하는 스타일이었다.

영업 분야에 일을 하는 사람들은 친화적이고 포용성이 있으며 공격적인 행동패턴을 가지고 있었다.

기술자들은 원칙과 원리를 중시하며 이러한 원칙과 원리에 입각하여 이해되지 않으면 무엇이든 인정하지 않으려하는 고집이 있었다.

분야별로는 교육자는 누구든 가르치려 하고 감성이 가르치는 학생들의 연령대에 동조되는 것 같았으며, 예로서 대학교수들은 19세에서 24세 연령의 감성에 동화되어가는 것 같았으며 우월감을 가지고 있었다.

건설이나 조선 분야에 근무하는 사람들은 사고의 선이 굵고 행동이 거친 편이었다.

정치 분야에서 일하는 사람들의 사고는 보편적 사고로 잘 이해되지 않는 언행을 하고 항상 금전적인 면에서 부족한 상황이고 모럴이 혼란스러운 편이었다.

제과 분야에서 종사하는 사람들은 금전적 사고의 단위가 작고 세밀한 편이었다.

은행원들은 스트레스를 많이 받는 것 같았고 좀 신경질 적이며, 내면보다는 외적으로 더 깔끔하였다.

공무원들은 무슨 일을 할 때 법부터 따져야하고 후환에 대한 것을 먼저 챙기는 편이었다.

검찰, 경찰, 정보, 언론 분야에 종사하는 사람들은 일반적으로 상대의 약점이나 비밀에 대하여 민감한 반응을 보인다.

많은 직업이 있지만 그것을 여기서 다 논할 수는 없고 인간이 오랜 기간 어느 분야에서 일을 하다가보면 자신도 모르게 그 일이 가지는 특성의 틀 속에 자신의 사고의 습관이 생기게 되는 것 같다.

직업에 대한 프로의식은 바람직하지만 그 일의 특성에 자신도 모르게 사고가 제한되는 것은 피하도록 노력할 필요가 있을 것이다.

이런 것을 위하여 어느 분야에서 일을 하든 늘 폭넓게 독서를 하고 다양한 분야의 사람들과 아우르는 기회를 만들도록 권하고 싶다.

그리고 나의 주장보다는 상대의 말을 듣는 것이 다른 분야의 지식과 경험을 얻을 수 있는 방법이 될 것이다.

사람은 자신이 아는 만큼 생각할 수 있고, 아는 만큼 볼 수 있으므로, 보고 생각할 수 있는 만큼 행동할 수 있기 때문에 인생전체도 그런 범주에서 형성되게 되어 있다.

삶을 넓고 깊게 볼 수 있다는 것은 그 만큼 많이 누릴 수 있다는 것이다.

현대의 사람들은 사고의 세계, 코스모스의 세계를 잊어가고 있다.

물질세계의 풍요로움을 누리는 것도 필요하지만, 인간은 정신적 세계의 풍요로움을 누릴 줄 알아야, 진정 행복한 삶을 누릴 수 있다는 것을 잊지 말아야 한다.

애주가와 컴퓨터

나에게는 세 가지의 무지의 영역이 있다.

영(靈)의 영역, 음(音)의 영역, 술(酒)의 영역이다.

.신앙을 통한 감동을 깨닫지 못했다. 그러니 영치(靈痴)임에 틀림없다

예술적 감성을 인식하고 감동하지를 못한다. 그래서 감치(感痴)일 것이다.

술이 주는 감흥을 즐기지 못한다. 그러니 주치(酒痴)라고 해야 할 것이다.

이 세 가지의 영역은 신께서 나에게 영원히 능력을 주시지 않을까 두렵다.

성당이나 교회에서 밤새워 기도를 하면서 영적인 감동을 얻는 분들이나, 부처님 앞에서 100배 1000배를 하며 신앙의 감동으로 몰입하는 분들을 보며 그것이 부러우면서도 나는 그 감동의 경지를 알 수가 없다.

그 영적세계를 깨닫고 싶은 바람에 성경을 읽고 불경을 읽고, 교회를 찾아가고 절로가 보기도하고, 기도와 명상을 해보아도 아직 나는 알 수가 없다.

노래와 연주를 잘 하고, 그림을 잘 그리며, 좋은 시를 쓰는 것을 듣고 보고 읽으면서 그 예술을 통한 감성의 세계를 마음껏 누리는 것이

부럽다.

음악과 미술에 관한 책을 구해서 몇 십 권을 읽고, 시집을 열심히 읽어 보았지만 지식을 얻을 수는 있어도 그 감동을 터득할 수는 없었다.

캠퍼스를 마주하고 그림을 그려보려 하고, 노래방에 가서 연습을 해보고 클라리넷을 구해서 배워보려 했으나 내가 얻고자 하는 것은 터득하지 못했다.

나는 술이 주는 감흥을 느끼지를 못한다.

술에 취해서 달을 뜨겠다고 채석강에 뛰어든 주선 이태백의 감흥도, 세검정에서 술을 마시고 소를 타고 통소를 불며 한양시내를 누볐던 어느 분의 감흥도, '한잔 먹세근여 또 한잔 먹세근여 꽃 꺾어 산 놓고 무진무진 먹세근여' 하는 이 시 속에 담긴 감흥도, 나는 느낄 수가 없어서 아쉽기만 하다.

이 세 가지 무지 중에 내가 조금 이야기를 할 수 있는 부분은 술에 관한 것이다.

술에 대하여도 그 감흥을 느낀 것에 대한 이야기가 아니라 그 감흥을 즐기는 주선들의 외적모습에 대한 것이다.

구름이 드리운 심산유곡(深山幽谷)에서 동자가 따라주는 신선주를 마시며 바둑을 두는 주선을 생각해보면서 내 주변의 주선들에 대한 짧은 이야기를 적어 본다.

나는 혼자서는 술을 마시지 않지만, 1년에 한두 번 정도 술을 마시고 싶은 생각이 날 때가 있다. 그것도 칵테일 한잔이나 두 잔 정도이다.

그래서 집에서는 특별한 경우에 아내와 맥주 한잔이나 포도주 한잔 정도를 즐기는 스타일이다.

우선 술을 많이 마시고 취해서 그 감흥을 즐길 줄 아는 능력이 없다.

술을 즐기는 친구들의 그 기분을 나는 반대로 느끼는 것 같다.

그래서 가족이나 친구들이 선물해주는 술들은 집에서 몇 년씩 잠자고 있다가 애주가 친구들이 오면 개봉을 하거나 선물을 한다..

그러니 나는 주선이 되기는 애초에 틀렸고, 그저 주선 친구들을 부러워할 뿐이다.

대학 1학년 때의 일이었다.

개강을 하고 얼마 되지 않은 4월의 토요일 이었다. 수강을 끝내고 문리대와 담하나 사이에 있는 법대를 다니는 절친한 고등학교 동창인 친구를 만나서 창경원으로 산책을 갔다.

그때는 창경원이 동물원을 겸하고 있을 때였다. 그 법대를 다니는 친구가 나에게 술과 담배를 가르쳤으니 그 방면에서는 선배이기도 하다.

창경원에 입장을 하여 우리는 도라지 위스키 한 병을 샀다. 그리고 포장마차에서 빙수를 한 그릇 씩 사가지고 그 빙수에다가 도라지 위스키를 나누어 가지고 그대로 마셨다.

그리고 얼마를 걸어가니까 온 세상이 파도를 치는 듯이 너울거리고 그 위를 걸어가는 기분이었다. 그 친구에게 물어보니 역시 같은 느낌이라고 말을 하는 것이었다.

그렇게 둘이서 붙들고 호랑이가 있는 곳까지 오니까 도저히 더 걸어갈 수가 없어서 우리 둘은 그 호랑이 우리 앞에서 교복을 입은 채로 가방을 베고 떨어져버렸다.

274

얼마를 잤는지 한참이 되었는데 누가 깨우는 소리가 나서 눈을 떠 보니 옆에 있는 친구의 어머님이셨다. 그 친구 동생의 봄 소풍날이라 서 그곳에 오시게 된 것이었다.

우리의 꼴이 어떠했을까? 너무 민망하여 인사도 못하고 창경원 밖으로 줄행랑을 친 적이 있다. 그 후는 생략해야하겠다.

한 번은 1976년경 후배인 이 모씨가 회사를 사직하고 휴전선 근처에서 나무를 기르며 3년 정도 요양을 한 적이 있는데, 이 후배가 살모사를 잡아 산채로 술에 넣어 뱀술을 담근 것을 약 3년된 것이라며 나에게 선물을 한 적이 있다.

이 술이 그대로 다른 술들과 함께 1986년까지 보관되어 있었는데 하루는 민경수라는 직장 후배가 집에 왔을 때 이 술을 보고 입맛을 다시기에 그를 위해 개봉을 하였다.

그 후배는 정말 애주가였다.

술을 마실 때 입맛을 쩝쩝 다시며 마시는 정말 애주가였다.

그가 그날 저녁 이 술 한 병을 혼자서 정말 맛있게 마시고 몸을 가누지 못하여 집에서 자고 새벽에 살며시 가버렸던 기억이 난다.

국민은행 전산실을 거쳐 한양주택 전산담당 임원을 역임했던 김 실장과 국내산 양주인 VIP 2병과 땅콩 안주를 사가지고 여의도 어느 다방에 들어가서 커피를 시켜놓고 둘이 마주 앉아 주거니 받거니 대작을 하며 2병을 순식간에 마셔치우고 자리가 끝난 후 택시를 타고 집으로 향했으나, 어찌나 속이 거북한지 중도에 택시에서 내려 시원한 공기를 마시며 걸어가다가 다시 택시를 타고하며 불광동 집까지 몇 번을 택시를 갈아타면서 가야만했던 기억은 잊혀 지지가 않는다.

나는 애주가는 아니지만 술이란 대부분의 사람들이 즐기는 것이고 또 사회생활에서 인간관계의 촉매제 역할을 하는 경우가 많으므로 필요한 경우에 거절이나 피하지는 않았다.

때로는 좋은 친구를 만나서, 때로는 어울리기 위해서, 때로는 나의 책임을 수행하기 위하여, 때로는 상대를 설득하기 위하여, 때로는 상대를 탐색하기 위하여, 때로는 상대에게 동질감을 주기 위하여, 또 때로는 상대의 마음의 벽을 허물기 위하여, 때로는 친구 간의 오해를 풀기 위하여, 등 다양한 목적으로 술을 함께 하는 경우가 많았다.

아니 평생 그렇게 해야만 했다.

이럴 때에는 술잔을 놓고 대화를 하는 경우도 있고, 때로는 취기에 유흥을 즐기는 경우도 있고, 때로는 술로 상대와 시합을 하기도 했다.

그리고 특히 술을 많이 마셔야할 때와 분위기라면 사양하지 않고 대작을 하였다.

때로는 2명이서 양주를 각 1병씩해야 할 때도 있었다.

술을 즐기지는 않지만 함께 술을 하는 친구가 좋아서, 그 친구와 함께하는 즐거움에 술을 마시게 된다.

주량이라 말할 수는 없지만 사회생활 속에서 필요한 경우에는 정신력으로 끝까지 대작을 하였다

나는 술을 마시면 처음에는 바로 얼굴이 붉어졌다가 차츰 본색으로 돌아오는 편이어서, 어떤 분은 내가 술을 못한다고 하고 어떤 분은 주량이 세다고도 하였다.

이렇듯이

나는 애주가는 아니다. 술을 많이 하지도 않는다.

취해 있는 상태를 즐기지도 못한다.

칵테일 한두 잔을 하며 대화하는 것을 좋아한다.

많은 사람들과 술좌석을 같이하며 여러 형태의 애주가들을 접하여 보았다. 애주가들의 감흥과 음주스타일도 사람의 얼굴이 다르듯이 각양각색이었다.

몇 가지 대표적인 것을 적어보려 한다.

술은 천천히 마시며 문학과 시를 논하고 가무를 즐기는 낭만 형,

밴드를 불러서 연주를 시키기를 즐기고, 마이크를 잡으면 흥에 겨워

주로 혼자서 노래를 계속하는 가수 형,

취기가 돌면 정치와 경제, 사회에 대한 비평을 쏟아놓으며 대화를 독점하고 주도하는 논객 형,

술잔을 받아놓고 의관을 가지런히 하고 앞만 보고 술 맛을 즐기며 음미하는 공자 형,

술을 대하면 이 세상 가지가지의 온갖 술에 대한 이름, 생산지, 맛, 도수, 특징, 술에 얽힌 이야기 등을 강의하는 탐구 형,

술이 시작되면 전년도와 전번에 했던 이야기를 반복하고, 드디어 한 시간 전에 했던 이야기를 반복하는 녹음기 형,

술이 몇 잔 들어가면 정신을 놓고 돌아서서 방안 벽에다가 실례를 거침없이 하는 방뇨 형,

술좌석에 앉자마자 음담패설을 시작하여 끝날 때까지 계속하는 고금 소총 형,

시중에 떠도는 사오정 이야기를 모두 수집해서 전파하는 사오정 형,

술을 마시기 시작하면 도우미 여성들의 옷을 벗겨놓는 나체파 형,

폭탄주를 비롯해서 유두주, 계곡주 등 가지가지 술을 제조하는 양조장 형,

술은 옆에 비켜놓고 도우미 여성과 단 둘이 연애만 즐기는 카사노바 형,

도우미 여성의 옷을 찢고 팔을 비틀고 꼬집으며 즐기는 변태 형,

주위엔 무관하게 혼자서 마시고 떠들고 노래하고 춤추고 각 종 묘기를 보여 주는 자가발전 형,

술 마시며 여성 도우미에게 온갖 이상한 행위와 동작을 요구하는 몬도가네 형,

저녁에 술좌석의 약속이 없으면 무언가 불안하여 매일 술 마실 이유를 만들어야하는 무주불안(無酒不安) 형,

술좌석에 술 보다 고스톱을 즐기며 못 먹어도 "고" 하는 고도리 형,

속을 파낸 수박이나 신발에다 맥주와 양주를 섞어서 폭탄주를 만들고 주량과 직위고하 신분에 관계없이 돌림을 하며 마시게 하는 폭군 형,

양주 1병 땅콩 한 봉지 준비하고 다방에서 커피 두 잔 시킨 후 단둘이 앉아 술을 즐기는 실속 형,

밤이 새도록 2차 3차로 시내를 계속 돌며 마시는 올빼미 형,

몇 가지의 대표적인 술좌석의 모습을 적어보았는데 어찌 되었든 술좌석에서는 대체적으로 인간의 본능적 모습과 속내를 서로 볼 수 있는 분위기가 되므로 애주가들에게 있어서는 술을 같이할 수 있는 사람이

라야 친근감과 동질감을 느끼고 가까워질 수가 있다

　이런 이유로 사람들은 술을 마시고, 술을 마실 때는 술친구를 함께 하고자 한다..

　지금까지 각양각색의 주선들을 만나며 그들의 감흥을 함께 하면서도 나는 아직도 그 주선들의 경지에 답지하지를 못하였다.

　나는 어떤 형일까?

　나는 애주가의 자격이 애초에 없으니 형을 분류할 수도 없겠지만

　그래도 한번 따져본다면,

　이런 모든 술좌석을 함께 하였으니 '잡탕 형' 일까?

　주량이 맥주 한잔도 되고, 양주 한 병도 되니 '도깨비 형' 일까?

　술을 즐기지도 못하고, 가무를 즐기지도 못하니 '무취무미 형' 일까?

　아무튼 술을 좋아하는 주선들에게는 별로 호감을 못 주는 형일 것이다.

　술의 감흥을 깨닫고 주치(酒痴)의 오명을 벗고 주선(酒仙)으로 해탈하게 하옵소서.

　컴퓨터가 애주가가 된다면 주선들의 감흥을 터득할 것이니, 디지털 컴퓨터에서 아날로그컴퓨터로 진화할 수 있지 않을까?

자신과 경쟁

불교에서는 전생의 내가 있었고 현세의 내가 있으며, 내세의 내가 있어 이것이 윤회한다고 한다.

인간의 모든 만남은 전생에서 인연으로부터 현세로 이어지고, 현세의 인연은 내세의 인연으로 이어진다고 한다.

윤회의 종교적 의미를 여기서 논할 만큼 나는 불교적 깨달음이나 공부가 되어있지 못하다.

단지 현세를 살면서 그 삶을 위하여 사람들과 어우러져 생활하면서 생각하고 느낄 수 있었던 것을 적어볼 뿐이다.

살면서 많은 인연을 만들어가고 있으니, 이 모든 인연들이 불교의 윤회에 의하면 전생의 인연에서 만들어졌고, 또 내세의 인연으로 이어진다는 것이다.

우리는 사회생활에서 많은 사람들을 만나며 그 사람들과 때로는 도움을 주고받기도 하고, 때로는 계속 경쟁을 하기도 하고, 때로는 다툼을 하면서 일생을 살아가게 된다.

모든 인연을 다 알 수도 없고, 다 말할 수도 없기 때문에 경쟁에 대하여 나의 한 가지 경험을 적어보려고 한다.

우리는 내 조국을 위하여 다른 국가를 상대로 경쟁을 해야 되고, 우리 회사를 위하여 다른 회사를 상대로 경쟁을 하여야 되고, 나 자신을 위하여 동료와 경쟁을 해야 되고, 심지어 어렸을 때는 밥 한 숟가락을 더 먹기 위하여 형제들과 경쟁을 하며 성장을 하였다.

그러한 경쟁 중에서 직장에서 자신을 위하여 경쟁을 하는 것에 대하여 나의 생각을 잠시 적어보고자 한다.

나는 직장에서 누구와 경쟁을 하여야 될 것인가?

후배와 경쟁을 하게 되면 그들을 누르게 되고, 자신은 후퇴를 하게 될 뿐만 아니라 못난 선배가 될 것이다.

동료와의 경쟁은 그들을 견제하고 두려워하며 동료들이 발전하는 이상을 넘어서지 못하고, 경쟁에서 이기더라도 동료에게 상처를 주고 동료들의 질시를 받는 결과가 되고, 지게 되면 자신이 좌절하는 결과가 될 것이다.

직속 상사와 경쟁은 한 단계를 올라가기 위하여 눈치를 봐야하고 나아가서는 상사를 모함하거나 아부하거나 하게 될 것이다.

나는 이런 경쟁을 제안하여 보고 싶다.

10년 후 미래의 나의 모습을 설정하고 그 미래의 자신과 경쟁을 해보라고 ---.

본인이 생각하는 미래의 자기모습을 만들어가기 위하여 지금 나는 무엇을 해야 할 것인가?

미래의 자신이 되기 위하여 지금 나는 어떤 생각을 하여야 하고, 어떤 행동을 하여야하며, 어떤 사람들과 만나야 하고, 어떤 책을 읽고 어떤 공부를 하여야 할 것인가?

그 미래의 나를 위하여 지금의 나는 어떤 희망 속에서 얼마만한 열정으로 살아야할 것인가?

이렇게 자신이 설정한 미래의 자신과 경쟁은 후배를 억누를 필요도 없고, 동료에게 상처를 주지 않아도 되고, 상사를 모함하거나 상사에게 아부하지 않아도 될 것이다.

경쟁은 발전의 동기를 부여하는 계기가 된다.

오늘날의 컴퓨터는 처리속도와 기능의 경쟁을 통하여 발전하여 왔고, 초능력을 향한 그 경쟁은 계속되면서 더욱 발전하여갈 것이다.

인간도 경쟁을 통하여 발전하는 동기를 만들어갈 수 있다.

자신과의 경쟁은 미래의 자신을 만들어가는 성취와 보람이 함께하며 항상 평화로운 마음으로 성실하고 부지런한 삶을 만들어갈 수 있을 것이다.

언어의 홍수

1970년대에 정보산업 분야에서 일을 하면서 나는 수많은 신조어들을 만나게 되었다.

EDPS와 Hardware, Software, MIS를 비롯하여Feasibility Study, Master Plan, System engineering, System Analysis, System Design, Programming, Program Language, Program Coding, System Flowchart, Program Logic Flow Chart, Documents, Standardization, Template, Keypunch, Database, VAN, C&C, Modify, Update, Adding, Delete, Debugging, Gavage, Input/ Output, IPL, CPU, Main Memory, Card Reader, Disk Pack Driver, Magnetic tape Drive, Sequence file, direct file, ISAM file, Module, file layout, COBOL, FORTRAN, PL/I, Assembler, System Engineer, System Integration 등과 같은 언어들이 많이 쓰였다. 이들은 사전에 없는 것들이 대다수였으며 사전에 있다고 하더라도 그 사전적 의미가 컴퓨터 분야의 의미와는 전혀 다른 해석이 되어있었다.

그래서 이때에 컴퓨터와 관련된 분야에서 일하는 사람들은 그 의미를 해석하고 익히는데 많은 애로를 겪어야만 하였다.

1980년대에 들어서야 비로써 수백 페이지의 컴퓨터 관련 전문용어 사전이 나오기 시작하였지만, 급격하게 빠른 속도로 발전하고 있는 컴퓨터통신 분야와 정보화 사회로의 발전으로 인하여 경쟁하듯 탄생하는 새로운 언어들을 모두 수용하기에는 역부족이었다.

그런데 인터넷이 개방되고 인류의 생활이 급격하고 깊숙하게 정보화 사회로 빠져들면서, ICT 분야의 전문용어가 아닌 일상생활에까지 정보화 사회와 관련하여 새로운 언어들이 홍수를 이루고 있다.

그 언어의 변천과 새로운 언어의 생성은 그 형태와 심도를 더해 가고 있으며 심지어 그 언어를 이해하는가? 못하는가? 에 따라 컴맹이니, SNS 문맹이니 하며 세대차가 만들어지고 있을 뿐만 아니라 같은 세대 간에도 거리가 생기고 있다..

이제 머지않아 정보화와 인터넷으로 인하여 지구전체가 하나의 망에 연결되어 인류가 모두 하나의 지구 연방에 속하게 된다는 미래 학자도 있다.

지구의 인류가 모두 의지만 있다면 인터넷을 통하여 지구상 누구하구나 대화할 수 있고 친구가 될 수 있을 뿐만 아니라, 지구상의 모든 기기들이 인터넷에 연결되는 사물망이 만들어지고, 클라우드시스템과 대용량시스템에 의하여 컴퓨터를 공유하게 된다고 한다.

이런 과정에 새롭게 만들어지고 있는 인류언어가 있다. 그것은 아이콘과 아바타 언어인 것이다.

세계의 많은 사람들이 이 아이콘과 아바타라는 감성언어로 상당한 감성대화를 할 수 있게 되었다.

아마도 이 감성언어가 앞으로 있을지도 모를 세계연방의 공용어가 되지 않을까 하는 생각이 든다.

SNS를 통하여 상대방과 대화를 하며 이 감성언어를 사용해보면 참으로 많은 아이콘과 아바타 언어가 개발되어 있음을 알 수 있다.

아마도 이 언어들을 위한 사전이 만들어져야할 것 같은 예측이 된다.

그런데 이 언어가 감성표현에서 상당한 기능을 하고 있으며 널리 이용되고 있고 사용하기 편하다는 것을 알 수 있다.

그래서 이러한 패턴의 언어가 발달할 수 있는 충분한 여지를 가지고 있다.

지금까지의 문자는 이성적 표현의 문자였는데 문자와 말이 따로 구분 되었지만, 향후에는 이러한 감성적 표현수단이 문자와 언어의 기능을 합하여 하나의 표현방식으로 발전할 수 있을 것 같은 예측이 된다.

과연 정보화 시대에 세계연방의 공용 언어는 어떻게 발전할 것인가 자못 궁금하다.

소프트웨어

1970년대에 IBM System 360과 370 등을 비롯하여 컴퓨터와 그 주변 기기의 고장이 자주 나는 편이었다.

그때에 KICO는 컴퓨터를 IBM으로부터 임대를 하여 다시 고객에게 사용시간을 제공하고 사용하는 시간을 기준으로 하여 기계사용료를 받고 있었다.

그런데 기계가 고장으로 가동을 중지하게 되면 회사는 수입에 막대한 영향을 주게 되어 있음에도, IBM에게 보상을 받을 수 있는 방법이 없었다.

우리가 구매를 하거나 임차를 하여 사용을 하고 있음에도, 겉으로는 고객은 왕이라고 하지만 실질적으로는 IBM이 왕이고, 고객인 우리는 '을'이었다.

그 당시에 IBM은 세계 컴퓨터시장의 60% 이상을 점유하는 시장 지배자였다.

그러니 얼핏 생각하면 IBM에게 클레임을 제기한다는 것은 바위에 계란치기가 되거나, 허공에 대고 고함지르는 격이라고 지레짐작하고 포기하는 것이 일반적이었다.

KICO는 1975년경부터 기계 고장에 대한 기록을 철저히 하였고, 이 것을 근거로 하여 IBM에 클레임을 제기함과 동시에 영업 손실에 대한 변상을 청구하였던 적이 있으며 2~3년 동안 지속적으로 주장과 청구를 반복하여서 결국은 영업 손실에 대한 일정부분을 인정을 받고 임차료에서 변제를 받은 적이 있다.

이런 기억을 되살리며, 우리는 현재 마이크로소프트사의 윈도우와 오피스 및 오라클 회사의 독점적 제품들을 무심코 사용하고 있으며, 구글의 서비스에 매몰되어서 그 독점적 지위에 대한 아무런 자각의식이나 저항의식이 없이 당연하다는 듯이 대가를 지불하고 있다고 생각이 든다.

우리나라가 매년 이들 회사에 지불하고 있는 돈이 얼마나 될까?

아니면 경제적 가치가 무한한 정보를 무상으로 제공하고 있는 것은 얼마나 될까?

이제 우리도 그 독점적 지위를 극복할 정책과 도전이 필요하지 않을까 생각해본다.

80~90년대에 소프트웨어의 대표적 분야 중에 하나인 애니메이션 분야가 호황을 이룬 적이 있었다.

그런데 정부는 장기적이고 일관된 육성정책과 효율적 관리시스템을 수립구축하지 못했고, 경영자들은 푸리-프로덕션 (Preproduction)과 포스트-프로덕션 (Postproduction) 부문의 전문성과 기술에 도전할 생각을 하지 않았다.

따라서 정부와 산업계, 학계가 톱니바퀴가 맞지 않고 각개 약진을 하는 결과가 되었다.

특히 산업계의 경영자들은 메인-프로덕션 (Mainproduction) 부문 중에서 동화의 임가공으로 벌어들인 돈으로 부동산투자와 주식투자에 몰입하면서 기술과 인재개발에 전혀 투자를 하지 않았다.

정부의 지원자금은 기업의 손실을 대손해 주는 쌈짓돈 노릇을 하거나, 적당히 구실을 붙여 따먹는 눈먼 돈이 되고 말았다.

때문에 한국의 애니메이션 산업은 잠시 일장춘몽으로 끝나고 우리는 미국이나 일본의 애니메이션 산업에 제대로 도전해본 기회도 없이 중국에게 시장을 모두 내어주고 말았던 경험이 있다.

이것은 정보산업 소프트웨어 부문이 타산지석으로 검토해볼만한 경험이 될 것이다.

정보산업 분야에서
우리는 Intel과 NEC의 반도체를 극복하였고,
노끼아의 모바일폰을 넘어 세계 시장을 정복했으며,
IBM의 PC에 도전하여 노트북에서 세계 제일이 되었다.

소프트웨어! 돌이켜보자.
한국의 소프트웨어 분야는 지난 50년 동안 무엇을 하였을까?
하드웨어 분야가 이룩한 명성의 그늘과 한류의 그늘에서 개발용역이나 서로 덤핑하며 자멸하고 있는 것은 아닌가?
정부가 국민의 세금으로 그 많은 개발자금을 지원하고, 전자정부 개발로 국내의 방대한 시장을 지원하였음에도 지금 우리는 소프트웨어 분야에 무엇을 남겼는가?
대형 SI회사들은 그룹의 업무를 독점하고 그 속에 안주하며, 경쟁적으로 부동산투자와 주식게임놀이에 매몰되어 자멸하고 있지는 아니 한가?

세계 최고라고 하는 대한민국의 정보산업 발전과 e-정부 개발의 허명 속에서 우리 소프트웨어는 세계 시장에 어떤 기술 어떤 제품을 내놓을 수 있는가?

우리는 세계 시장에 도전하기 위한 어떤 정책과 전략을 가지고 있으며, 어떤 고민을 하고 있는가?

소프트웨어 기술이 없는 정보산업의 명성은 용을 그리고 눈을 그리지 않은 것과 같다.

소프트웨어 기술에서 뒤지면 우리의 정보산업은 창조가 불가능하다.

항상 남의 뒤를 쫓아가야만 한다.

소프트웨어!

세계를 향하여 도전하자

결코 넘지 못할 장벽은 없다.

필요한 것은 넘고자하는 의지인 것이다.

장기 정책과 전략을 구상하자.

기술을 개발하고 지혜를 동원하자.

세계시장을 향하여 도전하고 개척하자.

경영자가 되다

1981년 나는 이사로 승진하게 된다.

KICO는 앞에서도 말한 바와 같이 삼성의 동방생명(지금의 삼성생명)과 대한교육보험(지금의 교보) 일본의 제일보험이 3분의 1씩 지분을 가지고 있었으며, 삼성에서는 전상호 사장이 대표이사로 취임했고 대한교육보험에서는 김수호 전무가 취임해있었으며, 일본 제일보험에서는 이시까미씨가 이사로 취임해있었다.

KICO가 창립 후, 십 년이 되면서 회사의 매출이 신장되고 사업 영역이 확대되어 조직이 커지게 되면서 전문성을 갖춘 경영인이 필요하게 되었다.

전상호 사장께서는 김수호 전무 그리고 이시까미 이사와 협의를 하고 1973년에 입사를 하였고, 한전을 포함하여 직장 생활이 12년 된 나를 주주들에게 이사로 승진시키도록 추천을 하였었다.

각 이사들은 각각 주주들에게 승진 추천에 대한 것을 보고하였고, 삼성과 일본의 제일보험은 심사 후에 동의를 받았으나 대한교육보험에서는 주주회사 출신을 이사로 추천하여야한다고 반대를 하였다.

그런데 전상호 사장은 수차에 걸쳐서 대한교육보험의 회장을 만나고 나를 승진시켜야 되는 이유를 설명하고 본인의 뜻을 굽히지 않았으며 심지어 대한교육보험으로부터 민망할 정도의 거절을 당했던 것으로 알고 있다.

전상호 사장이 3개 주주 회사들에 나의 승진을 강력하게 추천을 하였던 이유는

컴퓨터 관련사업이 전문성을 많이 요구하는 분야이므로 전문지식과 경험이 있는 사람이 이사로 배출되어야한다는 것과, KICO를 위하여 열심히 한 사람이 내부승진을 하여야만 그 후배들에게 모범이 되고 애사심을 고취할 수 있다는 것이었다.

여하튼 전상호 사장과 회사의 임원들의 추천과 노력으로 몇 개월 만에 나는 3개 그룹 주주들의 동의를 얻어 최초로 내부승진을 한 이사가 되었다.

이때 내 나이가 38살이었다.

나를 인정해주신 3분 임원과 주주들에게 지금도 감사하고 있는데 그중에서도 특히 전상호 사장에 대하여는 감사와 함께 존경의 마음을 가지고 있다.

그 분은 나를 이사로 추천하기 전에 임원으로서 소양을 갖추게 하기 위하여 많은 기회와 동기를 부여해주셨을 뿐만 아니라, 때로는 혹독하게 훈련을 시키고 때로는 자상하게 지도를 해주셨으며, 특히 이사 승진 추천을 하기 1년여 전에는 매일 아침 자신의 승용차 옆 좌석에 나를 태우고 수많은 질문을 통하여 회사 관리와 경영에 대한 지식을 가르치고 경영 철학을 전수하시면서 매일 아침 진땀을 흘려야만 되는 교육과 훈련을 집요하게 시키신 것이다.

그리고 나서 경리회계를 제외한 거의 모든 분야의 회사관리를 나에

게 일임하시고 본인은 대외업무만 지원해주시면서 나를 1년간 또 지켜보신 후에 승진추천을 하셨고, 주주의 민망한 언사를 감수하시며 그 추천을 관철하시었던 것이다.

물론 이러한 승진인사가 진행되는 동안 나는 그 내용을 잘 모르고 있었다. 승인이 나고 임명이 된 후에 모두 알게 된 사실들이었다.

나를 승진시켜주신 결과에 대하여 내가 그분에게 감사나 존경을 표하는 것이 아니다.

회사의 사장으로써 회사의 미래를 위하여 그리고 후배의 발전을 위하여 그 후배를 집념과 애정을 가지고 지도하고 가르치며 훈련시키고 또 그 후배가 그에 준하는 능력을 확보했을 때, 그 후배를 위하여 상사로써 자신의 책임을 어떤 경우에도 관철시키는 그분의 인격에 대하여 존경을 표하는 것이다.

아울러 나에게 그러한 기회와 동기를 부여해준 그분에게 감사를 표하는 것이다.

그런데 막상 경영자로 승진을 하고나니 나에게 부족하고 채워야 되는 많은 것들이 인식되면서 경영자로써 새로운 철학과 지식 또 경험이 필요하다고 생각을 하였으며, 새로운 리더십에 대한 걱정이 앞서는 것이었다.

그래서 나는 평소에 알고 있던 연세대 경영대학원 교수를 찾아가서 자문을 청하였고, 그래서 그 대학원 석사과정에 입학을 하였다.

이때에 나는 경영에 대하여 보다 체계적인 강의를 듣게 되었고 특히 의사결정(Decision Making), 재무관리, 과학경영기법(OR: Operations Research) 등에 대하여 이론적인 연구를 하게 되었다.

다음 해에 삼성전자로 전직을 하게 되면서 결국 경영학 석사과정을 마치지는 못하였지만, 이때에 1년간 강의를 들은 것이 나의 경영 경험을 체계적으로 소화하는데 많은 도움이 되었다.

내가 이사가 되고 얼마 지나지 않아 전상호 사장은 삼성정밀의 사장으로 부임을 하시고, 김수호 전무가 사장으로 승진을 하며 동시에 동방생명에서 이계희 전무가 전상호 사장 후임으로 부임을 하게 된다.

1982년 말에는 이계희 전무가 동방생명으로 다시 복귀를 하고 유성근 전무가 후임으로 오게 되며, 이분이 회사의 임원은 골프를 칠 수 있어야 한다며 본인이 사용하던 골프채를 나에게 물려주어 골프를 배우는 계기가 되었다.

그러나 그 후에도 바쁜 일상이 계속되어 충분한 연습을 할 수 없어서 항상 스코어는 90대 초반에 머물다가 삼성을 퇴직한 후에 좀 열심히 연습을 하여 내 평생에 최고의 점수인 82타를 기록한 적이 있다.

그것도 주말 아마추어들의 계산법에 의거한 것이다.

나는 시간과 비용이 많이 드는 운동이어서 별로 골프를 즐기는 편이 아니었다. 그래서 39살 경에 시작을 하였지만 82타의 기록도 50 후반에 가능했으며, 60 초반부터 골프는 거의 하지 않게 되었다.

이제 75세의 나이가 되었지만 경영자로써 나의 삶은 항상 새로운 세계를 경험하게 하고 많은 사람을 만날 수 있는 기회를 만들어주고 있다.

그리고 새로운 도전이 나를 기다리고 그 도전을 위하여 항상 사색하고 탐구하는 삶을 만들어가게 하고 있다.

만남과 헤어짐

회자정리(會者定離)

"만나는 자는 반드시 헤어지게 된다" 는 이 말은 다들 알고 있는 말이다.

나는 전상호 사장과 세 번의 만남과 헤어짐이 있었다.

내가 승진을 한 다음 해에 전상호 사장께서는 삼성정밀의 사장으로 옮기시게 된다.

나는 그때 전상호 사장과 잠시 자연인으로써 일상적 이야기를 나눌 수 있었다.

나는 영전을 축하드리고 동시에 감사의 말씀을 드렸다.

나를 집념과 애정으로 지도하시고 훈련시켜 주신 것에 대하여 진심으로 감사하는 마음의 말을 드렸다..

그리고 내가 이후에는 사장님을 직장의 상사가 아니라 사회의 스승으로 모시겠다고 하였다.

그리고 다른 것은 다 배울 각오와 자신이 있는데, 부하를 진정한 애정으로 그렇게 혹독하게 훈련시키는 것과, 그렇게 하고도 부하로부터 존경받을 수 있는 인격, 폭 넓은 대인 관계 등 3 가지 정도는 끝까지 사장님을 따라 하기 어려울 것으로 생각한다고 하였다.

내가 그분을 존경하는 것은 단지 나와의 특별한 인연 때문인 것은 아니다. 그분은 어느 후배나 부하에게도 그러한 애정을 가지고 계셨다.

그분은 참으로 검소한 생활을 하시고 사회적 책임감이 강하시며 자신의 삶에 대한 주관이 확고하고 자기관리에 철저한 분이시었다.

그분은 한때 대한민국 최고의 권좌에 있었던 전두환 대통령의 당숙이며 노태우 대통령 정호영 장관과 경북고등학교 동기동창이며, 그분들이 퇴근 후에는 수시로 사장님 사무실로 방문하여 바둑도 두고 하는 사이였다.

이분들이 민정당을 창당할 때에는 경제 및 사회분야에 대하여 전사장의 자문을 많이 받았고, 정계나 관계의 진출을 여러 번 권유 받았으나 전 사장께서는 본인은 경영인으로써 전념하겠다고 정계진출을 단호히 거절하시고 끝까지 지키셨다.

이러한 모든 부분을 아울러 나는 그분을 존경하는 것이다.

그 후 나는 삼성에서 SDS를 설립하고 다시 사장으로 모셨다가 이번에는 내가 회사를 퇴직하며 헤어지게 되었고, 그 후 77세를 일기로 영면하심으로써 이 세상에서는 영원히 헤어지게 되었다.

나는 일생을 살면서 친구나 친한 지인에게 가벼운 선물을 한 적은 있어도, 상사 또는 나 개인의 승진 등을 위하여 그 누구에게도 선물을 한 적이 없다.

딱 한번 KICO를 떠나신 후 전 사장에게 딱 한번 추석에 과일 한 상자를 선물 한 적이 있다.

정말 그분을 존경하고 또 감사하는 마음에서 --------.

정책자문위원

1980년도쯤에 총무처에 행정전산화 정책자문위원회가 구성되고 나는 여기에 위원으로 임명이 되어, 그 후 약 8년간 계속해서 이 위원회 위원으로 참여하게 되었으며, 특별히 임무가 있는 것은 아니지만, 가끔 열리는 회의에서 의견을 제시하고 토론을 하고는 하였다.

이때에 중앙대학교 김 교수와 쌍용정보시스템의 노 전무가 이 위원회의 멤버였으며, 그 후 오랜 인연을 이어오게 되었다

이 위원회의 의견이 정책 입안에 얼마나 기여를 하였는지는 의문이지만 이쯤에서 이러한 위원회가 생겼다는 것만 하여도 우리정부가 행정에 컴퓨터를 이용하고자 하는 분위기와 의지가 상당히 성숙하였다고 보아야 할 것이다.

그 당시 총무처에는 행정전산기획과가 있었으며 최 과장과 문 분석관은 오랜 인연을 가지고 정부전산화발전을 위하여 함께 노력을 하였었다. 총무처 산하에는 정부업무를 컴퓨터로 처리하기 위한 정부전자계산소가 있어서 각 정부기관들이 조금씩 컴퓨터를 공동 이용하는 것을 지원하기도 하고, 공무원들을 위한 전산교육센터가 부설되어 있기도 하여 가끔 이 교육센터에서 특강을 하기도 하였다.

이때 정부의 간부급을 위한 특강에서 나는 지금의 기술발전 과정과

296

속도로 가늠해보면, 향후 15년 후에는 컴퓨터가 손목의 시계처럼 개발되고 전 세계가 통신위성 네트워크를 이용하게 될 것으로 예측이 된다고 하였다.

그리고 반도체 칩을 귀고리처럼 인체에 부착하거나 삽입하여 주민등록증을 대신하는 시대가 올 것이라고 강의를 한 적이 기억난다.

그때가 되면 여러분들이 세계 어느 곳에 언제 어디에 있든 실시간으로 우리나라에서 위치를 확인하고, 화상으로 대화를 하게 될 것이라는 강의를 한 적이 있었다.

그런데 그 이후 90년대 중반에 핸드폰(이동통신)이 나오고, 스마트카드가 발명되면서 이러한 예측이 실제상황으로 발전되어가는 모습을 지켜볼 수 있게 되었다.

지금은 이 기술이 사물네트와 클라우드(Cloud) 시스템으로 발전이 되고, 지문과 눈동자 및 음성을 인식하게 되면서, 이제는 개인의 프라이버시가 실질적으로 존재할 수 없는 시대가 되어가고 있는 것을 바라볼 수 있게 되었다.

그때 나는 이 위원회에 참여하고 공무원들에게 강의 등을 하면서 각 부처의 전산화에 대한 자문을 할 기회가 주어졌으며, 따라서 점차 성숙 되어가는 정부행정의 전산화 의지와 흐름을 알 수 있는 기회가 되기도 하였다.

정책자문위원회에서 건의된 것은 아니지만, 이 무렵에 과기처에는 정보기술과인지, 정보산업과인지 정확히 기억이 되지는 않는데, 그 당시 장 과장이 소프트웨어기술육성에 관한 법을 제정하는 일에 협력을 한 적이 있다. 그전에는 중소기업육성법이나 서비스업 관련법에 원용하여 소프트웨어관련 산업의 법적적용을 하였었는데, 이 법이 직접 정보산업 특히 소프트웨어산업을 육성하기위하여 만들어진 최초의 관련법이 아니었는가하는 생각이 든다.

특히 이 소프트웨어기술육성법에 의하여 정보산업분야에도 기술사 제도가 도입이 되어 소프트웨어 용역을 하기 위하여는 이 법에 의하여 인가를 받아야하고, 그 인가를 위하여는 기술사 및 기사자격을 가진 자를 법정 숫자만큼 확보하도록 하였으며, 이때에 비로써 소프트웨어분야도 정부의 기술용역 표준수가가 정해짐으로써 소프트웨어가 하나의 산업으로 자리를 잡아가는 기초가 되었다.

그때는 잠정적으로 일정기간 소프트웨어 전문분야에서 근무한 경력자들을 근무연수에 따라 인정기술사와 인정기사 자격을 부여하여 소프트웨어산업의 활성화를 기하였으며, 점진적으로 자격시험제도를 확립하여 정식기술사와 기사 자격시험이 실시되게 되었다.

나도 그 당시에 10년 이상 근무경력을 인정받아서 인정기술사 자격증을 부여받아 활동할 수 있었다.

경험으로 미래를 보다

과거의 경험은 미래를 위한 지혜를 말해준다.

1970년 한전전자계산소를 거쳐, 1973년 KICO에 입사를 해서 13년간 정보산업의 여명기를 보낸 나의 경험은 도래할 정보산업의 미래를 예감할 수 있게 하였다.

꼭 미래학자가 아니더라도 그 당시 여명기에 정보산업 분야에 참여하여 경험을 쌓았던 사람들은 정도의 차이는 있어도 어느 정도는 변화를 예감할 수 있었을 것이다.

인터넷이나, 이동통신, 위성통신, 컴퓨터의 소형화, 지능 소프트웨어 발전, 대량 데이터 베이스의 구축, 컴퓨터와 각 전문분야가 접목하는 융합기술 등의 발전으로 인류 생활에 변혁이 이루어질 것이라는 것은 이미 예견되고 있었다.

기술의 발전이 이전과는 비교가 안 되는 속도로 변화하면서 타 분야에 종사하는 사람들은 미처 이러한 변화를 감지하기 힘들었지만, 정보산업 분야에 직접 종사하는 사람들은 충분이 예측되는 일들이었다.

컴퓨터의 발전이 극대화되면 인류종말의 원인이 될 수 있다는 극단적 예측까지도 가능한 일이었다.

하여튼 70년대 10여년의 EDPS라는 단어로 집약되는 이 시대는 정보산업 여명기라고 할 수 있을 것이며, 이때에 몸으로 체험한 나의 경험은 후일 내가 정보산업 분야에서 일하는 과정에 정말 소중한 산지식과 지혜가 되었다.

우리나라는 1970년대의 도입기를 지나서 1980년대의 정보산업 개발 단계로 진입을 하고 있었으며 이러한 발전의 과정 속에서 1983년 전두환 정부는 정보산업 육성정책을 발표하고 그 해를 정보산업육성의 해로 선언하게 된다.

이에 따라 삼성그룹과 금성사, 현대그룹과 대우그룹 등은 정보산업 기술개발과 투자에 적극 나서게 된다.

이로 하여 우리나라는 지금의 정보산업 선진국가로 발돋음하게 되는 전기를 마련할 수 있게 된다.

1969년부터 약 14년간은 외국의 컴퓨터를 수입해서 그것을 이용하기 위하여 프로그래밍, 시스템분석과 설계 등의 소프트웨어 기술을 배우고, 그 이용을 위한 소프트웨어 개발과 컴퓨터 처리를 대행하는 용역을 하는 것이 우리의 정보산업의 전부였다.

외국의 정보산업발전을 지켜보며, 이렇게 정보처리용역을 하는 정보산업이 발전해가면서, 전혀 새로운 개념의 산업에 대한 사회적 인식과 분위기가 확산되고 있었다.

이러한 과정을 거치며 정보산업이라는 새로운 산업시대가 대한민국에서 꽃피울 수 있는 토양이 만들어져가고 있었다.

증기기관차의 발명이 인간육체의 능력을 극대화한 기계산업의 혁명이라면, 컴퓨터의 개발은 인간두뇌의 역량을 극대화한 지식산업의 혁명인 것이다.

바이오 지식과 기술의 개발은 인간 감성의 영역을 정복해가는 과정이 될 것이고, 여기에 우주과학 두뇌과학의 발달이 융합되면서 신의 영역인 시간을 극복하고 영성을 깨달을 수 있게 되지 않을까 생각해 본다.

인간은 빛의 속도를 극복하고, 사이버공간의 창출로 시간과 공간의 제약을 벗어날 수 있을 것이라 생각도 해본다.

이러한 기술의 개발은 인간으로 하여금 동시에 과거와 현재 그리고 미래에 존재가 가능해지게 하고, 동시에 여러 공간에서 존재가 가능해질 수도 있을 것 같다.

인공위성이 달에 도착하기 전까지는 달은 인간이 침범할 수 없는 시공의 영역으로써, 신의 영역이었으나 지금은 인간의 영역이 되었다.

이와 같이 인간의 상상과 기술의 혁명은, 지금까지는 신의 영역이었던 영적인 영역을 이해하고 초월하려는, 연구와 도전을 하는 단계에 이르고 있는 것이 현실이 되었다.

아마도 이 단계는 신의 영역이었던 것을 인간이 넘보게 됨으로써 인간이 영적한계를 초월하는 영성의 혁명이 되지 않겠는가?

그러나 그 결과가절대자를 넘어서는 초월이 될지, 인간 자신의 비극과 종말이 될지, 아무도 예견할 수가 없을 것이다.

삼성전자로

1983년 3월 20일을 전후한 어느 날이었다.

선배 임원인 유 전무가 비서실의 소 실장이 보자고하니 가보라고 했다. 무슨 일인가 질문을 하였더니 가서 직접 대화를 해보라고 하며 아무 것도 말해주지 않았다.

나는 무슨 일일까? 전혀 예측할 수 없이 비서실로 소 실장을 찾아갔다.

소 실장은 나에게 거두절미 하고 내일부터 삼성전자로 가서 국산컴퓨터개발사업을 맡으라는 것이었다.

그 시점에서 나는 KICO를 떠나고 싶은 생각이 전혀 없었다.

나는 그 당시 한전을 떠나서 신생회사인 KICO를 택하여 입사를 하였고, 그 후 10년을 그 회사와 함께하며 배우고 성장하였으며 후일이 기업을 키워 이 회사의 최고 경영자가 되겠다는 생각으로 일을 하며 나의 젊음과 함께 하였으며, 현재는 경영에 대한 이론적 지식을 위하여 연세대 경영 대학원서 주경야독 하는 형편이었다.

나는 KICO에서도 해야 할 일이 많아서, 그곳에서 계속 일하겠다고 하였더니 돌아온 대답은 간단하였다.

전자 컴퓨터사업부로 가거나 그렇지 않으면 사직을 하여야 할 것이라는 것이다.

사직을 하면서까지 전자로 이직을 하지 못할 이유는 없었다.

비서실의 분위기가 길게 말을 할 수 있는 곳도 아니고, 그 당시 비서실의 소 실장이 그런 말을 길게 들으려하지도 않았다.

나도 간단히 결정을 하고 업무정리와 인수인계할 시간을 달라고 하였다.

그리고 1983년 4월 1일부터 삼성전자 컴퓨터사업부 설립에 참여하면서 삼성그룹, 나아가 한국의 정보산업 개발의 일선에 본격적으로 참여하게 된다.

비서실에서 KICO로 돌아와서 유성근 전무에게 왜 이유를 말해주지 않았느냐고 질문을 하였다.

약 2개월 전부터 비서실에서 나를 전자로 보낼 것을 유 전무에게 계속 이야기하였으며, 유 전무 본인이 나에게 말하지 않고 수차례 불가하다고 반대를 하였으나, 결국 사전에 이런 사실을 본인이 나에게 말하지 말고 나를 직접 비서실장에게 보내라고 하여 그렇게 하였다는 것이다.

그 당시 KICO는 삼성과 대한교육보험, 일본의 제일보험의 공동출자 회사이므로, 임원의 이동을 위하여는 3개 주주사의 동의가 있어야했으며, 삼성의 유 전무가 이 동의를 받지 못하여 삼성 비서실의 소 실장에게 많은 질책을 받은 것을 후에 알게 되었다.

나는 KICO에서 30대의 가장 열정적 시기를 보내며 많은 일들을 하고, 그 일들을 통해서 많은 것을 배우고 깨달으며, 좋은 동료들을 만나 함께하면서 이곳에 흘린 나의 땀과 열정의 삶과 그 과정에 강한 애착을 가지고 있었으며, 이 모든 것을 사랑하는 만큼 후일 이곳에서 퇴직을 하여 직위를 불문하고 임시직이라도 임명을 받아 후배들의 열정을 바라볼 수 있기를 희망해보고는 하였다.

그러나 나의 의지와 별개로 이런저런 과정을 거쳐 결국 나는 삼성전자에서 예측하지 못했던 퍼스널컴퓨터 개발사업에 임하게 되고, 또 새로운 세계에 도전을 함과 동시에 새로운 것을 배우게 된다.

KICO와 나의 추억

KICO라는 추억의 강을 건너며
Digital을 통한 지금까지의 여정은
나에게 많은 사색을 하게 하였고,
또 많은 깨달음을 주었고,
미래를 향한 나의 길을 열어주었다.

10대 학창시절의 청소년기는
나에게 육체적 감성적 사춘기였고,
30대 직장생활의 청, 장년기는
나에게 사회적 이성적 사춘기였다.

KICO에서 생활한 이 10년의 시간은
직장을 통한 경험적 지혜를 터득하는 시기였다.
사회적 가치관을 형성하는 진통의 시간이었다.

한국 정보산업의 여명기인 EDPS 개발시대였다.
그리고 다음 도전을 위한 준비의 시간이었다.
"KICO, 영원 하라!"
염원과 함께, KICO를 떠나게 되었다.

저자 약력

이 상 준 (Sang Joon, Lee)

학력: 서울대학교 문리과대학 화학과 졸업
      숭실대학교 대학원 공학박사 학위취득

경력: 한국전산 주식회사 이사
      삼성전자 주식회사 이사
      삼성SDS 주식회사 이사
      일진전자 주식회사 대표이사
      쌍방울상사 주식회사 대표이사
      진솔시스템 주식회사 회장
      로딕스 주식회사 고문

강의: 동덕여자대학교 강사
      단국대학교 강사
      숭실대학교 정보과학대학원 겸직 교수

사회: IPACK 종신회원
      총무처 행정정책 자문위원
      한국정보과학회 학회지 편집위원
      한국 소프트웨어연구조합 이사
      한국자동화산업협의회 부회장
      대법원법원행정처 법원행정전산화 자문위원
      한국정보시스템 감사인협회 부회장
      정보시스템 국제감리사 (국제 EDPAA)
      한국정보시스템 감리사 (한국전산원)
저서: e-정부개발과 정보산업 육성전략
Strategies for Development of E-Government & Promotion of ICT
Industry. Digital 여행기 제1권 EDPS 시대

연락처: Mobile 010-5342-6580
e-mail: sjoonrhee@naver.com

Digital

그림 이야기

초판인쇄 | 2017년 10월 23일
초판발행 | 2017년 10월 27일
지 은 이 | 이 상 준
펴 낸 이 | 우 미 향
펴 낸 곳 | 도서출판 예지
주   소 | 경기 용인시 처인구 백암면 삼백로 414-1
전   화 | 031-339-9198 / 031-337-3861~2
F A X | 031-337- 3860
등록번호 | 경기 라 50203
I S B N | 978-89-6856-041-5
C I P | 2017025765
정   가 | 12,000원

❏ 잘못 만들어진 책은 교환해 드립니다.
❏ 이 책의 판권은 지은이와 도서출판 예지에 있습니다.
❏ 서면 동의 없이 무단전제 및 복사를 금합니다.